豊臣水軍興亡史

Yuzuru YAMAUCHI
山内 譲

吉川弘文館

まえがき

豊臣政権の軍事上の諸問題を海からみるとなにがみえるか。これが本書のテーマである。その際のキーワードとなるのが船手衆という言葉である。

船手衆とは、近世社会において海上活動をする人や集団をさす用語である。これに対応する中世用語としては、海賊衆や警固衆があるが、船手衆はそれらよりも少し広い意味で使われることが多い。それは、近世社会の海上活動においては、戦時の軍事にかかわることがらよりも平時の海上輸送などに占める割合が多くなり、船手衆はそれらの活動にも幅広くかかわるようになるからである。

中世の海賊衆から近世の船手衆への移行は本書のテーマの一つであるが、その海賊という言葉は、なかなか理解が難しい用語である。歴史上いろいろな意味で使われるし、東国と西国においてもニュアンスがかなり異なるからである。これについてはのちほど詳しく触れたいと思うが、簡単にいえば、東国においては、海賊とは海上軍事集団、あるいは海上軍事行動をさすが、西国においては、海賊は海の民の生業の一つである。そのため東国では海賊に「賊」的ニュアンスはほとんどないが、西国ではそれが色濃く残っている。

なお、海賊や船手衆は、中世や近世の文献で使われる史料用語であるが、これらに関連してよく使われる水軍という言葉は史料用語ではなく（つまり、中世や近世の文献に水軍という言葉が出てくることはほとんどない）、研究上の用語である。したがって、厳密にいえば海賊と水軍を同義に用いるのは正しくない。本書においてもそのことを念頭において、中世・近世を問わず幅広く海上軍事勢力をさす場合に水軍という用語を使うことにしたい。

さて、本書では、豊臣政権は船手衆をどのように編成するのか、どのような勢力がその船手衆となるのか、編成された船手衆はどのような活動をするのか、などが主要な叙述対象になる。そして豊臣政権が船手衆の活動を最も必要としたのが文禄・慶長の役のときであるため、より多くのスペースを割くのが、この対外侵略戦争時における船手衆の姿である。また、文禄・慶長の役の前提には、国内統一戦争があり、その時期が豊臣政権による本格的な船手衆編成の始まりといえる。そこで、国内統一戦争において船手衆がどのような役割を果したかという点についても注目したい。

さらに、その船手衆の主力となったのが戦国期の海上活動において実績を残した勢力である。それらのいくつかについては戦国期にさかのぼって活動を振り返り、豊臣期船手衆との関係についても考えてみたいと思う。そして、そのような作業は、中世の海上勢力が近世化する過程をたどる作業ともなるはずである。

凡　例

一、本文や注で引用あるいは参照した文献については、本文中に執筆者名・書名（論文名）のみを示し（ただし副題は省略）、掲載雑誌・図書名、号数、出版社、発行年などの書誌情報は、巻末の「引用・参考文献」に示した。

二、史料を引用する場合は、基本的に書き下しにし、振り仮名や送り仮名をつけたが、必要に応じて、原文のまま引用したり、現代語訳にして引用した場合もある。また、史料を引用した場合は、本文中には史料名のみを示し（例「毛利家文書」）、典拠となる史料集名や史料所蔵機関名を巻末の「引用史料の典拠」に示した。

三、注は最小限度にとどめ、巻末に一括して示した。注には、本文で叙述すると煩雑になるが、研究上必要であると考えられることがらを中心に記した。

目次

挿図表目次

序章　戦国の水軍

一　西国の水軍

東国と西国

豊臣政権の威光が、陸上同様全国の海上にも行きわたる以前には、列島各地の海には多様な海上勢力が存在していた。彼らはあるときには戦国大名と緊密に結びつき、またあるときにはつかず離れずの距離をとりながら、活発な海上活動を展開した。豊臣政権下の水軍は、戦国期の水軍を引き継いでいる側面とそうでない側面があるが、いずれの場合においても、戦国期の水軍の影響を受けていることには違いがない。そこで、豊臣政権下の水軍の状況を見る前に、戦国期の海上勢力の姿を概観しておきたい。

戦国大名のあり方が東国と西国で大きく異なるのと同様、海上勢力のあり方も東国と西国では異なる。そこで東国と西国に分けてその姿をみていくことにするが、戦国大名の諸活動のなかで海にかかわる部分がより大きいのは、西国のほうであろう。それは、物流の大動脈でもある瀬戸内海の存在によるところが大きいが、その瀬戸内海で最も大きな支配力を有していたのは毛利氏である。西国においては、同氏関係の水軍を中心に見ていくことにする。

一方東国では、海上勢力の活動の舞台となったのは駿河湾・相模湾・江戸湾である。この海域での支配にかかわった戦国大名は、今川・武田・北条・里見などの諸氏であるが、ここでは影響力の大きさから武田・北条氏の水軍を中心に取り上げ、今川・里見氏についてはそれらとの関連で言及することにする。

多様な毛利氏の水軍

瀬戸内の海上支配にかかわった毛利の水軍と一口にいっても、その内実は一様ではない。さまざまな海域に本拠を置き、多様な来歴を有する警固衆や海賊衆によって構成されているというのが実情である。その全貌を示すことはなかなか容易ではないが、ごくごく単純化して整理すれば次のようなことになろう。

まず第一は、広島湾に注ぐ佐東川（太田川）の河口周辺を本拠とし、毛利氏から直接命令を受ける川ノ内警固衆で、これは直属水軍と呼ぶことができよう。第二は、安芸・備後の境界近くを流れて三原で瀬戸内海に注ぐ沼田《ぬた》川の河口やその周辺の忠海《ただのうみ》を本拠とし、毛利一族の小早川隆景《こばやかわたかかげ》の支配下にある警固衆で、これらは、いわば一族水軍とでも呼ぶべき存在である。そして第三には、芸予諸島の島々を本拠とし、毛利氏や小早川氏の直接支配を受けない、海賊衆を主体とした独立性の強い水軍がある。これらの各水軍は、その歴史的性格に応じた距離を、毛利氏との間に保っていた。

毛利氏の直属水軍として活動したのは、児玉就方《こだまなりかた》、就英《なりひで》父子らによって率いられた川ノ内警固衆である。児玉氏は武蔵国児玉郡（埼玉県本庄市）を本拠とする武蔵七党児玉党の末裔で、鎌倉時代に安芸国竹仁《たけに》上・下村（東広島市）等に所領を得て移住してきたという。その点では、毛利氏と同じ西遷御家人であるが、室町・戦国時代に毛利氏が頭角を現してくると早くからそれに服属して譜代家臣となった。

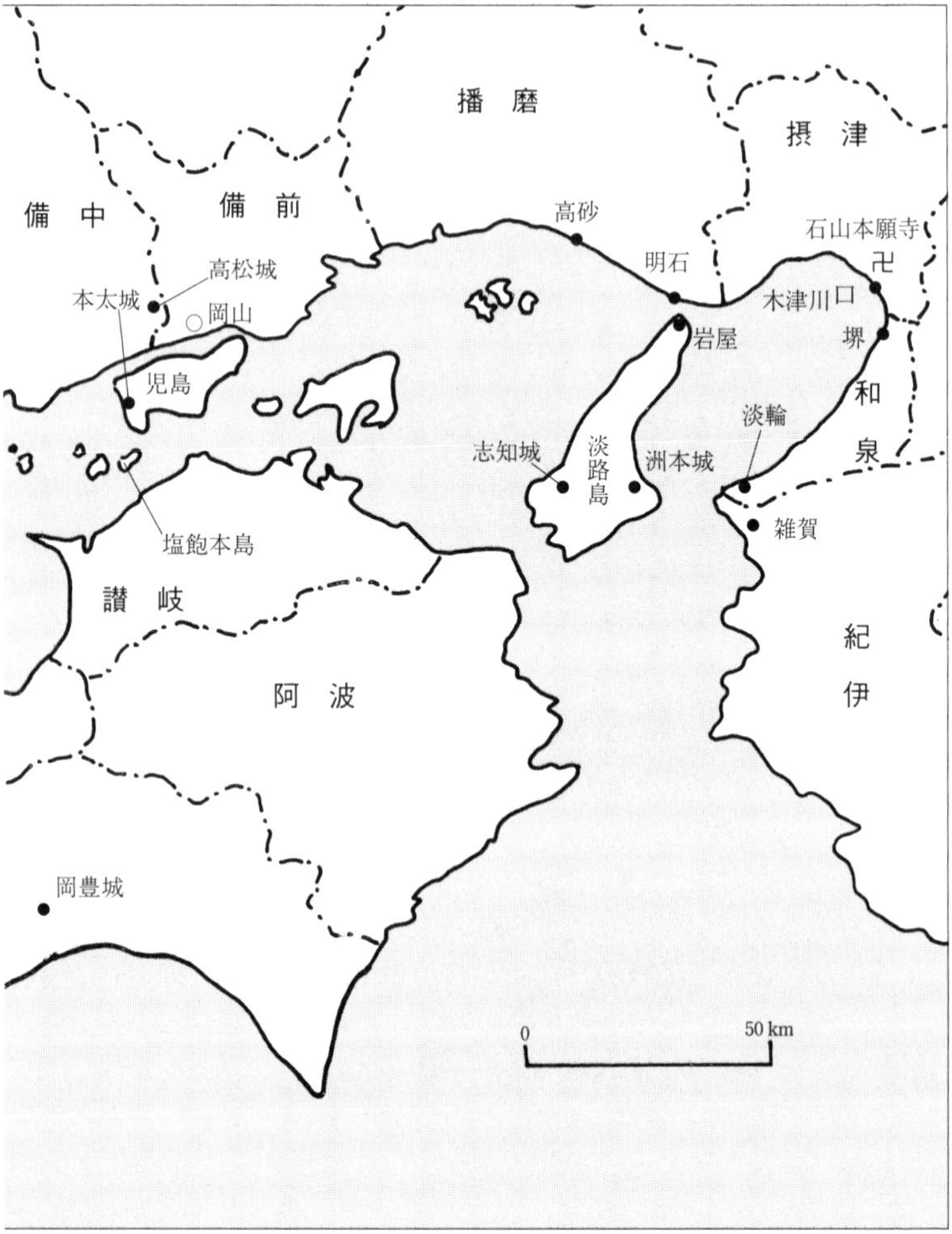
播　磨
摂　津
備　中
備　前
高砂
石山本願寺
卍
明石
高松城
本太城
岡山
木津川口
岩屋
堺
児島
和
泉
淡輪
志知城
淡
路
島
洲本城
雑賀
塩飽本島
讃　岐
紀
伊
阿　波
岡豊城
0
50 km

軍関係地図

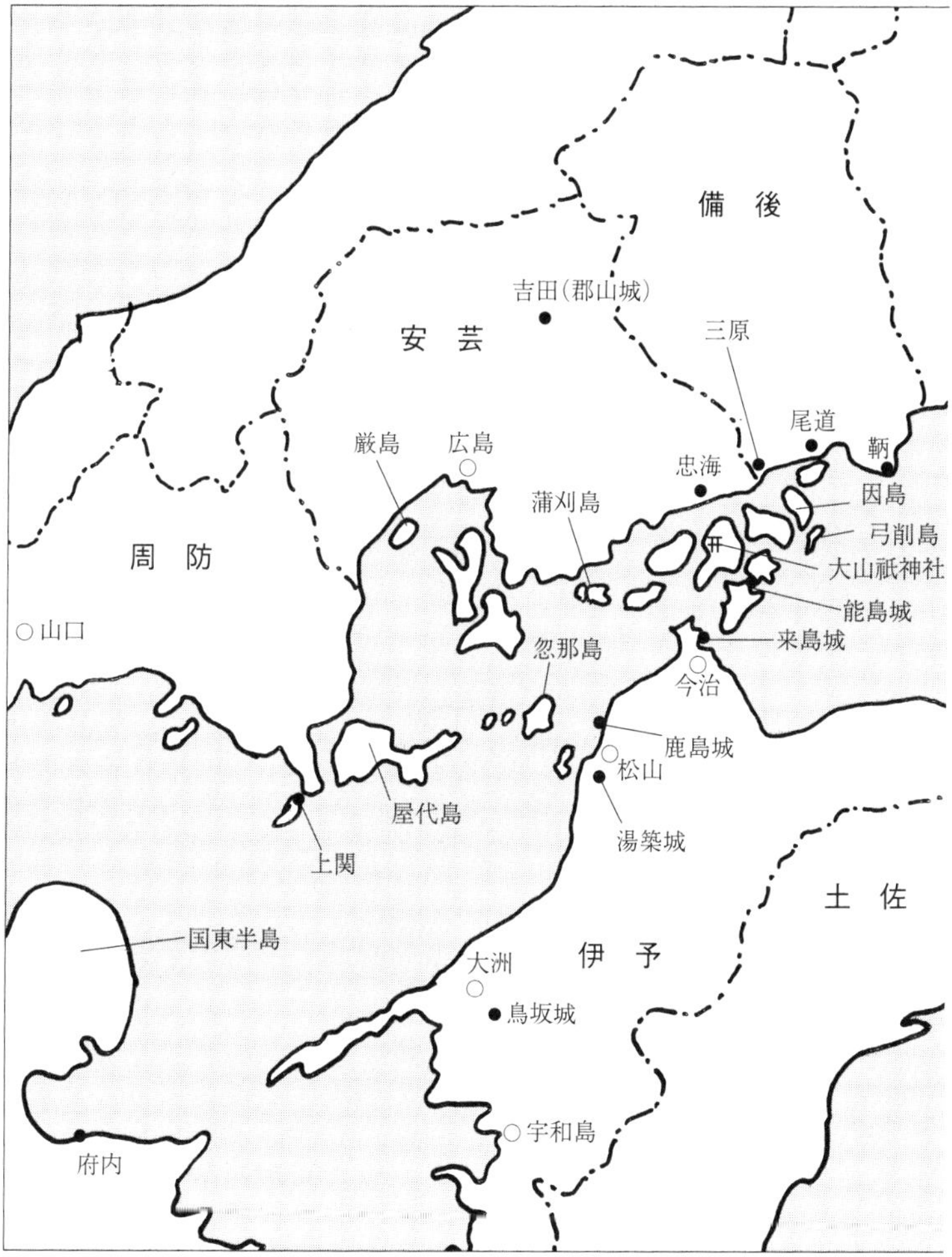
備　後
吉田（郡山城）
安　芸
三原
尾道
鞆
厳島
広島
忠海
蒲刈島
因島
弓削島
大山祇神社
周　防
能島城
山口
来島城
忽那島
今治
鹿島城
松山
屋代島
湯築城
上関
土　佐
国東半島
伊　予
大洲
鳥坂城
宇和島
府内

図1　西国の水

そのような由緒からみてもわかるように、もともとは陸の領主であるが、そのような児玉氏が海とのかかわりをもつようになったのは天文十年（一五四一）以降である。この年毛利《もうり》元就《もとなり》は、大内氏に属して安芸国銀山《かなやま》城（広島市）を攻めて守護武田氏を滅亡させたが、その恩賞として太田川河口周辺に一〇〇〇貫の領地を与えられた。それを契機に元就は、太田川河口を基地にした水軍を編成することにし、それを児玉就方らにまかせたのである。これは、それまで山間部の郡山《こおりやま》城を本拠に活動してきた毛利氏にとって大きな転機であった。

ただ自前の水軍を養成する時間的余裕はなかったから、この児玉就方らが水軍の主力としたのは白井・福井・山県《やまがた》など旧武田系の警固衆であった。そこに川ノ内警固衆の強みも弱みもある。すなわち、毛利氏の譜代家臣がその頂点に立っているという点では、極めて信頼性が高いが、その頂点に立つ児玉氏が基本的に陸の領主であり、その配下の警固衆が他家で養成された水軍であるという点では、おのずから限界を有したのである。川ノ内警固衆は、水軍力や機動力という点では、海から生まれ、海の生活者であった海賊衆村上氏などとは比べるべくもなかったのである。そこに、毛利氏が直属水軍を持ちながらもたえず村上諸家を味方につけようと腐心せざるを得なかった理由がある。

小早川水軍

毛利元就の三男隆景が継承した小早川家も早くから水軍を擁していた。その主力は忠海警固衆の乃美《のみ》宗勝《むねかつ》である。宗勝は、安芸郡瀬戸島（呉市）を本拠とした乃美賢勝の子であるが、のちに豊田郡浦《うら》郷（竹原市・三原市）を本拠とする浦氏の跡をついだ人物である。したがって正しくは浦宗勝というべきであるが、本人は、本姓の乃美を好み、乃美宗勝と名乗ることのほうが多かったようである。
その宗勝が忠海の賀儀城《かぎ》（竹原市）を本拠として周辺に散在する諸勢力を統率したのが忠海警固衆である。宗勝が臣従したのは三原の小早川隆景であったから毛利氏に直接仕えた児玉氏とは事情が少し異なっているが、小早川隆景が毛利一族の一角を構成していたのは周知のことであるから、忠海警固衆も毛利氏にとっては、信頼性の高い有力な水軍であった。

宗勝の武勲もいろいろなところで確認することができるが、その大きな功績の一つは、瀬戸内の海賊衆と毛利氏の仲介の役を果たしたことである。後述の厳島《いつくしま》合戦のときに、態度をはっきりさせない来島《くるしま》村上氏との交渉にあたったのは、他ならぬ乃美宗勝であった。宗勝と来島の村上通康《みちやす》との間でどのようなやり取りがあったのかは定かでないが、元就をイライラさせながらも、最終的に宗勝は、来島村上氏の水軍力を毛利方に取り込むことに成功したのであり、その功績は大であるといえる。

また毛利氏は、永禄十一年（一五六八）に、当時宇都宮・土佐一条両氏の連合軍の攻撃を受けて苦境に陥っていた伊予の河野《こうの》氏を救援するために、小早川隆景らを大将にして大軍を派遣したが、このときに中心的な役割を果たしたのも乃美宗勝である。前年の十月に、当時河野軍の主力として活動していた村上通康が突然死去したが、宗勝はかつての盟友の死を深く悲しみ、伊予渡海後には、喜多郡の大津城や八幡城（ともに愛媛県大洲《おおず》市）を切り崩すなどの大功を立てている。

このように芸予諸島の村上諸氏が毛利氏との間に何らかの関係をもつときには、必ずその間に乃美宗勝の姿があった。そのような意味で宗勝は、毛利氏の直属水軍と独立性の強い海賊衆の媒介の役割を果たす人物であったといえよう。

海賊衆能島村上氏

直属水軍や一族水軍と比べて独立的性の強いのが、瀬戸内の海賊衆村上氏によって構成される水軍である。村上氏は、それぞれ本拠を異にする能島・来島・因島の三氏からなっているが、ここでは、伊予国の能島《のしま》（愛媛県今治市宮窪《いまばり》町）に本拠をおく能島村上氏に注目してみることにしよう（拙著『瀬戸内の海賊〈増補改訂版〉』）。能島村上氏は、伊予に本拠をおく海賊として、守護の系譜をひく河野氏に一定の敬意を表してはいたが、それは、強固な主従関係によるものではなかった。能島村上氏は、戦国大名の統制力が次第に強化されていく戦国時代にあっても、独自の行動の自由を獲得していたように思われる。ある意味では自らの水軍力を各地の戦国大名に最も高価に売りつけることによって声価を高めていったのが能島村上氏であるといえよう。

能島村上氏の歩みをたどってみると、瀬戸内海に利害関係をもつほとんどすべての戦国大名とかかわりを持っていたことがわかる。そしてそのかかわりは決して永続的ではなく、あるときには結び、あるときには離れていく性格のものであった。

戦国時代の能島村上氏を率いていたのは村上武吉《たけよし》であるが、その武吉は家督をめぐる一族の内紛を勝ちぬいて惣領の地位を得た人物である。内紛は、十六世紀前半における能島村上氏の惣領家と庶家の対立が、瀬戸内海をめぐる大内氏と尼子《あまこ》氏の対立にからんで引き起こされたものである。

庶家出身であった武吉は大内氏の勢力と結んで、尼子氏にくみした惣領家を倒し、家督の継承に成功した。その大内氏が陶晴賢《すえはるかた》によって滅ぼされ、さらに陶晴賢が毛利元就に倒されたのが厳島合戦である。瀬戸内海の戦国史の流れを大きく変えたこの合戦に武吉がどうかかわったかはよくわからないが、これ以後、毛利・大友両氏の対立が始まるなかで、毛利水軍の一翼を担って活動し始めたことは間違いない。

もともと友好的であった毛利氏と大友氏の関係が一挙に険悪になったのは、防長経略を終えた元就が九州に目を向け始めた永禄元年ごろである。その際両勢力の争奪の対象になったのが、九州の最北端にして長門とは指呼の間にある豊前国門司《もじ》城であった。その門司城をめぐって、永禄四年に両軍が衝突した。このとき、敗れた大友軍が海路退却するのを、豊前蓑島《みのしま》（福岡県行橋市）で迎撃して大打撃を与えたのが能島村上氏をはじめとする瀬戸内の海賊衆であった。

さらに、永禄十一年には、能島村上氏の水軍が備前児島の本太城《もとぶと》（岡山県倉敷市）で、やはり毛利方として軍功をあげたことが知られている。水島灘や児島西岸航路を睨み、毛利氏が備中から備前へ進出する際の橋頭保でもあった同城が、阿波三好《みよし》氏の攻撃をうけたのであるが、同城を守っていた、村上武吉の家臣島越前守吉利の奮闘によってこれを撃退することができた。

毛利氏への敵対と復帰

このように永禄年間には、ほぼ毛利氏に味方して行動することが多かった能島村上氏であるが、元亀年間になると事情は大きくかわる。元亀二年（一五七一）に、前記本太城が再び攻撃の対象になったが、このとき同城を攻めたのは、先の永禄のときとは全く逆に毛利氏であった。これは、能島の村上武吉が毛利氏にそむいて大友氏に味方したからである。詳しい事情は明らかではないが、先の豊前蓑島での敗戦によって水軍力不足を痛感した大友宗麟《おおともそうりん》が、九州での何らかの権益の付与を条件に武吉を味方に誘った結果であろう。また、元亀元年ごろから武吉と宗麟の文書のやり取りが急速に多くなるのを確認することができる。

しかし、この第二次本太合戦ともいうべき事件は、単に毛利・大友両氏の対立のなかでのみ生じたものではなかった。このころ毛利氏は、北九州で大友氏と対立していたばかりではなく、山陰では尼子氏の遺臣山中幸盛《やまなかゆきもり》（鹿介《しかのすけ》）の活動に悩まされていたし、東方では、備中・美作《みまさか》に勢力を有する浦上宗景《うらがみむねかげ》と対立していた。また四国東部には、篠原長房を中心とした阿波三好氏の勢力があった。したがって、大友宗麟は、これらの諸勢力と連絡をとりあって、毛利氏包囲網を画策していたのであり、能島村上氏もその一翼を担ったのである。このころの武吉は、大友宗麟ばかりではなく、浦上宗景や同氏と行動をともにしている牧尚春《まきなおはる》とも頻繁に連絡をとりあっているのを確認することができる。

元亀二年の七月と翌年の閏正月には、本拠能島城が毛利方水軍の攻撃をうけた。このとき武吉は、毛利軍が水の手まで迫っていると、窮状を大友宗麟に訴え、大友宗麟も援軍を派遣することを約束している。このように毛利氏と能島村上氏の対立は元亀二年に頂点に達したが、天正三年（一五七五）ごろになると、再び毛利氏とのつながりが強まってくる。これは、中国地方東部で織田信長の勢力が強くなって、毛利氏の主要な敵が西の大友氏から東の織田氏にかわったことと無関係ではないであろう。毛利氏にとって大友氏との対立が解消すれば、能島村上氏を敵にまわす必要はなく、逆に対織田戦を戦ううえで、能島村上氏の水軍力は欠かすことができないと見なされたものであろう。

翌天正四年には、織田信長に包囲されて危機に陥った石山本願寺が毛利氏に支援を要請し、毛利方水軍が大坂湾で織田方水軍を破って兵糧の搬入に成功するという、いわゆる第一次木津川口《きづがわぐち》合戦が行われたが、このとき毛利方水軍のなかで中心的役割を果たしたのは武吉の子の元吉《もとよし》やいとこの景広《かげひろ》であった。

こうして能島村上氏は毛利方に復帰することになったが、これ以後は、一貫して、毛利氏や河野氏と行動をともにしていくことになる。

海　城

ところで、これまでみてきたような能島村上氏の独立性に富む行動について考えるときに、彼らの行動の拠点となった海賊衆独特の城郭についてみておくことも重要であると思われる。能島村上氏の本拠能島城は、芸予諸島の伊予大島と伯方島に挟まれた小さな水路の中央部に浮かんでいる、周囲八六〇㍍《メートル》ほどの小島である。地図で見る限りでは瀬戸内のどこにでもある、かわりばえのしない小さな島であるが、現地に臨んでみるとそこが海の要塞としてさまざまな造作が加えられた島であることが理解される。

島に近づくと、山頂や中腹が数段に削平されていて、あたかも軍艦のような形をした島影を認めることができるが、上陸してみると、その感は一層強くなる。島は不整形な三角形をしているが、そのことは、三角形のそれぞれの頂点に見張りを配置すれば、あらゆる方角に見晴らしがきくことを意味する。そして現実に、三角形の頂点にあたる突出部には、見張り台として使われたらしい小さな削平地を確認することができる。島の中心部は三段に削平され、最頂部の曲輪《くるわ》が第二、第三の曲輪によって守られている。

各曲輪からは眼下に、白波をたて渦を巻いて流れる急流を目にすることができる。しかも、その急流は干満の変化に応じて時々刻々と変化する。この島が海の難所に立地していることをうなずかせる景観である。その急流の性格を熟知し、それを制する術を知っている者のみが、この海域の主人公になるこ

図2　海城としての能島

とができたのである。また海岸に降りてみると、海辺の岩礁上にうがたれた無数の柱穴を目にすることができる。これらは、何らかの繋船《けいせん》施設の跡であろうと推測されている。どうやら島の周囲には繋船施設が整えられていたらしい。海賊衆たちはいつ何時でも、島のあらゆる所から出船できる態勢を整えていたのである。

またその位置を考えてみると、能島城は瀬戸内の海上交通路をにらんで立地していることがわかる。芸予諸島の中央部を通過しようとする船舶の多くは、船折《ふなおり》瀬戸と呼ばれる急流の水路を通るが、能島はその喉元を押さえる位置にあり、一方、芸予諸島を南北に通過する船舶の多くが利用する鼻栗《はなぐり》瀬戸をも指呼の間に望むことができるのである。

能島城のように、小さな島全体を要塞化し、海面や潮流によって守られた城を筆者は海城と呼ぶことにしているが、このような海城が芸予諸島海域には数多く残されている。そしてそれらが、海賊衆の水軍力を支えていたのである。

このように毛利氏は、直属水軍、一族水軍、海賊衆主体の水軍という具合に性格の異なる水軍を擁していたが、それらが毛利氏の水軍として相互にどのような関係を有していたのかという点については、弘治元年（一五五五）に毛利氏が陶晴賢を破った厳島合戦をみるとよくわかる。厳島合戦についてはのちほど詳しく取り上げたいと思うが、ここでは、水軍とのかかわりの側面についてふれておきたい。

厳島合戦と水軍

合戦に先き立って、直属水軍児玉氏の本拠草津城（広島市西区）は、毛利方水軍の前進基地となり、川ノ内警固衆は持船を総動員して、地御前《じごぜん》（廿日市市）から厳島包ケ浦《つつみがうら》（同市宮島町）への兵員輸送にあたった。元就らが厳島に安心して陣を取ることができたのは、まさに川ノ内警固衆の水運力のおかげであったといえる。しかし、それでもなお、元就が最後の最後まで伊予の海賊衆の支援を求めたのは、水運力はともかく、海上での戦闘力という点では一抹の不安があったからではないだろうか。

伊予の海賊衆の厳島合戦へのかかわりについては、古くから参戦説と非参戦説があるが、筆者は、少なくとも来島村上氏が参戦したことは間違いないと考えている。しかし同氏は、毛利氏のたび重なる支援要請にもかかわらず、合戦の直前までその帰趨を明確にしなかった。

合戦は、弘治元年九月三十日の夜から十月一日の早朝にかけて行われたが、その直前の九月二十七日付で小早川隆景にあてた書状のなかで元就は、来島村上氏が来援しなくても小早川家の警固衆と直属の川ノ内警固衆だけで十分対処できるという強気の姿勢をみせる一方、それでもなお来援時期を知りたいと述べている（「小早川家文書」）。態度をはっきりさせない来島村上氏が元就を悩ませている様子がよくわかるが、ある意味では、元就を悩ませたこのような不安定さこそが、海賊衆の特性であった。

しかし、いったん来援すれば、その水軍力には抜群のものがあった。厳島合戦時における来島村上氏の軍功を具体的に伝える史料は、後世の軍記物語以外には見当たらないが、後年元就が、「来島扶持を以て、隆元我等頸をつぎたる事候」と述べているのをみると（「毛利家文書」）、来島村上氏の支援が合戦の動向に決定的な影響を与えたことは明らかである。

以上のように、厳島合戦時における具体的な軍事行動のなかに、信頼性は高いが水軍力に劣る安芸生まれの直属水軍、信頼性は低いが水軍力に勝れた瀬戸内の海賊衆という両水軍の特質の違いを読み取ることができる。

そして、態度をはっきりさせない来島村上氏に対して懸命の働きかけをし、来援実現にこぎつけたのは、一族水軍ともいうべき小早川隆景配下の乃美宗勝であった。

このように、毛利氏は各地の多様な警固衆や海賊衆を取り込んで水軍を編成していた。したがってそれは一律ではなく、ましてや毛利氏の命令一下どのようにでも動きまわる水軍ばかりでもなかった。しかし逆にいえば、そのような多様性がどのような状況への対応をも可能にしたのであり、あるいはこのようなところに、毛利水軍の強さの秘密があったのかもしれない。

二　東国の水軍

北条氏の水軍

東国の戦国大名のなかで、水軍の編成に最も意を注いだのは北条氏であろう。それは、同氏が関与する海域が相模湾を中心にして西は駿河湾の一部、東は江戸湾の大部分にまで及んでいるからである。それらが北条氏の海であるとすれば、そこにおいて一定の領域支配の実を上げるためには、相応の海上勢力が必要となろう。そのような北条氏の水軍は、氏康《うじやす》の時代とそれ以後では様相がかなり異なる。

氏康時代の永禄二年（一五五九）に作成された「小田原衆所領役帳」には、「浦賀定海賊」すなわち浦賀を拠点とする海賊として、愛洲《あいす》氏・高尾氏があげられ、ほかに海賊役を命じられた者として、小山氏・三崎十人衆などがいる。これをみるとこの時期には浦賀（横須賀市）が海賊の拠点として中心的役割を果たしていたことがわかる。浦賀は、浦賀水道をはさんで房総半島と最短距離の位置にあるため、そのころ北条氏と対立していた里見水軍の動きに対応する基地としては最適だったのであろう。今も浦賀の港を見下ろす丘陵上に浦賀城の遺構が残されていて、城跡からは天気のいい日には、内房沿岸に位置する百首《ひやくしゅ》城や金谷《かなや》城（いずれも千葉県富津《ふっつ》市）などを遠望することができる。

その浦賀詰め海賊の中心であった愛洲氏は、紀伊国出身の海賊で、平時は船員の確保や造船・修理に

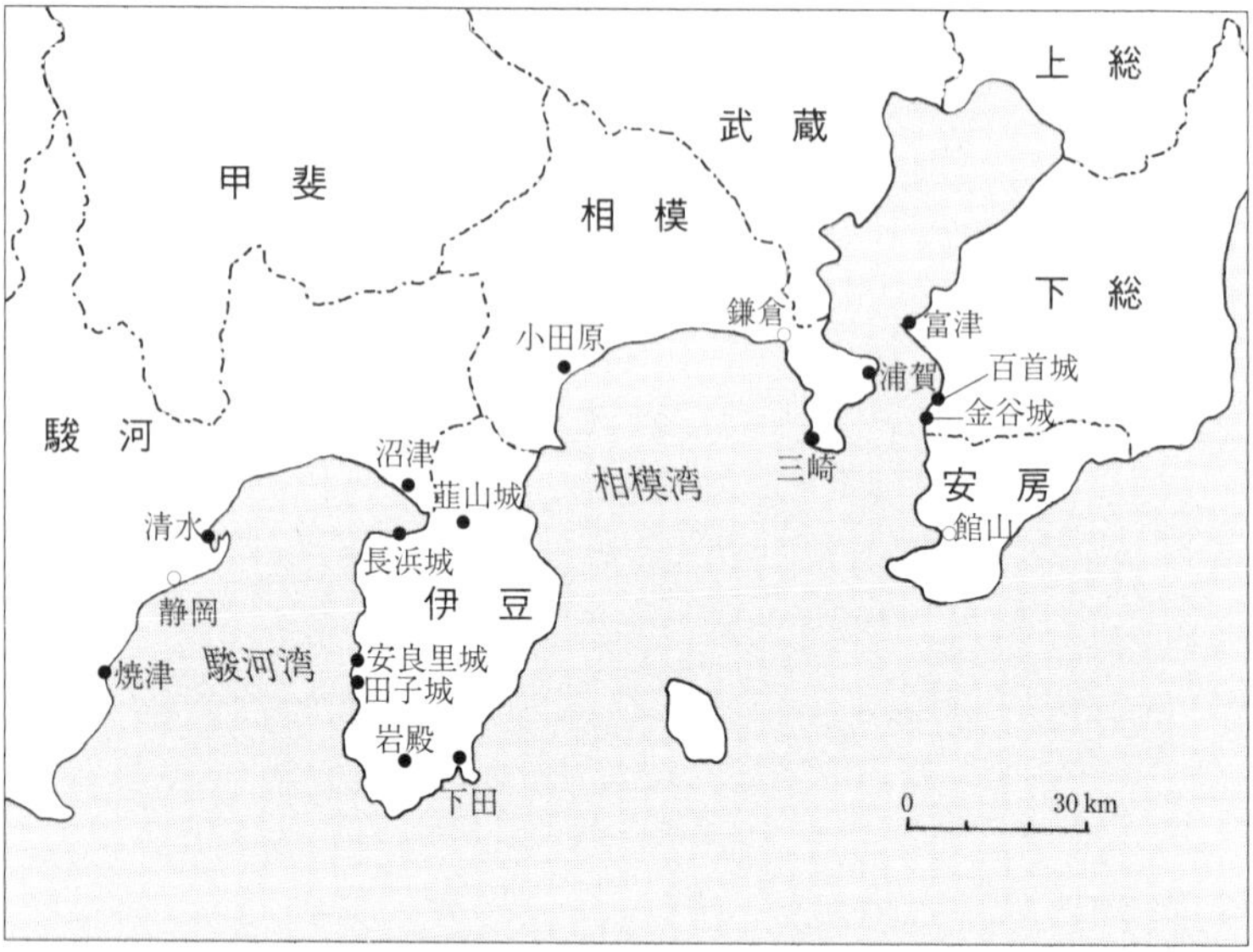

図3　東国の水軍関係地図

図4　三崎城跡と三崎の港

あたり、戦時には里見水軍との海戦に従事したりしていた（盛本昌弘「北条氏海賊の動向」）。年未詳であるが、永禄・元亀のころに北条氏康が愛洲氏をはじめとする海賊諸氏にあてた書状には、房州衆（里見勢）が三崎（三浦市）へ攻撃を仕掛けたときに防戦をして勝利を得、敵二〇余人を打ち取ったことがみえる（「紀伊続風土記」附録一〇）。これなどは愛洲氏の活動を具体的に示したものといえよう。

ここにもみられるように三崎は、三浦半島の最先端にあってしばしば里見氏の攻撃対象になったため、北条氏としてもその守りを固めることは海防上不可避であった。そこで、その地において海賊役を命じられたのが、三崎十人衆と呼ばれる集団であった。これは、三浦半島を拠点に早くから活動していた三浦氏が永正十三年（一五一六）に北条早雲《そううん》によって滅ぼされたあと、北条氏がその遺臣を取り込んで三崎城を拠点とする水軍として再編成したものである。

三崎は、前面を城ヶ島によって守られ、城ヶ島と三浦半島にはさまれた水道に向かっていくつかの小さな入江が開かれるという格好の地形的条件を有する港であるが、その入江を見下ろす（その入江は現在北条湾と呼ばれている）丘陵上に三崎城が立地している。港と城が一体となって海賊の拠点が形成されているといえよう。遺構は断片的な土塁などのほかにはほとんど残っていないが、それでも城跡から城ヶ島方向を望むと、ここに拠点を置いた海上勢力の活動に思いをはせることができる。

山本氏と江戸湾

「小田原衆所領役帳」に海賊と明記されているわけではないが、同じように北条氏の水軍としての活動がみられる一族として、伊豆半島西岸に本拠を置く山本氏や梶原氏がいる。山本氏は、伊豆半島西岸の田子城（西伊豆町）を本拠とする、伊豆出身の海賊衆であるが、当初の主要な活動海域は、里見氏と競合する三浦半島沖や江戸湾であった。この海域での山本氏の活動を則竹雄一氏は次のような四点に整理している（「戦国期江戸湾の海賊と半手支配」）。

①沿岸の警備

梶原氏とともに三崎城にあって、他所から来た船を改め、帰っていく船に「手判」＝許可を出すという、三浦半島周辺を行き来する船舶を管理する活動。

②敵船によって奪取された廻船＝商船の取り返し

領国内に船籍をもつ商船の保護は大名権力の役割とみなされていたようで、その役割を担った。

③敵船を陸に押し上げて奪取する

④沿岸郷村の焼き払い

①②は平時、③④は戦時の活動とみることができるが、③は東国における船戦のあり方を示す点としても興味深い。「管窺武鑑《かんきぶかん》」（巻三）の、「敵船を陸へ追い揚げずして、海中の攻合許りにて候故に、勝と申さず候事、船軍の作法なり」という記述は、最終的には敵船を陸に追い上げて陸戦で決着を付けるという東国の「船軍の作法」をよく示している。④は敵の領内に攻め入って浦里を焼き払ったり、村人を生け捕ったりする行為を指し、その意味では「典型的な海賊行為」ともいえるが、それはあくまでも大名権力の承認のもとで行われている行為であり、西国でしばしばみられる、海賊独自の略奪行為とはおのずから性格の異なるものとみるべきであろう。

ちなみに、山本氏が海上活動で出動した場所としては、内房の蔵波《くらなみ》（千葉県袖ケ浦市）・風津浦（富津市）・佐貫浜《さぬき》（同市）・金谷（同市）・岡本（富浦町）・吉浜（鋸南町）・妙本寺（同町）・楠見（同町）、房総半島先端の津之崎（館山市洲崎か）・井戸（同市伊戸）・河名（同市川名）、三浦半島の走水台《はしりみずだい》（横須賀市）など一九ヵ所をあげることができる（浜名敏夫「北条水軍山本氏について」）。このうち、佐貫浜・金谷・岡本などは里見氏の重要拠点として知られているところである。これらをみると山本氏が、当時北条方から「向地」と呼ばれていた内房沿岸を中心に幅広い範囲で活動していたことがわかる。

このように山本氏は、早い時期には三崎に拠点をおいて江戸湾や浦賀水道で活動していたが、やがて本拠田子浦での活動に重点を移していく。それは永禄十一年十二月に武田信玄が駿河に侵入して駿河湾にも武田の勢力が及ぶようになり、北条水軍はこの方面にも活動を広げていかなければならなくなるからである。天正九年（一五八一）ごろのものと推測される、山本正次《まさつぐ》あて清水康英《やすひで》（北条氏重臣）書状には、山本氏が「田古浦」に在郷しているとき、「駿州四海賊」が攻め寄せてきたことが記されている（「越前史料所収山本文書」）。これなどは、山本氏を含めた北条水軍が対応しなければならない状況をよく示しているといえよう

外来の海賊梶原氏

山本氏が伊豆はえぬきの海賊衆であったとすれば、梶原氏は、外来の海賊衆である。梶原氏の本国は紀伊国であった。おそらく熊野海賊として活動した一族の流れをくむのであろう。そのような外来の海賊衆としての梶原氏の性格をよく示しているのは次のような史料であろう。

〔史料1〕（「紀伊続風土記」附録一〇）

帰国の侘言、余儀無く候、然りと雖も相房勝負、今来年の間たるべく候、来々年においては、必ず本意を達すべく候哉、来年中の儀は、在国致さるべき事、肝要に候、只今帰国せしむるに就きては、年来の忠信、其□有るべからず候、爰元分別を遂げ、今暫く在国、いよいよ感悦たるべく候、恐々謹言

永禄十一年辰七月十四日　　遠山左衛門尉（朱印）奉

梶原吉右衛門尉

これは、北条氏の家臣遠山康光《やすみつ》が北条氏の意を体して梶原吉右衛門尉景宗《かげむね》にあてて発したものであるが、これをみると、梶原氏が北条氏に対して「帰国の侘び言」を申し出ていることがわかる。つまり、本国紀伊へ帰らせてほしいというのである。それに対して北条側は、「相房勝負」（北条氏と里見氏の戦い）が今、来年にあるであろうから、「来々年」には希望通り帰国を認めるが、それまでは在国してほしいと述べている。この「帰国」が一時帰国か、それとも永久帰国か、また、梶原氏が本気で帰国を求めているのか、それとも知行給付の増額を求める手段として帰国を持ち出しているのかは定かでないが（真鍋淳哉「海から見た戦国時代」）、ここでは、このような「帰国の侘び言」が梶原氏から北条氏に対して持ち出されたこと自体を重視する必要があろう。

梶原氏にとっては、現在は北条氏に仕えてはいるが、故国紀伊は場合によっては帰るべき場所としてなお生きていること、そして北条氏も、梶原氏が帰国することは可能性としては十分あり得ると認識していたのである。ここには、外来の傭兵的な海賊衆としての性格が色濃く表れているといえる。

なおこののち天正十四年には、北条氏は梶原氏に対して「紀州紀ノ湊」の佐々木刑部助《ぎょうぶのすけ》の持船が「商

売」のために当国まで乗下ってくることについて異儀のない旨を伝えている（「紀伊続風土記」附録一〇）。ここでいう「商売」と梶原氏がどうかかわっているのかは定かでないが、この時期になっても梶原氏と紀伊との縁、とりわけ「商売」との縁が継続していることは注目されよう。永原慶二氏はここにみられるような梶原氏の性格を「海賊商人」とよんでいる（「伊勢・紀伊の海賊商人と戦国大名」）。

伊豆長浜城

梶原氏は早くには、相模三浦郡に多くの所領を有し、三崎を拠点にして江戸湾の警備にあたっていたが、駿河湾で武田氏との緊張が高まってからは、山本氏同様西伊豆の長浜城（沼津市）に拠点を移したようである。

その長浜城は、伊豆半島西岸の付け根にあたる内浦湾に面した城である。現在城跡の地は、内浦湾に突き出した小丘陵のようにみえるが、近代初頭の地図などをみると、海面は丘陵の背後まで大きく回り込んでいたようだから、実際には丘陵というよりも島に近い地形だったのではないかと思われる。城は主要な四つの曲輪、その曲輪の端を取り巻く土塁、曲輪と曲輪の間を断ち切った堀切など一般の山城と異ならない遺構を残しているが、この城にとって重要なのはやはり海とのかかわりであろう。

内浦湾は、入口が狭くて奥が広い、筆者のいうところの室・池型の入江をなし（拙著『中世瀬戸内海の旅人たち』）、入口には淡島が位置していて自然の防波堤の役割を果たしている。これは中世の港としては格好の条件といえる。梶原氏の「商売」がこの港と密接にかかわっていることが推測される。軍事的にみると、淡島にさえぎられて駿河湾に対する眺望は必ずしもよくはないが、それでも、北条氏が最

図５　長浜城跡からみた内浦湾

も気にしていたと思われる、狩野川河口近くに位置する武田方の三枚橋城（沼津市）のあたりははっきりと遠望することができる。武田氏に対抗して伊豆半島西岸の海域を押さえようとする北条氏の意図を明瞭に読み取ることができる城といえよう。

北条氏は、天正七年に長浜近隣の木負《きしょう》の百姓に対して「豆州浦備」のために長浜に「船掛庭」（繋船《けいせん》施設）の普請を申し付けたので人夫を出すように命じているが（「大川文書」）、このころ来るべき武田氏との対決に備えて港と城の整備を図ったのであろう。「北条五代記」（巻七）は、これについて次のような話を記している。

北条氏直は、「駿河浦」（沼津周辺の海岸部のことか）には兵船を繋留しておく湊がなかったので、伊豆重須《おもす》の湊（重須は長浜城に隣接する地名）に兵船を繋留させることにした。武田方の沼津から二里の距離であった。梶原景宗の子息兵部大夫を頭として清水・富長・山角・松下・山本などという船大将を重須浦に居住させた。そして氏直は、伊豆国において軍船一〇艘を造らせ、「あたけ」と名付けた。それは、片側に二五丁、両側あわせて五〇丁櫓立ての兵船で、鉄砲の弾がとおらぬように、椋の木で左右艫《ろ》舳《じく》を囲い、水手五〇人、侍五〇人が乗り組んだ。また、矢狭間から弓・鉄砲が放てるようにし、舳先《へさき》には大鉄砲を設置した。

長浜城の位置する重須港を整備して水軍を配置し、さまざまな装備を備えた安宅《あたけ》船などを繫留させたことがわかる。

それまでは山本氏同様江戸湾方面で里見氏対策にあたっていた梶原氏も、このころから本格的に伊豆半島で活動するようになったものと思われる。同じ天正七年の十一月には北条氏は梶原景宗に対して「西浦番銭」（西浦は伊豆半島西岸、番銭は浦々の者たちが水夫役の代銭として納めたもの）の徴収を催促するように命じ、翌八年の八月には大船一艘を完成させたことを賞して一五〇貫を加増している（いずれも「紀伊続風土記」附録一〇）。この大船も「北条五代記」が記す安宅船のことであろう。港や船を整えて梶原氏の武田氏に対する臨戦態勢が整いつつあることがうかがわれる（小和田哲男「後北条水軍の拠点・豆州長浜城」）。

武田信玄の海賊招致

そのような北条水軍の相手となる武田氏の水軍は、急ごしらえの水軍といえるかもしれない。それは、武田信玄が永禄十一年に駿河に進出して以降、東の北条氏の水軍、西の徳川氏の水軍に対抗するために短時間の内に体制を整えなければならなかったからである。そのような場合、どうしても自軍のなかで水軍を養成するよりも、他国の既成の水軍を招致することが水軍編成の中心とならざるを得ない。実際、武田氏の水軍の主力は、北条氏の場合以上に他国出身の水軍によって占められていた。

そのような武田水軍の実態を柴辻俊六氏は次のように整理している（「武田氏の海賊衆」）。

㈠今川氏の船奉行であった岡部忠兵衛（のちに土屋豊前守貞綱と改める）や伊丹氏などのような旧今川水軍

㈺武田氏の伊豆侵攻時に武田方に誘引されたらしい間宮氏のような旧北条水軍

㈧伊勢湾で活動していた小浜氏や向井氏が武田氏の招致に応じた旧伊勢水軍

また、小川雄氏は少し視点を変えて、武田氏の海賊衆編成は、①伊勢海賊（小浜氏・向井氏）、②駿河国人（土屋氏・伊丹氏など）の動員を二本の柱としており、その両面で元今川氏の家臣であった駿河国人岡部一族に大きく依存した、と指摘している（「武田氏の駿河領国化と海賊衆」）。いずれにしても武田氏の水軍が既成の他国水軍を取り込むことによって成り立っていることは明瞭である。

そのような他国水軍の代表として志摩出身の小浜氏をあげることができよう。小浜氏と武田氏の関係をみるには、次の史料を検討してみるのが適切であろう。

〔史料2〕（「小浜文書」）

定

海賊の用所として、勢州より参るべきの旨、申す人所望の所、一々合点、就中《なかんずく》知行方相違有るべからず候、同者急速に渡海候様、申し遣わすべき者也、仍て件の如し

元亀二年辛未

十一月廿日　　信玄（花押）
土屋豊前守殿

この文書は、武田信玄が元亀二年（一五七一）に土屋豊前守にあてた判物である。土屋豊前守は、先に述べた元今川水軍の一員であった岡部忠兵衛のことで、このころ武田水軍の取りまとめにあたっていたものと思われる。ここで信玄が述べているのは、海賊として伊勢からやってくる人物が所望している領地については、いちいち合点し相違ないので、その者を急いで渡海させるように手配せよ、というぐらいのことであろうか。ここから、海賊として武田方に加わろうとしている者がいること、その人物への給地について交渉が行われ、その結果について信玄が了承していること、信玄自身は給地のことよりも「急速」に渡海させることに気が向いているらしいこと、などを知ることができる。肝心の伊勢からやって来ようとしている人物の名がわからないが、この文書が「小浜文書」の一通として伝えられていることから判断して小浜氏、それもその中心人物である景隆であることは間違いないところであろう。

志摩出身の小浜氏

この渡海交渉は成功し、小浜景隆は実際に武田氏のもとへやってくることになった。翌元亀三年五月二十一日付で信玄が景隆に直接あてた朱印状には、景隆が「海上之奉公」を勤めることを言上したことが明記されている。また元亀四年十月一日付で勝頼が景隆に与えた判物には、武田氏からの給地が一覧にして示されているが、その合計は、三〇〇〇貫にも及ぶ（いずれも「小浜文書」）。これは譜代家老衆の城代クラスに与えられる給地の額で、新参者としては破格の額であるという（柴辻俊六「武田氏の海賊衆」)。

その小浜氏は、志摩国の出身で、九鬼嘉隆《くきよしたか》などと同じく志摩の「島衆」などと呼ばれる海辺の小領主の一人であった。小浜氏の本拠志摩の小浜（鳥羽市）は、鳥羽の西岸に位置する小半島で、半島の一角にはかつての小浜城の遺構が残されている（現在はホテルの敷地となっている）。

小浜氏の側から駿河渡海の事情を記した史料は見当たらないが、このころの志摩の在地事情について記した九鬼氏の記録「九鬼家由来記」は、永禄のころ「七島といふ士七人」のうちの一人として小浜に民部左衛門がいたこと、その後九鬼嘉隆が織田信雄の威を借りて志摩の一統を図ろうとしたとき、志摩の島衆は神水を飲んで一味同心して抵抗したがいずれも敗れて、小浜氏は三河に落ちのび今川氏に属することになったこと、その後小浜氏は徳川家康に従って小浜民部と名乗ったこと、などが記されている。

志摩退去後今川氏に仕えたとみえるところが一般の理解と異なるが、武田氏と今川氏を混同したか、あるいは、前記のように武田氏に仕える際に窓口になったのが今川の旧臣土屋氏だったため、志摩ではそのように理解されていたのかもしれない。このようにして武田水軍の担い手となった小浜景隆は、天正三年の長篠《ながしの》合戦で土屋豊前守が戦死したあとは武田水軍の頭領的存在になった。

武田氏から新たに与えられた三〇〇〇貫という給地の額には小浜景隆に対する期待の大きさが表れているが、これら小浜氏に与えられた給地の分布について分析した鴨川達夫氏は、駿河国の西寄りを流れる中規模河川瀬戸川（焼津で駿河湾に流入）の流域に給地が多く分布しているのは、小浜氏が巨大河川である大井川の近くを敬遠し、瀬戸川とその支流の下流部を天然の良港として使おうとしたからではないか、またそれらの給地は、海岸から離れた山手と、海岸に近い浜手にわかれ、港湾として機能する浜手の重要さはいうまでもないが、山手も船体の新造や修理などに欠かせない竹や木材の供給地として重要な意味をもち、両者が一体となって小浜氏の拠点を形成していたのではないか、と推測している（「武田氏の海賊衆小浜景隆」）。

海賊といえば大規模河川やその河口部に目を向けがちであるが、海賊の活動の実態に即した興味深い指摘といえよう。なお、小浜氏の拠点については、清水の江尻城（静岡市清水区）が本拠で、そこに小浜氏の海賊城が所在したとの指摘もある（小和田哲男「武田水軍と駿河の海賊城」）。

北条・武田水軍の攻防

そのような小浜氏を主体とする武田水軍は、北条氏に対抗するために編成されたものであるから、両者の間に軍事的緊張が高まることも当然あった。とりわけ天正八〜九年は、両家の水軍が最も活発に活動した時期である。天正八年四月には、小浜氏と、同じく武田氏の有力水軍であった向井氏が「伊豆浦」に出撃して北条方の梶原氏と戦い、郷村数ヵ所を襲撃し敵船を奪取した（「小浜文書」「伊勢国度会郡古文書」）。

同年六月には小浜氏が反撃を受けた。武田勝頼《かつより》が小浜氏とその同心衆にあてた感状には、敵が小浜氏に対して攻撃を仕掛け、小浜氏らが忠節をつくしたと記すばかりであるが、おそらく北条方が小浜氏の本拠を攻めたのであろう。八月に勝頼が家臣穴山信君《あなやまのぶきみ》にあてた書状には、「大風雨」によって「安宅」をはじめとする敵船がことごとく破損したとの風聞が記されているから、北条方は大型の安宅船を出撃させたことがわかる。翌天正九年四月には、小浜氏が小野田・向井・伊丹の諸氏とともに伊豆久料津《くりようつ》

（沼津市）へ攻め込んで凶徒数十人を打ち取った（いずれも「小浜文書」）。

一方北条方の史料では、翌五月に清水康英が山本氏にあてた書状のなかで、「駿州四海賊」（前記小浜・小野田・向井・伊丹の四氏をさすか）が伊豆田古浦（田子浦）の屋敷構えまで押し寄せ、山本氏が防戦してやっと「押還」したことが記されている（「越前史料所収山本文書」）。さらに六月には、小浜氏が伊豆子浦（南伊豆町）にも攻め込んでいる。

ここで重要なのは、久料津が梶原景宗の長浜城の西わずかに約六キロの地点であり、田子浦が山本氏の本拠そのものであるということである。武田方水軍が北条方水軍の中心深くまで攻め込んでいることがわかる。この時期武田氏は、天正九年三月に徳川家康の攻勢によって遠江の高天神城を失うなど苦境に陥っていたが、海上においては北条氏に対して優勢な立場を維持していたようである。

西国水軍と東国水軍の違い

毛利氏や北条氏・武田氏を例にして西国と東国の水軍について概要を述べてきたが、そのことを踏まえて、西国と東国の水軍の比較を試みてみよう。この点で重要なのは、両水軍においては、海賊という言葉のニュアンスがかなり違うということである。西国、とりわけ瀬戸内海では海賊というのは海の民の生業の一つである。生業といってもいろいろあるが、最も重要なのは、通行料や警固料の徴収ではないかと筆者は考えている（拙著『瀬戸内の海賊〈増補改訂版〉』）。通行料というのは、船舶が海賊のテリトリーを航行する場合、それに接近してなにがしかの銭貨を得ることである。また警固料というのは、航行する船舶に上乗りして安全を保障する代償として得る銭貨のことである。したがって筆者は瀬戸内海においては海賊とは、通行料や警固料の徴収をこととする海の民であると考えている。

通行料や警固料の徴収は海賊にとっては正当な経済行為であるが、航行する船舶の側からすれば、特に通行料の場合、何の標識もない海域を通過していて銭貨を要求されるのだから略奪とみなすことも多い。したがって海賊という言葉には賊的ニュアンスが色濃く残っている。そして、水軍との関係という点からいえば、そのような海賊のうち有力なものが戦国大名の水軍として活動するようになるとみることができる。

それに対して東国では、海賊とは、水軍そのものを指す場合が多い。例えば武田氏が朝比奈氏に与えた朱印状のなかには、「海賊の儀」を仰せ付けるという文言がみられる（「清和源氏向系図」）。また別のところでは、「海賊の奉公」を勤めるなどともみえる（「早稲田大学荻野研究室収集文書」）。今川氏では、大名の指示に従って海上軍事行動に従事する船を「海賊船」と呼ぶ（小川雄「戦国期今川氏の海上軍事」）。これらをみると、海賊とは戦国大名が特定の海上勢力に命じる役割なのである。「海賊の奉公」などという言葉からすると、海賊とは海上活動によって戦国大名に「奉公」する勢力、すなわち水軍そのものということになる。そこには、瀬戸内海でみられるような賊的ニュアンスはほとんどないといってよい（注）。

東国の海賊に賊的ニュアンスがほとんどないという点は、もっぱら瀬戸内の海賊について研究してきた者としてはいささか奇異な感じがするが、これについては「北条五代記」（巻九）に、次のような有名な話が記されている。

ある人、いくさ舟の侍衆を海賊の者と云ければ、其中に一人此言葉をとがめていはく、むかしより山賊海賊といふ事、山に有て盗をなし、舟にてぬすみをするを名付けたり、文字よみもしかなり、侍たるものの盗をする者や有、海賊とは言語道断曲事かな、物をもしらぬ木石なりといかる、此者聞て我文盲ゆへ文字よみもしらず、さて舟乗の侍の名をば何とか申すべき、をしえ給へと云時、此侍は返答につまり無言す、愚者是を聞、文字よみをきけば侍とがめ給へるもことはりなり、又いにしへより海賊と俗にいひ伝へければ、いふもしかなり、今おもひあたつて此名をうかかふに……

「いくさ舟の侍衆」すなわち水軍を海賊と呼ぶ者がいたのを、ある者が聞き咎めて「舟にてぬすみをする」者が海賊であって、「いくさ舟の侍衆」を海賊と呼ぶとは何事かと怒り、そこから海賊の語源論議が始まるのであるが、ここにみられるように戦国直後の東国人のなかにも、水軍武将を海賊と呼ぶのに違和感を覚える者がいたらしい。

このように西国と東国で海賊のニュアンスに相違が生まれたのはなぜだろうか。それは水軍の成り立ちに関係しているように思われる。西国、特に瀬戸内海では、（生業としての）海賊活動を行っている海上勢力を水軍として取り込むことが行われたが、東国の北条氏や武田氏の場合、伊勢・志摩・紀伊など他国から海上勢力を招致して水軍を編成することが多かった。これらの海上勢力は故国にいたころには西国でいう「海賊活動」を行っていた可能性があるが（そのような記録も記憶もすでに失われてしまっていて実態はよくわからないが）、故国を離れて東国へやってきた時点で彼らは「海賊活動」の場を失い、またそのような活動の必要もなくなり、戦国大名のために「海上の奉公」をする水軍に特化していったのである。それにともなって、海を活動の舞台とする者としての海賊という言葉は残ったが、そこからは賊的ニュアンスが抜け落ちていったものと思われる。

このように西国においては海賊は水軍そのものでないとすれば、東国の海賊に相当する存在は西国では何と呼ばれるのであろうか。それは毛利氏の例で少しふれたように、警固衆がそれに相当するのではないかと思われる。

戦国大名の立場からいえば、東国では海賊は大名の指揮下にある水軍そのものであるが、西国においては、海賊は警固衆などの直属水軍を補完する勢力であり、必ずしも家臣団のなかに位置付けられていない場合もあるということであろう。

諸役の徴収

西国の水軍と東国の水軍の相違点の第二は、その日常活動にかかわる。いずれにおいても日常活動で大きな位置を占めるのは、さまざまな名目で行われる諸役の徴収である。

西国水軍の重要な担い手となる海賊衆の場合、日常活動の重要なものは先にも述べたように通行料と警固料の徴収である。とりわけ通行料の占める割合が大きい。彼らは、津公事《つくじ》・関役《せきやく》・駄別《だべつ》料・帆別《ほべつ》料などさまざまな名目で通行料を徴収する。徴収する場所は、彼らが独自に設定した港や関で、徴収場所の設定や徴収方法について戦国大名が介入することはない。また、徴収したものはそのまま海賊衆の収入になると考えられる。

一方、東国の水軍の場合、今川氏の例を分析した柴辻俊六氏の研究によると、航行する船舶や商人が負担した諸役には、帆役・湊役・出入役・公事綱などと呼ばれる銭納のものと、櫓手・立使・肴買などと呼ばれる夫役とがあり、それらは「海賊役」と呼ばれたという。そして海賊とのかかわり方でいえば、海賊がこれら諸役の収取機構をもっていたというよりは、大名の直轄権として船奉行＝津方の機構によって収取されたものが水軍維持のために海賊衆に配分されたという。ただ、津方機構は多くの場合海賊衆がその任にあたっていたから実際上は大名権力がどれほど直接的に介入できたかは問題として残るという（「武田氏の海賊衆」）。

これをみると、諸役の徴収という日常活動においては、海賊衆の独自性にゆだねられる部分が大きかった西国と、戦国大名権力機構に依拠する部分が大きかった東国との違いを指摘することができよう。

海賊の戦法

戦時の軍事行動においても、西国の水軍と東国の水軍には違いがあったようにみえる。先に、北条氏配下の海賊衆山本氏に関連して述べたように、同氏の活動を伝える史料には、敵船を陸地へ追い上げるという戦法がしばしば記述されている。「敵船と出会い、勝利を得、風津浦へ追い上げる由」（「越前史料所収山本文書」）、「此度佐貫浜において房州海賊と懸合、佐貫浜陸地へ押し上げ」（「同」）などとみえるのがそれである。どうやら北条水軍は、海戦においては敵船を陸に追い上げるのを得意の戦法としたらしい。そして、先にもふれたように「管窺武鑑」（巻三）が、三崎表での北条氏と里見氏の船軍について述べるなかで、奪取した船数は里見軍のほうが多かったが、敵船を陸地へ追いあげるのが船軍の「作法」だから里見方の勝利とはいえないと記しているのをみると、この戦法がたんに北条氏の戦法ではなく、広く東国水軍の「作法」と認識されていたことがわかる。

これに対して西国水軍の特色ある戦法としては、毛利水軍のなかで重要な役割を果たした海賊衆村上氏の、炮録《ほうろく》火矢を使った焼打ち戦術がよく知られている。天正四年七月の第一次木津川口《きづがわぐち》合戦の状況について記した毛利方武将の注進状には、織田方の大船を「焼き崩した」と記しているが（「毛利家文書」）、これについて「信長公記」は、より詳細に「海上は、ほうろく火矢などという物をこしらへ、御身方の舟を取り籠め、投げ入れ、投げ入れ、焼き崩し」と記している。

炮録というのは、煙硝・硫黄・炭などを混合して作った火薬を丸めた、一種の爆弾である。村上氏をはじめとする海賊衆は、軍船を駆使して巧みに敵船に接近し、炮録を投げ込んで焼打ち攻撃をするのが得意とする戦法であったらしい。

以上、瀬戸内の毛利氏、駿河湾や相模湾・江戸湾の武田氏・北条氏を中心にして西国と東国の水軍について概観してきた。このほかにも、まだまだふれなければならない戦国期の海上勢力は数多く存在するが、これらについては以下の文脈のなかで必要に応じて言及することにしたい。

戦国期に列島各地の海域において多様な活動を展開した海上勢力は、戦国時代の終焉とともにその活動のあり方を大きく変えることになる。ある者は滅亡した戦国大名と運命をともにし、ある者は、近世大名として存続した主君のもとで新たな生きる道を見出した。そして一部の者は、豊臣政権下の船手衆として新しい形の海上活動に従事することになった。そのような代表として瀬戸内の来島村上氏や伊勢海（現在の伊勢湾を示す史料上の表記）の九鬼嘉隆をあげることができる。

次には、豊臣船手衆の主要メンバーがどのような来歴を有し、どのようにして政権下の船手衆に組み込まれていくのかを知るために、この両氏の戦国期の活動をたどってみることにする。

第一章　船手衆前史

一　来島村上氏と瀬戸内海

東寺領弓削島庄の年貢請負

発生期の来島《くるしま》村上氏についてはわからないことが多い。そのことは、来島村上家のあとを継承した近世久留島《くるしま》家も率直に認めていて、同家によってまとめられた系図類にも、天文～永禄期の通康《みちやす》以前についてはまったく書かれていない。近世久留島家においてすでに伝来文書や伝承を失っていたということであろう。

ただ、久留島家以外の系図の中に、久留島家の先祖のことが記されている場合がある。例えば、一部の能島《のしま》村上家の系図のなかには、来島村上家の系譜にふれているものがあって（「北畠正統系図」「萩藩譜録〈村上図書〉」など）、そこでは、南北朝時代の北畠顕家《きたばたけあきいえ》の子に村上師清なる人物がいて、その三人の子がそれぞれが能島・来島・因島《いんのしま》の三村上氏を興したように記されている。これに基づいて後世しばしば三村上家が本来は同族であったといわれることがあるが、能島家の系図のこの部分については実在感が乏しく、信用し難いものである。

それでは通康以前の来島村上氏については全く何もわからないのかというと、必ずしもそうではなく、近年断片的な史料が東寺領弓削《ゆげ》島庄に関係する「東寺百合文書」のなかに残っていることが明らかになってきた。それらによると、室町期の来島村上氏は、弓削島庄において所務請負を行っていたらしい。そのことを示す最初の文書（すなわちそれは来島村上氏についての初見史料ということになる）は、次のようなものである。

〔史料1〕前伯耆守通定書状（「東寺百合文書」ト函）

（端裏書）
「関方新着状応永十一十二十四弓削年貢事」

去んぬる秋の比、上洛のついで、面拝をとげ候の条、恐悦に候、然るといえども、急用により風渡《ふっと》罷り下り候の間、重ねて参らず候、頗《すこぶ》る本意にあらず候、就中《なかんずく》弓削島請足の事、当知行分其の沙汰仕り候、員数の事は、委細小泉より注進あるべく候哉、事々後信の時を期し候、恐々謹言

十一月十五日　前伯耆守通定（花押）

謹上　成身院御同宿中

これは、応永十一年（一四〇四）に、前伯耆守通定という人物が成身院《じょうしんいん》にあてた書状である。あて先となっている成身院というのは、後述の関連史料から考えて成身院公厳《こうげん》のことで、成身院はおそらく醍醐寺塔頭のそれであろう。のちに東寺一の長者となる満済《まんさい》との関係で、このころ醍醐寺系の人物が東寺領荘園の支配にかかわっているのはしばしばみられるところである。書状の内容は、秋のころに上洛したついでに成身院公厳と「面拝」したけれども、急用で下国しなければならないことになって残念であったと述べるとともに、自らが所務請負を行っている東寺領弓削島庄の「請足」（請負額）の状況を報告したものである。

この文書が来島村上氏に関係すると考えられる理由は、第一に発給者の通定《みちさだ》が来島村上氏の通字であ

る「通」の字を名乗りに使っていること、第二に「端裏書」に「関方新着状」とあって、東寺が通定のことを「関方《せきがた》」と認識していたことである。ここでいう「関」とは海賊のことである。瀬戸内海では海賊がしばしば関と呼ばれたことについてはすでにいくつかの研究があり、筆者自身も言及したことがある（桜井英治「山賊・海賊と関所の起源」、石野弥栄「河野氏の守護支配と海賊衆」、拙著『海賊と海城』）。身近なところでは能島村上氏が永享六年（一四三四）に「関立《せきだち》」と呼ばれていた例がある（「足利将軍御内書并奉書留」）。つまり東寺は通定を海賊とみなしていたのである。

これらによって通定が来島村上氏の一族である可能性はかなり高くなったといえるが、海賊衆のなかで「通」を通字にしている一族がほかにいないわけではないから、もう少し別の角度から検討しておく必要があろう。

そこで、通定の何年かのちに姿を見せる村上右衛門尉と同治部進という二人の人物に注目してみることにする。この二人は、関連文書の残り方から判断して非常に近しい関係にあり（おそらくは親子）[1]、村上右衛門尉は、史料1の一六年後にあたる応永二十七年に、東寺の要請を受けた伊予の守護河野《こうの》氏の一族河野通元《みちもと》から弓削島庄の所務職を引き受けるように命じられている（「東寺百合文書」と函。以下同文書については函名のみを記す）。

また、治部進は、その三六年後の康正二年（一四五六）に、やはり東寺から所務職の請負を依頼され、それに関連して当時の伊予国の政治状況や弓削島庄に入部している諸勢力の動向を詳細に東寺に報告している（に函）。この報告書のなかで治部進は、能島村上氏のことを批判的に報じているから、同人は、村上姓を名乗る、能島家とは別の一族、すなわち来島村上氏と考えることができる。その治部進と近しい関係にある右衛門尉も当然同族ということになる。

そして、村上右衛門尉や治部進が弓削島庄の所務職を請負うという状況は史料1にみられるような通定—東寺—弓削島庄の関係と共通しており、通定もやはり治部進や右衛門尉につながる来島村上氏ということになろう。

唐船の警固

なお、通定に関しては、成身院公厳が東寺関係者にあてた別の書状にもその動向が記されている（ト函）。それによると、通定が守護の所用によって上京したり、「唐船《からふね》」のことについて守護から命じられることがあって急に下向したりしていることがわかる。そこからは、通定が当時の伊予守護河野通之《みちゆき》に極めて近い存在であること、そしてその守護から「唐船」すなわち遣明船の警固《けいご》を命じられたりする立場にあることがわかる。

ちなみにここにみられる「唐船」というのは、時期的にみて、応永十一年の七月に明室梵亮《みんしつぼんりょう》を正使として派遣された遣明船のことであろう。海賊による遣明船警固については、永享六年に帰朝した第九次遣明船の場合がよく知られている（佐伯弘次「室町時代の遣明船警固について」）。このときには、同年正月十九日に、唐船帰朝に際して「九州乱国の時分」であるから「周防伊予辺海賊」を北九州小豆島（長崎県的山《あずち》大島）辺に派遣することが幕府内で議され、翌二十日には山名《やまな》氏にその旨が伝えられた。その際山名氏は、伊予・周防《すおう》の海賊や「備後海賊村上ト申者」に唐船警固をさせればよい、と答えている。

そして三十日には、幕府奉行人飯尾大和守を通じて帰朝時の唐船警固のことについて「四国海賊幷備後海賊等」が小豆島辺に出船し、壱岐《いき》・対馬《つしま》の者といっしょに警固すべきことが管領と山名氏に命じられている（「満済准后日記」）。この「四国海賊」のなかに来島村上氏が含まれていたかどうかはわからないが、能島村上氏は、警固命令を受けたらしい（「足利将軍御内書幷奉書留」）。

応永十一年時においても、この永享六年の遣明船警固と同じような状況がみられたのではないだろうか。すなわち、将軍から守護河野通之のところへ「唐船」警固について指示があり、河野家では急遽、河野家臣団のなかで海上軍事力を有している通定を呼び寄せて対応を協議したのであろう。

このように通定は、一方では、弓削島庄の所務請負について東寺と交渉すると同時に、他方では、折にふれて在京中の守護河野氏と接触し、場合によっては唐船警固の任にあたったりするような存在だったのである。また、その縁につながると覚しき村上右衛門尉や治部進も、能島村上氏など他の海上勢力と競合しつつ、弓削島庄の所務請負を継続した。

村上通康の系譜

しばらく期間をおいて通康の時代になると、来島村上氏の系譜や事跡も具体的に明らかになってくる。通康が、後述するように永禄十年（一五六七）に四十九歳で死去したことについては各系譜類の記述が一致し、古文書史料とも矛盾しないので、まず間違いないであろう。とすると、通康は、永正十六年（一五一九）の誕生ということになる。永正十六年といえば、前年に、それまで京都にあって細川高国《ほそかわたかくに》とともに幕府を支えていた周防の大名大内義興《おおうちよしおき》が帰国し、この年にはその隙をねらって阿波の細川澄元《すみもと》が高国排撃を目指して挙兵するなど、細川氏の内紛によって畿内周辺がにわかに騒がしくなった時期である。同じ年に伊予では、守護家の流れをくむ河野家の当主通宣《みちのぶ》（刑部大輔《ぎょうぶのたいふ》）が死去し、通直《みちなお》（弾正《だんじょう》少弼《しょうひつ》）の治世が始まろうとしていた。

系譜類は、その河野弾正少弼通直の女《むすめ》が通康の正室であると記している。なお、通康の妻について、近年西尾和美氏によって興味深い説が示されている（「厳島合戦前夜における芸予の婚姻と小早川隆景」）。西尾氏によると、厳島《いつくしま》合戦直前の天文二十四年（一五五五）に、安芸国の有力国人宍戸《ししど》隆家《たかいえ》嫡女と通康との間に婚姻が成立したという。氏は、この婚姻は小早川隆景《こばやかわたかかげ》によって進められたもので、隆景は姪に当たる宍戸隆家嫡女を自らの養女とし、厳島合戦の直前という微妙な時期に、瀬戸内海賊衆を毛利方に引き入れるという政策の一環としてこれを推進したのではないかとする。西尾説はさらに、宍戸隆家嫡女の再嫁説へと展開する。氏によれば、通康の妻となった宍戸隆家嫡女は永禄十年の通康の死後、通康との間に生まれた牛福《うしふく》を連れて時の河野氏当主左京大夫通宣に再嫁し、毛利輝元《もうりてるもと》や小早川隆景の援助を得つつ、牛福を河野氏当主として擁立し、戦国末期河野氏権力の要としての役割を果たした、という。

このような西尾説によって、戦国末期の芸予関係や芸州勢によって支えられている河野氏権力の実態が非常に理解しやすくなったことは間違いない。一方、宍戸隆家嫡女が通康のもとに嫁したとする史料的根拠が、「福屋家文書」の（天文二十二年）十一月八日付毛利元就・隆元連署書状中にある「与州河野殿小早川縁篇申し談じ、相堅め候間、弥《いよいよ》沖の儀一方隙明き候」という短い文言のみであるということも事実である。その点で西尾説にはまだ検討の余地はあると思うが、西尾説を抜きにして戦国末期の来島村上氏の動向や芸予関係を語ることができないことは明らかである。本章においても西尾説を念頭に置きつつ、考察を進めていきたいと思う。

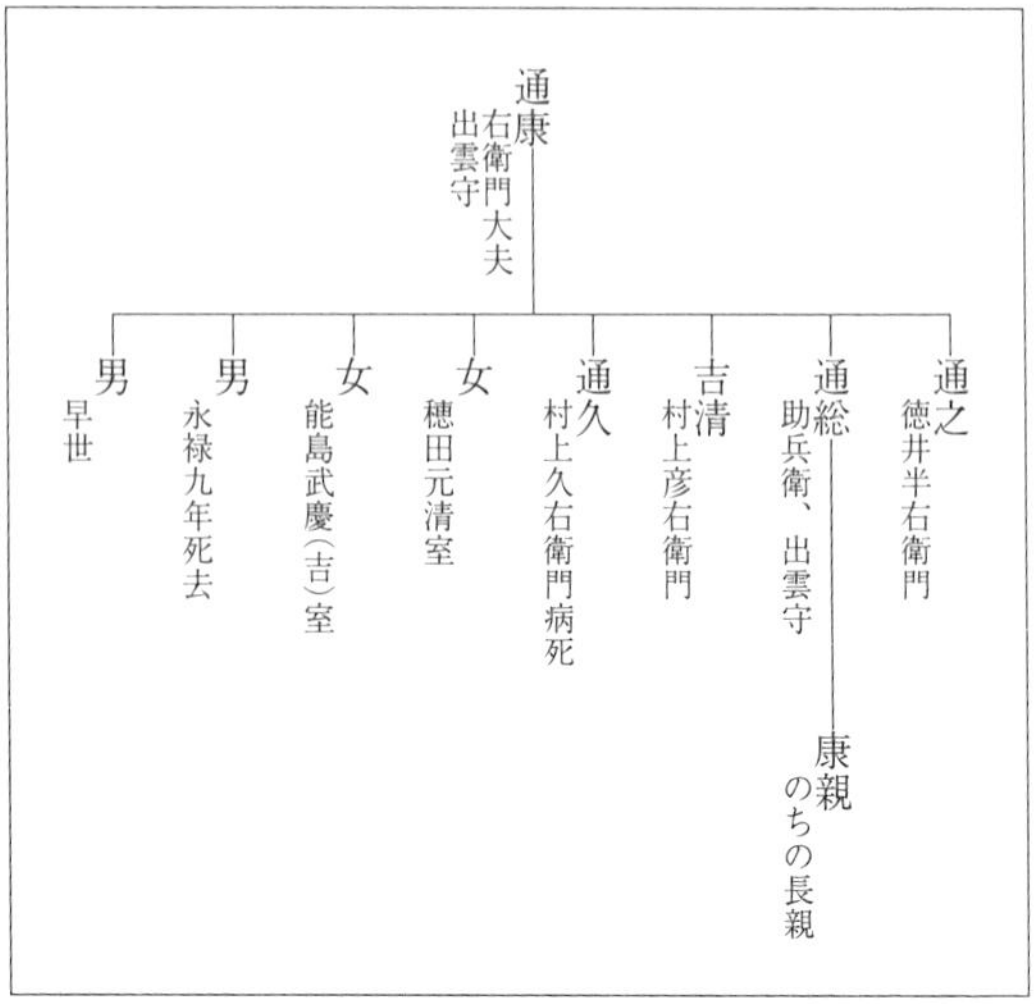

図6　近世久留島家に伝えられた村上通康の一族

通康の子供たちについては、その一人通総《みちふさ》の画像の賛（大分県安楽寺蔵）に七男三女があったと記されているが、菩提寺大通寺（松山市北条）や近世久留島家に残された系譜には図6のように記されている（福川一徳・甲斐素純「久留島家文書（三）」）。これによると、通康のあと来島家を継いだのは通総である。前記通総の画像賛には、通総は五男であったが兄たちが夭逝したので跡を継ぐことになったと記している。

ただ、通総の兄たちが全員死去したわけではないようで、兄の一人通之《みちゆき》（幸）は、近隣の野間郡の領主で河野氏の家臣であった得居《とくい》家を継いだ。また、弟にあたる義清（吉清）は、のちに紀州徳川家に仕え、紀州村上家の祖となる。

通康の女子のうちの一人は、毛利元就《もとなり》の四男で備中の穂田《ほいだ》（岡山県倉敷市）を領した元清《もときよ》の妻となった。元清との間に誕生した秀元《ひでもと》は一時輝元の養子となっていたが、のちに別家して長府毛利家の祖となった。もう一人の女子は、能島の村上武吉《たけよし》の妻になった。ただ能島側の系譜には、武吉について「妻来島右衛門大夫通康女、後妻来島通康女」と記されている。これをそのまま信じるならば、武吉は、通康の女を妻に迎え、その妻の死後、亡き妻の妹を後妻に迎えたということになる。通康に二人の女がいたということは先の通総の画像賛の記述にも合うから、おそらくこれが事実を伝えているのではないだろうか。いずれにしても能島家の武吉は、通康にとって女婿《じょせい》にあたっていたのである。

なおこれらとは別に、前記西尾説によれば、河野通直（牛福）も宍戸隆家嫡女との間に生まれた通康の子であるということになる。また、和気郡葛籠《つづら》葛《くず》城（松山市）には弟の村上筑前守吉賢《よしかた》やその子の内蔵大夫吉高《よしたか》がいた。

河野氏の家督継承問題

若かりしころの通康について知りうることはほとんどない。ただ「予陽《よよう》河野家譜」が記すように河野家当主通直（弾正少弼）の女を妻に迎えたとすれば、河野氏権力に極めて近い位置にいたことは容易に推測がつく。そのことに関連して、天文十一年、通康は、河野氏周辺で起こった大きな争乱に巻き込まれることになる。通康二十四歳のときである。

ことの発端は嗣子《しし》のなかった弾正少弼通直の後継者をめぐる争いであるが、それが通直と、一族老臣を中心とする家臣団全体の対立に発展していった。「予陽河野家譜」によってことの経緯をたどってみると、以下のようなことであった。

通直の後継者について、一族老臣が庶子家である予州家の六郎通政を推したのに対して、通直自身は、これを退けて強引に自らの女婿である来島の村上通康を嗣子に立てようとした。通政を推す老臣たちは、村上通康は通直の聟とはいえその室は通直の妾腹の子であること、村上氏は本来河野氏とは異姓である

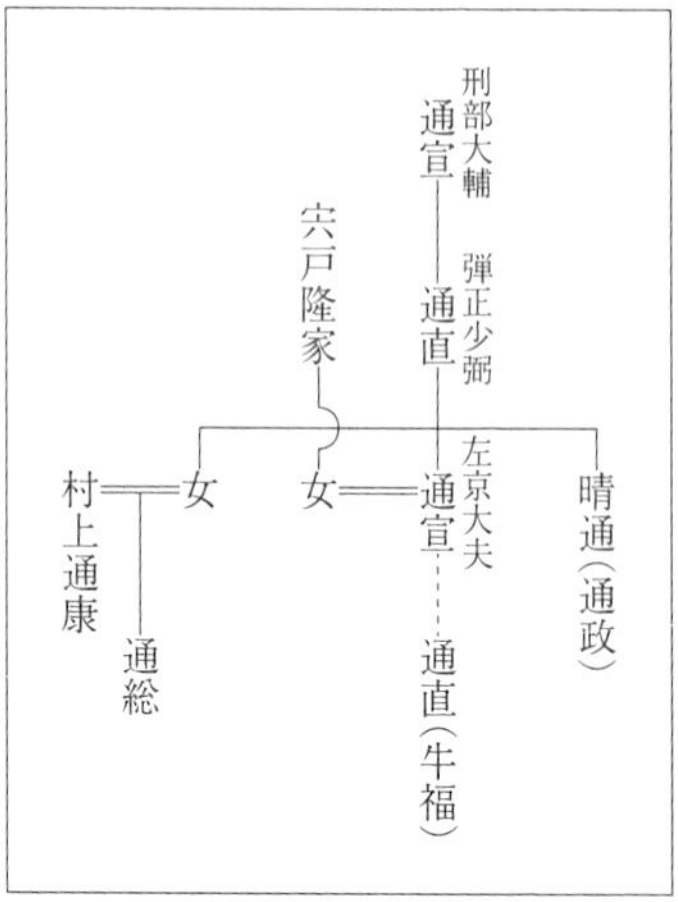

図７　来島村上家と河野家の関係系図

通直（牛福）がだれの子であるかについては諸説がある．

こと、もし、どうしても女性の縁で養子を立てるのであれば、通直の正室の子の聟である忽那《くつな》通恭のほうがふさわしいこと、などを論拠に再三にわたって通直を諌めたが、通直はこれを聞き入れなかった。思い余った老臣・譜代の家臣たちは、起請文を書いて同意の盟約をなし、村上通康を討つべく湯築《ゆづき》城を軍勢で囲んだ。通政を盟主と仰ぐ家臣団軍と、通直を擁して湯築城に籠る村上通康軍との間で激しい戦闘が続けられたが、衆寡敵せず、ついに村上通康は、通直を守って城を脱出し、本城である来島城に逃れた。湯築城には通政が入り、譜代の家臣たちは続いて来島城を攻撃したが、激しい潮流に守られて要害堅固な来島城はなかなか陥落しなかったので、和議の交渉が始められることになった。結局、通政を家督として認めるかわりに、村上通康に対しても河野氏の本姓である越智姓を認めて家紋の使用を許し、一族に列するという条件で和議が成立し、通直は湯築城に帰還した。その後通直は引退し、湯築城の北に龍穏寺《りょうおんじ》を開いて入寺した。

以上が「予陽河野家譜」の記す事件の概要である。同書がどの程度事実を伝えているか定かではないが、関連文書も残されているので、大筋は信用してよいのではないかと思われる。

河野通直の後継者問題がなぜこのような大きな争乱にまで広がっていったかということは、伊予の戦国時代を考えるうえで重要な問題であり、これまでにも多くの研究者の関心を集めてきたが、筆者は、この時期は大内氏の勢力が伊予周辺に及んできていて、そのような状況のもとで、反大内の立場を崩さない通直・通康と、大内氏と結ぼうとする通政《みちまさ》（のちに晴通《はるみち》）を中心とした勢力との間に対立が生じているとする川岡勉氏の説が妥当だと考える（「天文期の西瀬戸地域と河野氏権力」）。

「予陽河野家譜」が記すように、結局両者の間で和議が成立し、乱は晴通方の勝利に終わったらしい。実際、天文十一〜十二年ごろには、晴通が家臣や寺院に安堵状を発給しているのを確認することができる。このことは、晴通らと対立していた通康の河野氏権力内における立場を悪くしたことを予想させる。しかし、通康にとって幸いなことに晴通政権は長続きしなかった。「予陽河野家譜」によると、晴通は天文十二年四月に死去し、弟の通賢《みちかた》（のちの左京大夫通宣《みちのぶ》）が跡を継いだという。また、「予陽河野家譜」は、通宣は幼少であったので父の通直が国政を助けたとも記す。確かにこのころを境にして晴通の発給文書がみられなくなり、代わりに通直の発給文書が復活する。通康もまた通直の側近として復活したと考えることができよう。

一方、通宣の家督継承後、実質的には父通直が権力を掌握していた河野氏の内部において再び権力争いが発生する。これについては「予陽河野家譜」も沈黙していて詳しい事情は定かでないが、おそらく成長した通宣が父通直に対して独自の権力行使を求めるようになったことによるのではないだろうか。

この権力争いに通康がどのようにかかわったのかは明らかでないが、その後の通康の行動を見る限り、通宣側に付いて河野氏権力の中枢に残ったとみるべきであろう。ながらく舅通直と行動をともにしてきた通康がどのような事情で通宣側に付くようになったのかは興味深いところであるが、そのような細部について窺い知るような史料は見当たらない。いずれにしても、天文十一年の通直—晴通の争いに際しては通直側の中心人物として行動し、同二十二年ごろの通直―通宣の対立においては、通宣側に付くことによって、通康は河野氏権力のなかにおける枢要な地位を維持し続けたといえよう。

厳島合戦へのかかわり

天文二十年代には、中国地方でも情勢が大きく動いていた。天文二十年には、陶晴賢《すえはるかた》が主君大内義隆《おおうちよしたか》を倒して実権を握った。これによって長らく中国・北九州地方に覇を唱えてきた大内氏が実質的に滅んだ。そして新たに成立した陶晴賢政権にどう対応していくかということが、瀬戸内海周辺の大名や国人にとって大きな課題となった。そのようななかで、最も去就が注目されたのは、これまで大内氏と結ぶことによって安芸国内で勢力をのばしてきた毛利元就であった。

元就は、陶晴賢の謀反直後には陶氏に協力する姿勢をみせていたが、天文二十三年に石見国津和野《つわの》の吉見《よしみ》氏が陶氏に反旗を翻すに及んで陶晴賢との対決を決意した。元就は同年五月、軍を起こして当時陶氏の支配下にあった厳島を占領し、島の東北部に宮ノ尾城を築いて戦いに備えた。これに対抗して陶晴賢は、翌天文二十四年九月二十一日に大軍を率いて島に上陸し、厳島神社に程近い塔ノ岡に本陣を定めた。両軍は九月三十日の夜から翌十月一日の早朝にかけて衝突し、元就軍が大勝して、陶晴賢は自刃した。これが厳島合戦である。

この厳島合戦の勝利によって毛利氏は瀬戸内海の制海権を確保し、中国地方制覇の端緒をつかんだといえる。そのような意味で、厳島合戦が毛利氏の発展過程、ひいては中国地方の戦国史のなかで占める位置は極めて大きいものがあるが、同時にこの合戦は、瀬戸内の海賊衆村上氏の歴史においても極めて

図8　厳島合戦の戦場となった厳島神社の近海

重要な意味をもっている。というのは、この合戦に毛利氏が勝利した大きな理由の一つに村上氏をはじめとする海賊衆の参戦があげられているからである。そして、この合戦を契機に海上軍事勢力としての村上氏の声望が一気に高まり、これ以後毛利氏との結びつきを強めていくとされている。

しかし、それではこの厳島合戦において、村上諸氏が具体的にどのような貢献をしたのかということになると実際にはわからないことが多い。出来事としての著名さのわりには、関係する史料が十分に残されていないからである。研究者のなかには、海賊衆村上氏は、厳島合戦には全く参戦していないという非参戦説をとる人もいて、これまでにも、参戦説と非参戦説が対立してきた。その詳細はここでは省略するが（研究史に関心がある方は、拙稿「海賊衆と厳島合戦」を参照していただきたい）、筆者自身は、少なくとも村上通康が来島村上氏を率いて参戦したのは間違いないと考えている。しかし、その参戦の仕方ははなはだ危ういものであった。

合戦が行われたのは、先にも述べたように、九月三十日から十月一日にかけてであるが、その直前の九月二十七日に、毛利元就は子の小早川隆景にあてた書状のなかで、「いかにいかに、来島けいご《警固》と申し候ても、宮之城不慮候て以後は、いらざることに候間、（中略）来島衆同道候とて、遅々候ては、大曲事《くせごと》までに候、（中略）今においては、来島も何もいらず候、遅れ候へば、曲無く候」と述べている（「小早川家文書」）。いかに来島村上氏が来援するといっても宮ノ尾城が落ちた後では意味がない、来島を同道するといっても遅れてしまえば一大事である、今となっては来島の味方など要らない、遅れてしまえばどうしようもないのだ、というくらいの意味であろうか。陶軍との衝突を目前に控えた元就の緊張感と苛立ちが手にとるように感じられる文面である。

当時小早川隆景の家臣乃美宗勝《のみむねかつ》を通じて必死の来島村上氏勧誘工作が続けられていたのであるが、この時点においても来島の村上通康はまだ態度を鮮明にしていないことがわかる。ここで元就は、いくら来島村上氏が味方についてもまにあわなければ何にもならないということを繰り返し強調している。いってみれば、時間と競争をしているわけであるが、そのような毛利方のあせりを尻目に村上通康は、いっこうに動こうとしなかった。そして最後には、元就は「今においては来島も何もいらず候」と、ややけっぱちになっている有様である。

しかし、このように元就をいらいらさせながらも、最終的には通康は厳島へやって来た。何が通康にそのような決断をさせたのかはわからないが、来島村上氏の将来を左右する大きな決断ではあった。ときに通康三十七歳である。厳島における来島村上氏の活躍の様子は、後世の軍記物語にさまざまな形で書かれていたが、それらがすべて事実を伝えているわけではない。ここでは合戦の舞台となった厳島神社の神官野《の》坂《さか》房顕《ふさあき》の回想記を引用してみることにしよう（『房顕覚書』）。

然る間、廿八日には興家（沖家）の警固二三百艘下る間、明る廿九日暮にかかり、元就乗船在て、津々ミノ浦（包ノ浦）に舟を付け、ハクチ尾（博奕尾）へ上り給ふ、興家其外国衆などは、ハクチ尾大軽（将）陣（関）時の声の上りし後おし上る

これによると、二十八日になって来島の警固船二、三百艘がやって来、それに自信を得た元就が二十九日に厳島に上陸して作戦を開始したことがわかる。なかなかやってこない来島村上氏に対してイライラを募らせていた元就が来島の軍船をみて胸をなでおろし、自信を回復したさまを想像することができよう。それだけ毛利氏にとって来島の水軍力の影響力は大きかったということであろう。

そして、厳島合戦は毛利方の大勝利に終わった。それにともなって来島村上氏も毛利水軍の一員におさまっていくかと思いきや、ことはそう単純ではない。それは、合戦の翌年にあたる弘治二年（一五五六）四月ごろのものと推定される書状のなかで毛利元就が、「来島も勢数なども候はず候、……敵になりつめ候とても力及ばざることに候、さのみめずらしき事はあるまじく候や」（『古文書大即売フェアー出品略目所収文書』）と述べて、再び来島村上氏への不満をぶちまけているからである。来島などは敵になってもたいしたことはない、などと述べているのはおだやかではない。このころ毛利氏は、陶方の残党討伐作戦の一環として周防国須々万《すすま》の沼《ぬま》城（山口県周南市）を攻撃しており、どうもこの須々万沼城攻撃に通康が協力しなかったことが元就の怒りを招いたらしい。結局同年の八月ごろには、来島家は再び毛利氏への協力姿勢に転じ、両者が真に敵対するまでには至らなかった。

その後も通康と毛利氏の間は微妙な関係の時期が続いた。おそらく通康は付かず離れずという関係を維持しようとしていたのではないだろうか。例えば、永禄二年ごろには、阿波の三好氏に誘われて同氏の讃岐出兵に協力し、一方では大友氏とも「入魂」の関係を維持している。このように通康は、あるときには三好氏と結び、あるときには大友氏に厚誼を示すなどしながら、いわば等距離外交を維持していったものと思われる。

この後、通康が再び毛利氏との結びつきを強めていくのは、永禄四年ごろからである。この年、毛利氏は北九州の支配をめぐって大友氏と豊前門司《もじ》城で激しい戦いを展開していたが、通康はこれに家臣の河内守吉継《よしつぐ》や越後守吉郷《よしさと》を派遣して、毛利軍の勝利に大きく貢献した。吉継らは、同年八月ごろに豊前に進出し、十一月には蓑島《みのしま》（福岡県行橋市）沖で、能島の武吉《たけよし》や小早川氏の警固衆とともに、退却する大友方の水軍を撃破した。

これまで述べてきたところからも明らかなように、通康をはじめとして来島家は、二つの顔をもっていたといえる。一つは、河野氏の重臣としての顔であり、もう一つは、河野氏から離れて独自に海上活動を展開する海賊としての顔である。

海賊の生業

その海賊としての来島村上氏の生業が海上交通の要地に関所を設け、そこにおいて通行料や警固料を徴収することであるのは他の海賊と同じであるが、同じ海賊衆として通行料や警固料とのかかわりがある程度明らかにされている能島村上氏に比して、来島村上氏については、そのような行動を史料上で確認できる例は少ない。

そのようななかで、福川一徳氏によって紹介された田坂鑓之助《たさかやりのすけ》の話には興味深いものがある（「来島氏の入部と森藩の成立」）。それは「予陽河野盛衰記」（「与陽盛衰記」と表記される場合もある）に記された次のような話である。

「久留島丹後守康吉」の家臣に、武芸を得意とし、とくに槍に優れた田坂鑓之助という者がいた。あるとき（鑓之助が物見の番所に在番していたところ）、およそ一〇端帆ほどの船に侍数十人が乗って「迫戸通路」（狭い瀬戸の海上交通路）を通り過ぎようとした。鑓之助は小早に乗って追いかけ、「帆別割符」を点検しようとした。船に乗った者たちは、小船に侍一人従者一人が乗ってやってきたので、返答もしなかった。立腹した鑓之助が、「汝ら、天下の法を知らざるか、通船は叶うまじ」というと、船の者たちは、からからと笑い、「この広い海に関をすえることはできまい。割符の、帆別のとはあきれたることよ」とあざ笑い、「帆別銭が欲しくば何国までもついてこい」と言った。鑓之助は腹に据えかね、槍を持って駆け向かい、船の者たちを突き伏せた。ちょうど風があって波立ち、敵は船になれていないこともあってたちまち二〇人の内の八人が突き殺され、六人が手負いとなった。そのとき敵の者が、お前は船働きが得意であろうが、自分たちは船軍はしたことがない、陸で戦おうといったので、桜井の浜に上がって戦うことになった。鑓之助は鬼神の如く戦ったが、陸では多勢に無勢でついに首を取られた。船の者たちは鑓之助の首を取って帰ったが、彼らの主人である豊後の佐伯某は、「法を背くも無益、また一人の相手にこのような汚き挙動は前代未聞」と言って、帰って来た者たちを追放した。

「予陽河野盛衰記」は、物語性の強い家譜であり、鑓之助の主君とされる「久留島康吉」についてもその存在を一次史料で確認することはできない。そのようなことからすれば、この話をそのまま史実とみることはできないであろう。ただ一方では、田坂鑓之助その人については、近世久留島家に使えた田坂氏の先祖書に先祖の一人としてみえることから実在の人物と考えることができる（「久留島藩士先祖書」）。またより重要なことは、似たような話が能島家にも伝えられていることである。

三島村上家の記録である「武家万代記」には、次のような話が記されている。

天文二十年冬、陶晴賢配下の廻船三〇艘が米二〇〇〇石を積んで通りかかったのを、能島家の者が上関で点検した。宇賀島衆（周防大島の北側に浮かぶ宇賀島＝山口県周防大島町浮島《うかしま》を拠点とする陶氏配下の海賊）が一〇〇人ばかり上乗りとして乗り込んでいたが、彼らは能島村上氏の発行した「切手」を持っていなかった。上関の者たちが、「古より島の作法」であるから通すわけにはいかない旨を告げると、廻船の側は、積荷は公方（将軍）への進上米であり、しかも宇賀島衆が上乗りしているのだからだれがとがめることができよう、と述べて、上関の要害へ鉄砲を撃ちかけて強引に通過した。陶方の廻船は船数も、上乗りの人数も多かったので、上関の者だけでは阻止することができなかったが、すぐさま継船で能島と因島へ連絡がいった。知らせを受けて立腹した武吉（「武家万代記」では武慶）は、因島と連絡をとって八〇艘の船を安芸国蒲刈《かまがり》瀬戸に派遣し、ここで陶方の船を待ち受けた。武吉は、島陰に隠しておいた船で陶方の船に攻めかかり、鉄砲や「ホウロク」などで討ち滅ぼした。

これをみると、来島家の場合は田坂鑓之助一人、能島家の場合は能島家・因島家の者が総がかりという違いはあるが、関銭を払わずに通り過ぎようとした船舶に対して厳しい懲罰を加えたという点では、話の構造は共通している。

このようなことから考えて、田坂鑓之助の話の基本的な部分、すなわち、来島村上氏が海の関所を設けていたこと、そこを通過するときには関銭（帆別銭・駄別銭・津公事などさまざまな呼び方がある）を払うのが「法」であるとの認識が当時の社会にはあったこと、通行する船舶がその関にやって来たときにはその関の者は、「割符」（通行許可証）を点検し、「割符」がなければ通行料の支払いを要求したこと、その要求に応じないときには武力で懲罰を加えたことなどについては、認めてよいのではなかろうか。

そして、その関銭の徴収については三村上氏の間でテリトリーが決まっていたらしい。前記「武家万代記」には、北九州や長門・周防からやってきた船は赤間関《あかまがせき》（下関）や上関で能島家が点検し、南九州からやってきた船のうち伊予よりのコースを進んできたものは来島家が、備後よりのコースを進んできたものは因島家が点検したと記している。

このように瀬戸内海の海上交通の要衝に関を設けて通行料を徴収するのは海賊衆の重要な生業であったが（そのゆえに海賊衆は瀬戸内海においては「関」とも呼ばれた）、来島家の場合は河野氏の重臣としての活動が多くなってくると、そのような海賊としての姿は次第にみえにくくなり、史料上にも表れなくなる。それでも天正十年代になってもそのような活動が続いていたことは間違いなく、天正十二〜十三年ごろ忽那《くつな》島の周辺で「関公事」（公事は税のこと）をめぐって来島家と能島家がトラブルを起こしていたことが知られている。

航路と港

海賊衆としては船の問題も欠かすことができないが、これについても史料は多くのことを語ってくれない。そのようななかで、年未詳六月十五日付で通康が、伊予へ下向中の高野山上蔵院の僧にあてた書状は重要である（「高野山上蔵院文書」）。この書状は、通康が高野山僧に対して高野山に帰山するための便船を紹介したものであるが、そのなかで通康は、その船が中途《なかと》（能島村上氏の支城の一つ）から借りたもので、「御祝言の御座船」に仕立てた堅固な船であること、堺まで直行する船であるから高野山に帰るに好都合であることなどを述べている。

ここでは、通康の紹介したのが堺まで直行する船であったという点に注目したい。通康が堺へ船を派遣する理由については不明とするしかないが、河野氏配下の多数の国人領主たちが頻繁に高野山に参詣し、上蔵院との間に交流を持っていることなどを考えると、伊予と畿内の間に意外に太い交流のパイプがあり、それを支えていたのが来島村上氏など海賊衆の水運力であったことも十分に推測できるところである。

船といえば、港の問題がある。本拠来島城の位置を考えるならば、今治《いまばり》市波止浜《はしはま》の入江が来島村上氏にとって最も重要な港であったことは論をまたないところである。来島城が出入り口を押さえる波止浜は、港としての格好の地形的条件を有している。ここが来島村上氏の支配する船舶の船溜の機能を果たしていたものと思われる。しかし、そのような機能と、各地からやってくる船舶が寄港する港湾としての機能はおのずから別である。波止浜の港は、各地からの船舶が寄港するところではなかった。それは来島海峡が、速い潮流の関係からか、当時においては芸予諸島を東西に通過する際の主要な航路とはなっていなかったことと無関係ではない。

それでは、来島村上氏が支配する、寄港地としての機能を有していた港はどこか。それはおそらく堀江（松山市）であろう。周防大島にあった領地からの年貢の積み渡しを命じたのが堀江港であり、通康が堺へ向かう高野山僧に便船を紹介した際、その高野山僧がとどまっていたのも、堀江にほど近い高音寺（松山市馬木町）であった。また、堀江の東方一・三キロのところに位置し、港を膝下に望む葛籠葛《つづらくず》城は、通康の弟筑前守吉賢《よしかた》が守る城であった。これらをあわせ考えると、来島村上氏は堀江の港を支配し、そこを自らの水運活動の基地にもしていたのではないだろうか。堀江はやがて、河野氏の本拠湯築《ゆづき》城の外港としての役割を強め、九州方面からの船舶の寄港も多くみられるようになる。

さて、河野氏重臣としての通康の活動に話をもどすと、永禄十年ごろには河野氏をめぐる軍事情勢に対処することが通康の最も重要な任務となった。永禄十年から十一年にかけて河野氏は、土佐一条氏の支援を受けた喜多郡の宇都宮氏との軍事衝突に直面することとなったが、通康は、浮穴《うけな》郡荏原《えばら》城主（松山市恵原町）平岡房実《ひらおかふささね》とともにそのような事態の最前線に立っていた。

永禄十年十月、河野氏と宇都宮・一条氏との本格的な戦いが始まった。通康は当然出陣したが、その陣中で病を発したらしい。小早川隆景が十月十三日付で家臣乃美宗勝に発した書状には、通康の所労が快気なく、今月二日に道後《どうご》まで帰ったと記されている。そして同じく隆景が十一月二日付で宗勝に発した書状では通康が死去したことが告げられている（いずれも「乃美文書」）。

通康死去の日付について、豊後安楽寺の通康画像の賛、伊予大通寺に残された来島村上氏の系譜などはいずれも十月二十三日に四十九歳で死去したとしている。法名は大雄寺殿前雲州大守洞屋了仙大居士。

通総の時代

通康の死後、のちに通総《みちふさ》と名乗るようになる牛松《うしまつ》が家督を継承し、来島村上家の新しい時代が始まる。牛松の母は、河野通直（弾正少弼）の女《むすめ》であると考えられる。のちに左京大夫通宣の室となる宍戸隆家嫡女がその前に通康の許に嫁していて、その女性と通康との間に生まれた子が通直（牛福《うしふく》）であるとする西尾和美説では、通総と通直は異母兄弟ということになる（「厳島合戦前夜における芸予の婚姻と小早川隆景」）。

牛松は、永禄五年の誕生なので、通康死去のときにはまだ六歳だったはずである。これ以後、この幼い当主を村上吉継《よしつぐ》・原興生らの重臣たちが補佐する形で来島家が動いていくことになる。牛松の史料上の初見は、永禄十一年の十二月である。この年、早くから来島家の被官となっていた安芸国能美島（広島県江田島市）の能美四郎に右近助の官途を与えている（「山野井文書」）。牛松は、このころから史料上に姿を見せ始め、元亀四年（一五七三）ごろには通総を名乗り始める。十二歳の年である。このころ元服して来島家当主としての地位を確立したのであろう。

さて、来島軍を率いて宇都宮・土佐一条氏との戦いにおいて中心的役割を果たしたのは、重臣村上吉継である。戦いの最中に河野通宣が吉継に与えた感状には、このときの吉継の功績として以下のような三点があげられている（「和歌山藩藩中古文書」以下、「藩中古文書」と略記する）。

第一は、鳥坂城に馳せ籠って堅固に城を守ったこと。鳥坂城は、土佐から攻め寄せてきた一条軍とこれを防ごうとする河野軍が激しい戦闘をしたところである。第二は、菅田《すげた》家中の「錯乱」を取り鎮めたこと。菅田というのは、当時河野方でありながら不穏な動きをみせていた菅田城の大野直之のことである。そして第三は、一条氏が攻め寄せてきたとき芸州の乃美宗勝らと「密談の首尾」をもって防戦したこと。この戦いには、来島への「恩おくり」と称して（厳島合戦時における来島村上氏の来援のことであろう）小早川隆景をはじめとして多くの毛利軍が参戦していたが、小早川隆景の家臣乃美宗勝と連絡を取り合って河野・毛利連合軍の行動を調整したのも吉継であった。こうして四月末ごろには、宇都宮氏の居城大津城を落として、戦いに決着がついた。

鳥坂合戦から二年近く経過した永禄十三年は、四月に改元して元亀元年となったが、この元亀年間における来島家の動向はまことにわかりにくい。前代同様まとまった家伝文書が残されておらず、毛利・小早川両氏の関係文書や河野家文書のなかに断片的にみられる記述をつなぎ合わせて当主や家臣の動きを推測するしかないからである。しかもそれらの文書は大半が無年号文書で年代を推定するのが容易でなく、年代推定を一歩誤ると歴史像が大きく狂ってしまうという難しさがある。また、この時期主家にあたる河野家も不安定で、毛利・小早川氏の関係者が何かと顔を出すことも状況を複雑にしている一因といえよう。そのようなことを念頭に置きながら、元亀年間の来島家の人々の動きやそれにかかわる伊予の情勢をみていくことにしよう。

元亀元年の十二月になって、来島村上氏と河野氏の不和が表面化した。十二月一日付で、河野氏重臣垣生《はぶ》盛周《もりちか》と平岡房実が牛福（河野通直）の意を受けて二神氏にあてて発した奉書には、「上意の儀、来島相背かる上は、向後牛松丸へ対面あるまじく候」という文言がみられる（「二神家文書」）。来島が、上意、すなわち河野氏の意向に背いたので、今後牛松丸（通総）に会ってはならない、というのである。

河野氏と来島村上氏の間でいったい何があったのであろうか。考えられることは二つである。一つは、その少し前に行われた河野氏における家督交替であり、もう一つは、新居《にいい》・宇摩《うま》郡の返還問題である。それぞれについて検討してみることにしよう

河野氏の家督交替というのはもちろん、左京大夫通宣から牛福への代替わりである。元亀元年の五月に通宣が死去し、それにともなって七月ごろに牛福が家督を継承したと考えられるが、この代替わりが来島村上氏と河野氏の関係に影響を与えることは十分にありうる。牛福の出自についてはさまざまな議論があるが、先代通宣の室（宍戸隆家嫡女）の実子であることは疑えないところであろう。それに対して牛松も、先々代弾正少弼通直の女と通康との間に生まれた子である。ましてや、西尾氏がいうように、牛福が通康と宍戸隆家嫡女との子であるとすると、両者は異母兄弟ということになり、河野氏との血縁という点に限るならば、牛松のほうが血縁が近いということになる（四四ページ図7参照）。

両者が異母兄弟であるかどうかの当否は別にしても、来島家と河野家の不和の背景に、牛松周辺勢力と、牛福を擁立する河野氏権力との間に醸成されつつあった対立関係という状況があったことは、十分考えられることである（西尾和美「河野通直の時代と芸州との一体化」）。

来島・河野両家の対立のもう一つの火種となる可能性があったのは、新居・宇摩郡の返還問題である。これは、これまで長く細川氏が知行権を有してきた両郡を幕府が河野氏に返付する意向を示したことを指す。伊予の東端にある新居・宇摩両郡は、南北朝期以来伊予国でも河野氏の支配権が及ばない地域として特異な位置を占めてきたが、その知行権を幕府が河野氏に返還しようという動きが出てきて（それはたぶんに空手形的なものであったが）、それに来島家が反発したのである。来島家は両郡返還の仲立ちをしたらしい将軍側近梅仙軒霊超《ばいせんけんれいちょう》の所領を「押領《おうりょう》」するなどの挙に出たが、来島家が両郡返還になぜ反

発したのかについてはよくわからない。

これまで述べてきたように、東予二郡の返還などをきっかけに来島村上氏と河野氏の間には一時的に疎隔が生じたが、来島村上氏は、毛利氏との間では友好関係を維持していた。このころの毛利氏は、豊後大友氏・美作浦上氏・阿波三好氏らとの対立が深刻化し、そのうえにこれまで長く親毛利の姿勢をみせていた能島村上氏が大友方に走るなどして苦境に陥っていた。そのようななかでの来島村上氏の味方は毛利氏にとって貴重なものであった。

元亀二年の三〜四月に毛利氏が、反毛利の姿勢をみせ始めた能島村上氏の拠点備前児島の本太城《もとぶと》（倉敷市児島塩生《しおなす》）を攻めたとき、また、同年七月に、能島に水・兵糧を差し込めようと出陣してきた三好方の軍勢と、小早川氏の水軍が戦ったときなどに、来島村上氏は毛利の軍中にあって手柄を立てている。

能島家との和睦

元亀三年になると、大友宗麟《おおともそうりん》が両村上氏の和睦に動き始める。同年のものと推測される三月二十一日の日付で宗麟が能島の武吉、来島の通総の双方にあてた書状が残されている（「屋代島村上文書」「古証文」）。内容はほぼ同じなので武吉あてのものを引用してみると、そこには次のようなことが書かれている。

武吉・通総和談の儀につき、旧冬使節を以て申し候の処、速やかに純熟の由承り候、尤も肝要に候、申す迄もなく候と雖も、骨肉一致の首尾、向後聊も変化なく申し談ぜられ、他の案を入れざる様御才覚専要に候これをみると、和睦の交渉は旧冬すなわち元亀二年の冬に宗麟が両村上氏のところにそれぞれ使節を派遣することによって始まったこと、交渉実現のために宗麟が持ち出した論理が「骨肉」の関係、すなわち両家の姻戚関係であったことがわかる。ちなみに武吉の妻は通総の姉妹であった。また、この文書は、これまでの牛松名にかわって初めて通総名が使われた史料であり、このころ通総は元服したものと思われる。

交渉は順調に進み、元亀三年十月にはほぼまとまったと思われる。十月十四日付で宗麟家臣田原親賢《たわらちかかた》が、武吉家臣島吉利《しまよしとし》にあてた書状のなかで、両氏から大友氏のもとへ使者が到着したことを伝え、「最前之首尾」についていよいよ堅固に「才覚」することが肝要である、などと述べているのを確認することができる（「島文書」）。

この書状の後半には、「備前口和睦」などの文言がみられるが、これは、長らく備前・備中方面で対立を続けてきた毛利氏と浦上宗景《うらがみむねかげ》らが和睦したことを示す。大友宗麟からの支援、尼子勝久《あまこかつひさ》の山陰での活動、篠原長房《しのはらながふさ》の児島渡海、能島村上氏の海上での活動などによって一時戦いを有利に展開していた浦上氏も、尼子氏が出雲から敗走し、村上武吉が能島に封じ込められ、篠原長房が児島から撤退するに及んで退勢を余儀なくされ、京都の足利義昭《あしかがよしあき》に調停を依頼し、毛利氏との間に和睦が成立したのである。能島・来島の両村上氏の和睦交渉も、周辺で進みつつあったこのような大きな動きの影響を受けたものとみることができよう。

元亀四年は、七月に改元されて天正元年になったが、この年の三月、将軍足利義昭は、二条城で反織田信長の行動を起こし、またたく間に鎮圧された。義昭は七月にも京都の南郊槇島《まきしま》で兵を挙げたが、しょせん信長の敵ではなく、敗れて河内国若江城《わかえ》（東大阪市）へ追いやられた。これによって信長の勢威がいよいよ高まった。瀬戸内の海賊衆もやがて、「天下布武」を目指すこの新しい支配者との接触を余儀なくされることになるが、それは当面、彼らが親しい関係を取り結んでいた毛利氏を間にはさんでのことである。

その毛利氏と織田氏の関係を抜き差しならぬものにしたのは、追放されていた足利義昭であった。義昭はまもなく河内国若江から紀伊国由良（和歌山県由良町）の興国寺へ移り、さらに天正四年（一五七六）二月には備後国鞆《とも》（広島県福山市）に下向して毛利氏の保護を受けることになった。義昭は、すでに早くから島津《しまづ》義久《よしひさ》・上杉《うえすぎ》輝虎《てるとら》（謙信《けんしん》）・武田勝頼等各地の大名に檄を飛ばして信長包囲網の形成に努めていたが、由良滞在中の天正二年三月には、来島家にも協力の依頼が届いている。重臣吉継にあてた義昭の御内書と側近一色藤長の副状がそれで、義昭は御内書のなかで、信長のためにやむなく都を退去して紀州由良に滞在しているが、武田氏や北条氏が美濃に進軍してきているので自分は間もなく入洛するであろう、と述べている（「藩中古文書」）。ほぼ同文の御内書と副状が河野通直にも出されているので、この時期、集中的に瀬戸内海周辺の諸勢力に対する働きかけがなされたのであろう。

鞆へやってきた義昭が頼りにしたのは当然ながら毛利輝元で、義昭は輝元に対しても反信長行動を起こすように強く慫慂《しょうよう》した。

当時形成されつつあった信長包囲網のなかで反信長行動の最前線に立ったのは、一向一揆の総本山石山本願寺（現在の大阪城の地に所在した）の法主顕如《けんにょ》である。元亀元年以来信長と敵対していた顕如は、何度かの講和ののち天正四年四月に信長に対して開戦し、一向一揆を活発に活動させて各地で信長軍を攻撃した。これに業を煮やした信長は、大軍を動かして石山本願寺を包囲する行動に出た。このような畿内地方の動きをにらんでいた毛利輝元は、ついに反信長行動に立ち上がることを決意し、七月には、籠城する石山勢に兵糧を供給すべく配下の水軍を大坂に向かわせたのである。

織田水軍との衝突

毛利・織田の両水軍は、七月十三・十四日に大坂湾内の木津川（淀川下流）河口で衝突したが、このときの毛利方水軍に来島村上氏も加わっていた。ただこのとき出陣したのは、家臣の吉継であった。ちなみに能島村上氏においても、出陣したのは当主の武吉ではなく嫡男元吉《もとよし》であった。両家の当主通総と武吉はそのころ三島社（大山祇神社《おおやまづみ》）において開かれた法楽連歌に加わっていたことが確認される。このころ三島社では、五月六日から万句の法楽連歌が興行されていて、二人は合戦直前の七月五日に万句のおさめとなる寄合に加わり、いくつかの句を詠んでいる（「大山祇神社法楽連歌」）。木津川口の合戦に来島・能島の両当主がそろって参加しなかった理由については、判然としない。

いずれにしても吉継や元吉は、毛利水軍のなかでは中心的な役割を果たした。彼らの行動を、合戦に参加した諸将が連名で提出した注進状（報告書）を手がかりにたどってみると、ほぼ以下のようなことであった（「毛利家文書」）。

一行の集結地は、淡路の岩屋（兵庫県淡路町）であった。岩屋といえば淡路島の最北端にあたり、狭い海峡を間にはさんで山陽側の明石を指呼の間に望むとともに大坂湾全体を遠望することができるところである。大坂湾に出入りしたり、そこで活動したりする船舶を監視するには最適の地点であり、毛利方は、ここで畿内方面の動向を探りつつ態勢を整えたものと思われる。そして岩屋を目指して各地から海賊衆・警固衆の船団が集まってきた。

七月十二日に岩屋を出船した毛利方水軍は、大坂湾岸の泉州貝塚に渡り、そこで紀州の雑賀《さいか》衆と落ち合った。雑賀衆は、紀州鷺森御坊《さぎのもりごぼう》（和歌山市）を中心に結束した本願寺門徒の集団で、紀ノ川河口の雑賀を本拠に活動していた。石山本願寺の有力な軍事力の担い手で、根来《ねごろ》の鉄砲鍛冶と結んで多くの鉄砲を有し、銃撃戦に優れていた。

翌日、堺・住吉表・木津川河口のあたりを偵察してみると、織田方の水軍は、井楼《せいろう》（高い櫓）を組み立てた大船の左右を二〇〇余艘の軍船が固めて警固するという布陣であった。この状況では一戦に及ばずに石山本願寺に兵糧を搬入するのは不可能と判断し、雑賀衆と「評議」の後、行動を起こした。敵の警固船には、和泉・河内・摂津の国々の陸上部隊の主だった者が乗り込んでいたが、十三日から十四日の早朝までにことごとく打ち果たし、またかの大船も残らず焼き崩した。

注進状が示しているように、木津川口合戦は毛利方の大勝に終わり、それには吉継率いる来島水軍の貢献も少なくなかった。小早川隆景は、合戦後の七月二十七日に吉継に書状を発し、乃美宗勝・児玉就英《こだまなりひで》・井上春忠《いのうえはるただ》など毛利・小早川方の水軍諸将と協力して木津川口での海戦において、「敵舟を切り崩し、数百人を打ち果たす」という勝利に大きく貢献をしたことを賞している。同じ書状で隆景は、足利義昭の動座以来信長との初めての「手合せ」で大勝利を得たと述べているが、毛利方の高揚感が伝わってくる文面といえよう（「藩中古文書」）。

ちなみに、二年後の天正六年十一月、同じ木津川口で再び両軍が衝突した。このときには織田軍が準備した「鉄ノ舟」の効果などもあって織田方が大勝した。これについてはのちに詳しくふれることにするが、この第二次木津川口合戦に来島村上氏がかかわったかどうかは定かでない。

秀吉との接触

通総は、天正八年に妻を迎えた。近世に久留島家でまとめられた系図によると、通総の妻となったのは、平賀《ひらが》太郎左衛門隆宗《たかむね》の女《むすめ》であるという。平賀氏は、安芸国高屋保（東広島市）を本拠とする国人領主で、天正期の当主元相《もとすけ》は毛利氏の国衆として重きをなしていた。平賀氏の系図によると（「平賀家文書」）、隆宗は元相の伯父にあたる。二年後の天正十年に嫡子康親《やすちか》が誕生した。

通総が妻を迎えた天正八年ごろから、瀬戸内海周辺はにわかに騒がしくなった。織田信長の勢力が毛利領国に迫ってきたからである。天正七年十月にはそれまで毛利方として活動してきた美作・備前の宇《う》喜多直家《きたなおいえ》が織田方に寝返り、翌年正月には三木城主別所長治《べっしょながはる》が秀吉に攻められて自刃した。同年の閏三月には、長年にわたって信長を苦しめてきた本願寺との和睦がなり、後顧の憂いを絶った信長は、東中国地方に対する圧力をさらに強めてきた。

そのような信長にも一つだけ不安材料があった。それはほかでもない、瀬戸内海における水軍力の弱体という問題である。信長は毛利氏に比べて劣勢とみられた水軍力を強化すべく、早くからさまざまな手を打っていた。例えば天正五年三月には、当時堺奉行であった松井友閑《まついゆうかん》にあてて、堺に至る塩飽《しわく》船に対して「異儀」のないように命じる朱印状を発しているが（「塩飽人名共有文書」）、これなどは中世以来の卓越した塩飽の水運力の取り込みを図ったものといえよう。このような信長による瀬戸内海賊衆取り込み策は、当然能島・来島・因島の三村上氏に対しても向けられた。これら三氏は、一方では強固な同族意識をもっていたものの、これまでもしばしば述べてきたように必ずしも足並みをそろえて行動してきたわけではなかった。信長は、そのような三村上氏の足並みの乱れの間隙《かんげき》を突こうとした。

天正八年閏三月には、織田方に寝返ったばかりの宇喜多直家を介して秀吉から来島の吉継にあてて一通の書状が届けられた。これをきっかけにして秀吉との接触が生まれ、そこから来島村上氏の新しい歩みが始まることになる。

二　九鬼氏と伊勢海

系図と軍記

織田信長に仕えるようになる以前の九鬼嘉隆《くきよしたか》には謎がいっぱいである。それは、信憑性の高い一次史料が少なく、系図や軍記の記述も一定していないからである。その一定していない系図や軍記の記述を手がかりにし、わずかに残された一次史料と比較しながら、明らかにすることができることがらを探ってみることにする。

地域社会のなかでは九鬼氏に関して多くの系図や軍記が著されているが、信憑性や地域性を勘案して主として以下のものを参照することにする。

①「寛永諸家系図伝」

これは、寛永年間に江戸幕府が諸大名に系図や家譜などを提出させて、それを林羅山《はやしらざん》などが編集して寛永二十年（一六四三）に完成した系譜集成である。そのなかには九鬼家提出の系譜も収められているが、そこには近世前期の九鬼家の見方が示されているとみることができよう。なお、本書を寛政年間に補訂した「寛政重修諸家譜」にも九鬼家の系譜が収録されていて、ここでは嘉隆についての記述は大幅に加筆されてより詳細になっている。

②「九鬼家由来記」（内閣文庫本）

作者、成立時期ともに明らかではないが、末尾に、答志《とうし》島《じま》に残された嘉隆石塔への灯明料に関する寛永九年の文書を収録しているので、それから程遠からぬ時期の成立と考えられる。

③「勢州軍記」（続群書類従巻五九八）

本書は、志摩の隣国伊勢国の戦国期の勢力の興亡を描いたものであるが、そのなかに「九鬼出世事」と題する項があって部分的に九鬼氏の動向にもふれている。序文に、作者神戸良政は、父が伊予の蒲生忠知に仕えていた関係で、忠知の死去後伊予を出て各地を流浪し、先祖の地伊勢神戸、のち船江に落ち着いてこの書を著した、と記されている。蒲生忠知の死去は寛永十一年なので、遅くとも十七世紀の内には成立したものと思われる。

④「志摩軍記」（内閣文庫本）

作者は不明であるが、志摩地域の事情には最も詳しく記述も詳細である。その分信憑性に欠ける部分もある。いくつかの諸本があるが、最も古態をとどめているとされる内閣文庫本には、享保五年（一七二〇）の奥書があるので、それ以前の成立である（本書は、大島建彦「『志摩軍記』二本」に翻刻されているので参照した）。

これらを比較しながら、九鬼家の系譜、嘉隆が九鬼家の家督を継承する経緯、そしてその嘉隆が志摩一国を支配するに至る過程、などについて検討してみることにする。

嘉隆以前

「寛永諸家系図伝」（以下「寛永伝」と略記する）は、図9のような系譜を掲げ、それぞれの人物について簡単な事績を付記している。そのうち主要なものを摘記してみると、以下のようになる。

- 隆良のとき、紀州九鬼（三重県尾鷲《おわせ》市）から志摩国英虞《あご》郡波切《なきり》村（三重県伊勢市大王町）に移ったこと。
- 隆次のとき、答志郡賀茂五郷堅神《かたかみ》村を支配するようになったこと。
- 泰隆のとき、賀茂郷岩倉村に田城を築いたこと。
- 澄隆（弥五助）のとき、叔父嘉隆とともに「七島凶徒」と戦って敗れ、朝熊《あさま》嶽に退いたが、のちに田城を奪還したこと。
- 嘉隆のとき、澄隆が早世したので家督が嘉隆に譲られたこと。滝川一益《たきがわかずます》の縁で信長に仕えるようになったこと。

用字や官途名などの違いはあるが、「九鬼家由来記」（以下、「由来記」と略記する）「勢州軍記」は、基本的に「寛永伝」と同じであり、これが近世九鬼家のいわば公式見解だったのであろう。

しかし、「志摩軍記」の記すところはこれらと大きく異なっている。そこでは賀茂郷近隣の磯部郷には「地頭」がいなかったので、波切にいた弥五助（「寛永伝」などでは澄隆のこととされるが、ここでは別人とされている）の発案で紀州九鬼にいた弥五助の舎弟右馬允（嘉隆）を呼び寄せて磯部に入部させた、とされている。

いずれにしても、紀州の九鬼が九鬼氏の本貫の地と理解されていたことは諸書に共通しており、そのような認識が近世には定着していたのであろう。ここは熊野《くまの》灘《なだ》に面した、紀伊国東端の地で、土地柄熊野神社の影響力の強いところであった。もう一つ諸書に共通してみられるのは、波切が重要拠点であったという点である。波切は、志摩半島が熊野灘に向かって突き出した大王崎の一角で、今も海に面した丘陵上に波切城跡が残り、その麓の仙遊寺は、九鬼氏の菩提寺と伝えられ、境内の片隅には中世様式の五輪塔が残されている。また、大王崎の北側膝下には、南北に細長い入江があり、格好の船溜りとなっている。このように波切の地は、大王崎近海を見渡す波切城と波切港が一体となっていて、ここに九鬼氏が一時的に拠点を定めていたといわれれば十分に納得し得るところである。

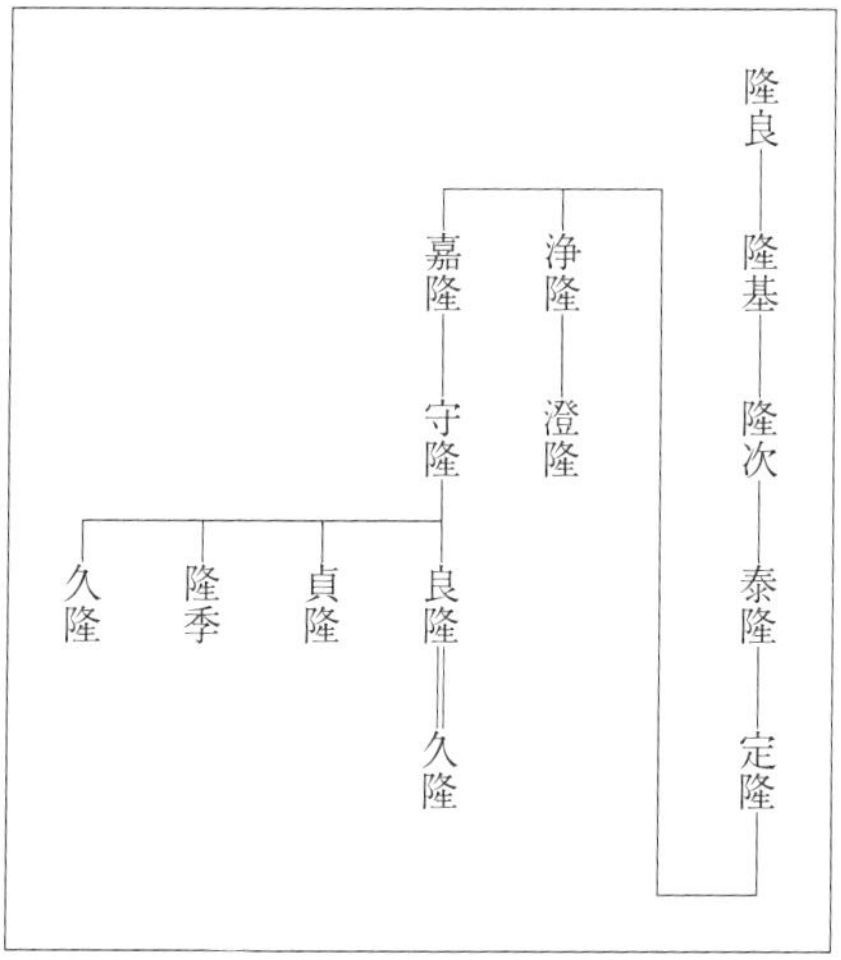

図9「寛永諸家系図伝」に記された九鬼家の系譜

このように系図や軍記では、紀州九鬼から波切に移りさらに賀茂郷に進出したという伝承が定着しているが、一次史料の示すところは、それらとはかなり異なっている。断片的ではあるが、すでに南北朝期から泊浦（のちの鳥羽浦）で活発に活動している九鬼氏の姿を確認することができるからである。嘉隆以前の九鬼氏については、すでに稲本紀昭氏によって一次史料に基づいた詳細な研究が行われているので、それに依拠しながら活動の跡をたどってみることにする（「九鬼氏について」「伊勢・志摩の交通と交易」）。

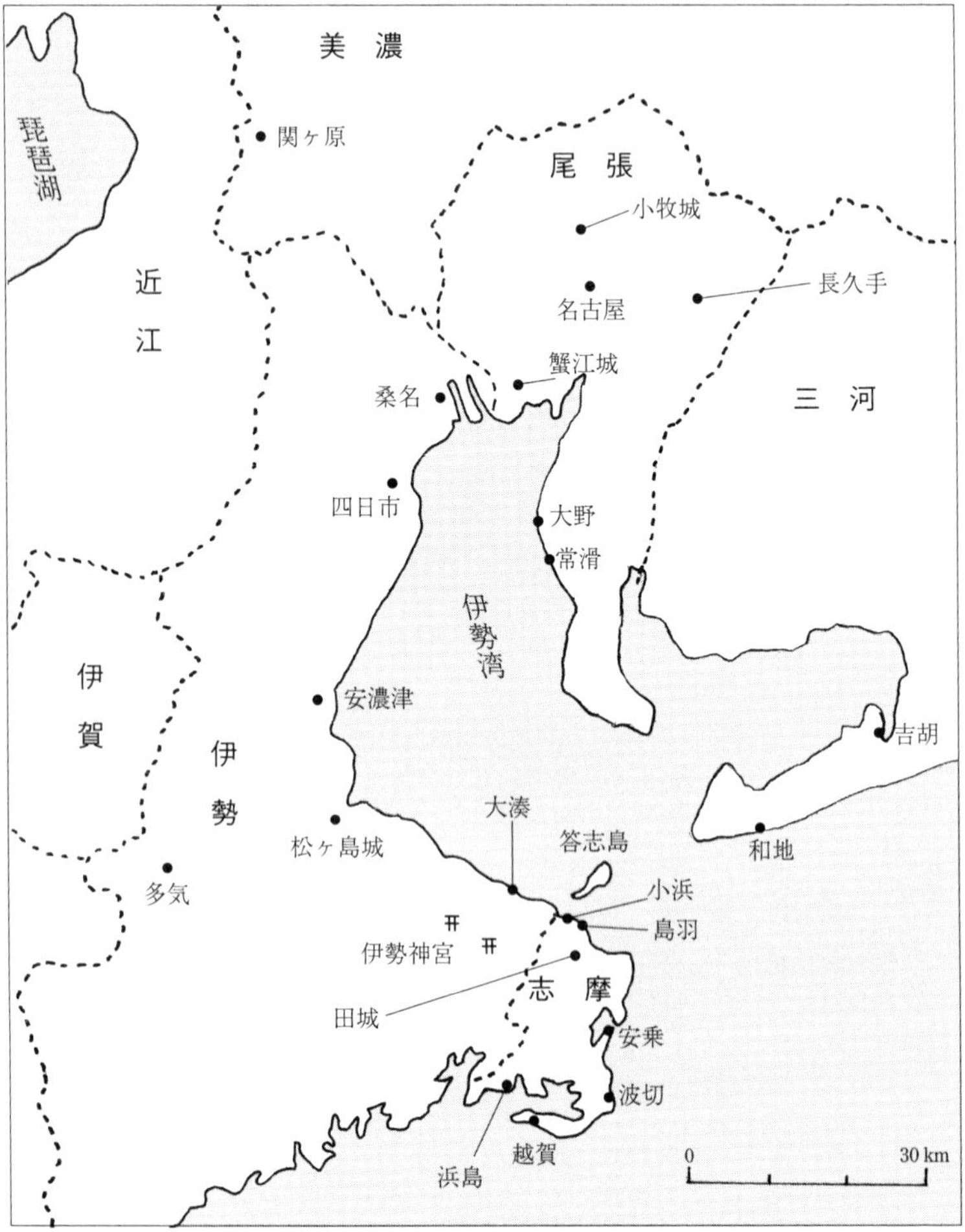
美濃
琵琶湖
関ヶ原
尾張
小牧城
近江
長久手
名古屋
蟹江城
桑名
三河
四日市
大野
常滑
伊勢湾
伊賀
安濃津
伊勢
吉胡
大湊
松ヶ島城
答志島
和地
多気
小浜
鳥羽
伊勢神宮
志摩
田城
安乗
波切
越賀
浜島
0
30 km

図 10　九鬼氏関係地図

九鬼氏の本格的な活動がみられ始めるのは、貞治二（一三六八）～五年ごろからである。この時期、「阿五瀬《あごせ》」と呼ばれる、小浜（鳥羽市）沖の蛸漁の漁場をめぐって九鬼氏と神宮領二見《ふたみ》御厨《みくりや》神人《じにん》の間で紛争が持ち上がったが、神宮側の主張によると、九鬼氏が、小浜新五左衛門跡と称し、代官小河氏や蘇《そ》原《はら》氏を動員して乱妨狼藉に及んだという（神宮文庫「御塩殿文書」）。関連する地名から判断して、この時九鬼氏が拠点を置いていたのが鳥羽近辺であることは間違いないであろう。

その後、応永十年（一四〇三）には、「九喜《ママ》形《刑》部少輔入道源祥」が、志摩国守護土岐《とき》氏が青蓮院門跡《しょうれんいんもんぜき》領答志島《とうしじま》半分を違乱していると青蓮院に訴えたこと（「南部文書」）、永享七（一四三五）～十一年ごろには、九鬼氏と推測される人物たちが泊小里郷の支配をめぐって激しい相論をしたこと（「醍醐寺文書」）などが確認されるが、より重要なのは、享徳元年（一四五二）から翌二年にかけての出来事であろう。

この時期、醍醐寺《だいごじ》三宝院《さんぼういん》領泊浦代官職をめぐって伊勢北半国守護一色義直《いっしきよしなお》と九鬼氏が対立し、「北方一揆」「十ヶ所人数」などと呼ばれる北伊勢の国人一揆が一色氏の催促を受けて志摩に出陣した（飯田良一「北伊勢の国人領主」、呉座勇一「伊勢北方一揆の構造と機能」）。このとき九鬼方に味方した細川勝元《ほそかわかつもと》は、北方一揆にあてた書状のなかで、「三宝院御門跡領伊勢志摩内泊浦御代官」が「九鬼愛如意丸」という人物であったと記している。また、「十ヶ所人数」の一人朝倉常英は、醍醐寺にあてた書状のなかで「志摩の弓矢」にかかわりのあったところが、泊浦や賀茂であったことを述べている（「醍醐寺文書」）。これらのことを併せ考えると、室町期の十五世紀半ばには九鬼氏は、三宝院領泊浦の代官職を得るまでに地歩を固め、さらに賀茂にも進出していたことがわかる。ちなみに賀茂というのは、鳥羽浦から加茂川を直線距離で三・五キロほど遡ったところにある地名で、のちに田城が築かれるところである。

このような一次史料によって南北朝期には泊浦近辺に進出し、室町期にその周辺で勢力を伸ばす九鬼氏の姿を確認することはできるが、それらと先に示したような系図や軍記に記された九鬼氏の成長過程とがどのように関連するのかについては必ずしも明確ではなく、今後の検討課題にしなければならない。

いずれにしても、本来熊野の海辺領主であったと覚しき九鬼氏は、志摩の中心地鳥羽周辺への進出を果たしたが、注目しておかなければならないのは、このような動きを示したのは、一人九鬼氏ばかりではなかったという点である。すでに稲本氏が指摘しているように、熊野の有間庄（熊野市）出身の海辺領主有間氏が、南北朝期に泊浦の悪党として姿を現している。これをみてもわかるように、この時期さまざまな熊野系の海辺領主が伊勢湾に進出しており、九鬼氏の行動もそのような大きな動きの一環とみることができよう（稲本紀昭「伊勢・志摩の交通と交易」）。

家督継承の事情

このような流れのなかで嘉隆が九鬼氏の家督を継承することになるが、それには複雑な事情があったらしい。「寛永伝」は、本来の家督継承者であった澄隆が早世したので、おじであった嘉隆に家督が譲られたと簡略に記し（これが近世九鬼家の公式見解であろう）、「勢州軍記」も、浄隆が早世し、その子弥五助（澄隆《すみたか》）が幼少であったので、「伯父」であった嘉隆が後見したと記して嘉隆の継承が順当になされたと示唆している。それに対して「由来記」や「志摩軍記」の記述は大きく異なる。

「由来記」は、波切村にいた弥五助澄隆を討って嘉隆が家を継いだと簡略に記すが、「志摩軍記」は、波切には嘉隆の兄である弥五助、鳥羽には嘉隆の聟である鳥羽主水《もんど》がいて、この三人が協力して志摩二郡を平定したあと、嘉隆が主水を呼び寄せ、志摩二郡を三人で配分したのでは一人の取り分はわずかだから波切の弥五助を討つようにもちかけ、さらに主水が弥五助を討ったあとには、すぐに嘉隆が主水に討手を差し向けてこれを討った、と記している。嘉隆のこの所業を「志摩軍記」は、「兄を打ち、聟を打ち、仁義の闕《かく》る処、行く末如何あらんと物語る人こそ多かりける」と評している。

嘉隆の家督継承に関連する一次史料としては、嘉隆が越賀《こしか》氏にあてた次のような書状が興味深い（「米山文書」）。

〔史料2〕

先度は早々御懸合い、御別義無き通り、本望の至りに候処、三助殿様へ申上げ候、定めて御礼有るべく候、弥五助条々子細候へども、むげなき事と思召し候半ばと迷惑仕り候、各向後弥《いよいよ》御入魂《じっこん》候通り、何様共御存□次第に仕るべく候間、拙者悪事候はば、我として存ぜず候間、御心を置かず御異見頼み奉り候、恐々謹言

霜月廿七日　　九鬼右馬允 嘉隆 判

越賀弥六郎殿

発給年は定かではないが、文中の「三助殿」（三介＝織田信雄）が北畠家の実権を奪ったのが天正三年（一五七五）だから、それから程遠からぬ時期であろう。弥五助のことに言及している部分の解釈は難しいが、すでに黒嶋敏氏が言っているように、弥五助の件についてはいろいろ事情があるが、冷たい仕打ちと思われているようで、困惑している、というぐらいのことであろうか（「『鉄ノ船』の真相」）。これをみると弥五助（弥五郎とも）の死について「むげなき事」と思う人が多くいて、嘉隆がそれについ

て弁明しなければならないような状況のあったことがわかる。ちなみに「由来記」は、この文書を、「（嘉隆が）弥五助澄隆を打て家を継ぐと云々」という文言のうしろに、いわばその証拠文書のような形で引用している。

なお、澄隆が嘉隆によって非業の死を遂げたことは近世には広く地域社会のなかで知られていたようで、正徳三年（一七一三）成立の地誌「志陽略記」にも、嘉隆のために横死した弥五助の霊が祟りをなすので、田城の跡に一社を建てて総領（惣領）権現として祀ったと記されている。総領権現は今も岩倉の田城の跡地に祀られている九鬼岩倉神社の前身である。「志摩軍記」の内容と地域民俗の関係を調査した大島建彦氏は、岩倉の総領権現の成立には一種の御霊信仰があったのではないかと推測している（「『志摩軍記』の成立」「『志摩軍記』の展開」）。

志摩国の支配

九鬼氏の家督を継承した嘉隆は、次には志摩国支配を進めていくことになるが、その検討に移る前に、当時の志摩国の状況を確認しておくことにしたい。当時の志摩国は、多くの国人級領主が並び立つ分裂状態にあった。それについての系図や軍記の記述は以下のようになっている。

「寛永伝」は九鬼隆良が波切村に移る前に志摩には「七島之徒党」がいたとし、それらが勢力をもっていた所として、浦・大差（相差《おうさす》）・国府《こう》・甲賀・和具・越賀・浜島の地名をあげている。「勢州軍記」は、領主たちの呼称を「志摩七人衆」とし、浦氏の代わりに波切の九鬼氏をあげる。「由来記」は、「七島といふ士七人有り」という表現で、「寛永伝」と同じ七つの地名をあげ、それに波切の九鬼氏、小浜の民部左衛門、安楽島《あらしま》の越中、的矢の美作の四氏がこれに準じるとする。「志摩軍記」は、「地頭十一人有り」とし、人数的には「由来記」の七人とそれに準じる四人に一致するが、メンバーとしては、「由来記」の大差・浜島・的矢の代わりに千賀の志摩、加茂の左馬、鳥羽の九鬼主水が加わる。また「志摩軍記」の別本では、内閣文庫本の一一人の上に的矢と安乗を加えて一三人とする。

一方、一次史料では、永正六年（一五〇九）八月に三好之長《みよしゆきなが》・長秀《ながひで》父子が細川高国《ほそかわたかくに》と戦って敗れ、伊勢に逃れた長秀の討伐を命じた文書のなかに、「志摩国人拾三人」にあてた奉行人奉書が残されている（「三好長秀誅伐感状案」）。

このように若干のメンバーの出入りはあるが、志摩国沿岸部を中心に七人の海辺領主がいて、それに波切の九鬼氏など何人かを加えて一一人、あるいは一三人と数えられることもあるという状況が推測される。

このようななかから九鬼氏がどのようにして志摩一国を支配するようになるのか。同じように系図や軍記の記述をみることにする。

「寛永伝」は、浄隆の項において、伊勢の多気《たげ》国司北畠氏の援兵を借りた「七島之徒」と戦ったこと、澄隆の項において、叔父嘉隆とともに田城で「七島凶徒」と戦い、敗れて伊勢の朝熊嶽に逃れたが、のちに田城を奪回したことを簡潔に記す。

「由来記」は、信長の次男信雄が伊勢国司北畠氏の養子に入ったとき、嘉隆が信長にとりいって七島衆との仲が険悪になった、信雄は「七島其外島衆」が野心をさしはさむと聞いて、嘉隆にその退治を命じた、七島の者は神水を飲んで一味同心して戦ったが、浦は敗れて切腹、安楽島は和順、小浜は三河へ退去、国府・甲賀・和具は降参、越賀は三年間の抵抗ののち降参、大差は嘉隆の子を養子に受け入れて降参という結果になり、この恩賞により嘉隆は信長から志摩の内七島を与えられた、そして、信長が上方に「出張」した際、滝川一益を「奏者」として御礼を言上した、と記す。ここには、嘉隆が志摩七党の結束を破って信長に接近し、信雄の指示で他の七島衆を次々と屈服させていったという構図が示されている。

「志摩軍記」は、嘉隆が伊勢の国司（文章の流れからすると本来の北畠氏のように読めるが、実際は、養子に入った信雄のことであろう）から、多気（北畠氏の本拠、三重県津市三杉町）への出仕を怠るようになった他の島衆を討伐するように命じられ、次々と勝利したと記す。この構図は「由来記」と同じであるが、ただ、そのような軍事行動を一族の主水や弥五助と語らって行ったとするところが相違する。それはもちろん、次の段階で謀略によって主水・弥五助を倒していく非道さを強調するための伏線とするためであろう。

「勢州軍記」の記すところは、これらとは少し異なる。すなわち、嘉隆が七島衆の「掟立」に背いて私に武威を振るったので、他の六人が一味同心して九鬼氏の波切城を攻めた、敗れた嘉隆は、安濃津《あのつ》に逃れてしばらく「牢居」した、その後滝川一益を頼って信長に従うことになった、永禄十二年秋、信長が伊勢大河内《おかわち》城の北畠氏を攻めたとき、船手の大将として志摩に赴き、七人衆を攻め従え、志摩一国を支配するようになった、そして、鳥羽城を守り、信雄に属した、と記す。

これら系図や軍記の記述は、必ずしも一致するものばかりではないから、そこから近世の人々の嘉隆についての共通した認識を読み取ることはなかなか容易ではないが、最小限、以下のような諸点を読み取ることはできるのではないだろうか。

- 九鬼氏が志摩地域にとっては外来の一族とみられていたこと。
- 嘉隆が支配権を確立する以前の志摩国の状況は、「志摩七人衆」「七島其外島衆」「七島といふ士七人」「地頭十一人」など、呼称はさまざまであるが、熊野灘や伊勢湾の海辺に有力な領主が七人（のちには一一人）割拠する状況であったこと。
- そのような状況のなかで、いささか穏当ならざる方法で九鬼家の家督を継承した嘉隆は、さらに信長の力で伊勢の国司となった北畠（織田）信雄の権威をかりて他の領主を倒して志摩一国に覇を唱えるに至り、やがて信長の支配下に入ったこと。
- 信長の支配下に入るにあたっては、当時信長から北伊勢五郡を与えられていた滝川一益の仲介があったこと。

このような近世の人々の認識に対して、嘉隆と志摩の七島衆の実際の関係や嘉隆の志摩支配の実態はどのようなものだったのであろうか。嘉隆が支配権を確立する以前の志摩の状況については、興味深い史料が残されている。少しさかのぼるが、文明十四年（一四八二）に、泊浦《とまりうら》の泊治隆と麻生浦《おうのうら》（鳥羽市）の和田隆実の間で、泊浦の警固役（通行料）免除をめぐって紛争が生じ、あわや「弓矢に及ぶ」べき事態となった。そのとき、事態の解決のために積極的に動いたのが、九喜《ママ》景隆・相表（差）隆景・安楽島実盛・和具久宗・甲賀宗能らの「島衆」の面々で、彼らは一方では、内宮・外宮の両一禰宜に「口入」を依頼し、他方では、当事者に対して協力して働きかけ、「同心を以て申し候へ」と、「指南」したり、「教訓」したりした（神宮文庫文書「内宮引付」）。

図11　九鬼氏が拠点とした鳥羽の港

ここにはすでに軍記などが「志摩七人衆」「七島其外島衆」などと記す志摩海辺部の諸領主の原形が「島衆」としてよく示されている。彼らが協力して紛争解決にあたっているところをみると、何らかの一揆的結合を成していたことが推測されよう。そして、この時点では、「九喜」も他の諸氏と同等の一員であった。

軍記等は、こののち嘉隆が他の諸氏をあるいは討滅し、あるいは服属させて志摩での支配権を確立したと記すのであるが、その支配のあり方について一定の示唆を与えてくれるのが、前掲の史料2である。ここには、嘉隆・織田信雄・越賀氏三者の関係がよく表れている。嘉隆が七島衆の一人越賀弥六郎（隆俊）と信雄の間を仲介しているが、これは系図や軍記が信雄の後ろ盾で嘉隆が志摩の支配権を確立したとする記述を裏付けている。

一方嘉隆と越賀氏との関係については、系図や軍記の記述から受ける印象とはかなり異なる。黒嶋氏も指摘しているように、文面は非常に丁寧で、そこには強固な主従関係が確立しているようにはみえない。これをみる限りでは、七島衆が「和順して嘉隆に従う」とか、嘉隆が「七島和順の士を率し」というような軍記の表現には一定の留保が必要であるように思われる。両者の関係はこの段階では、緩やかな服属関係であったことが窺われる。

伊勢長島への出陣

「由来記」は、信長（実際には信雄）の支配下に入った嘉隆が最初に織田方の軍勢として行動したのは、紀州三鬼（三木）城（三重県尾鷲市）での合戦だったと記している。これは、天正二年ごろから紀勢の国境方面に勢力をのばしていた新宮城主堀内氏善《ほりうちうじよし》が翌三年に三鬼城の三鬼新八郎を攻め、北畠信雄（当時は信意）の命を受けた嘉隆らが来援して氏善らを退けた出来事である。しかし実際には、これより早く、前年の天正二年に信長が伊勢長島の一向一揆を攻めた際、嘉隆が安宅《あたけ》船を率いて従軍したことが「信長公記」に記されている。

また、それに関連して、天正元年の十月には、桑名へ派遣する軍船をめぐって、北畠氏家臣と大湊会合衆との間で多くの文書がやり取りされているが（「太田家古文書」）、それらをみると、北畠氏が一日も早く桑名へ船を出すことを求めていること、桑名へ派遣する二艘の内一艘は九鬼に預けるように求めていること、それらの船は「用害船」と呼ばれていることなどを知ることができる。「用害船」というのは聞きなれない言葉であるが、おそらく「要害船」の意で、船上に櫓などを設けて城郭様の艤装《ぎそう》をする安宅船のことであろう。

これをみると、嘉隆が長島へ乗り付けた安宅船というのは、本来大湊衆の持ち船であった可能性が高い。大湊では、すでに永禄八年（一五六五）ごろに安宅船という呼称がつかわれていた徴証があり（「大湊古文書」）、これは、安宅船の呼称の最も早い使用例である。

このように、嘉隆が信長の命によって伊勢長島の一向一揆攻めに加わったことは間違いない。この軍事行動について系図や軍記がなぜ記さないのかという疑問は残るが、織田軍にとっては重要な軍事行動であっても、九鬼氏にとっては記憶に残るようなできごとではなかったということであろうか。

いずれにしても天正二〜三年ごろが、嘉隆が信長と接触した時期であることは間違いなさそうである。ただその際に嘉隆が実際に仕えたのは、信長というよりもむしろ、北畠氏の実権を握りつつあった信雄であったと考えるべきであろう（黒嶋敏「『鉄ノ船』の真相」）。天正三年のものと考えられる前記史料2において、嘉隆が信雄と越賀氏の仲介役を果たしていることがわかること、天正元年の嘉隆の長島出陣にかかわる大湊衆あて書状が北畠氏重臣鳥屋尾《とやのお》満栄《みつひで》から発せられていることなどがそれを示している（「賜蘆文庫文書」）。

堺へ向かう大船

天正四年七月の第一次木津川口合戦における敗戦をうけて、信長が水軍力を強化し、同六年の第二次合戦に臨んだことはよく知られている。そして、その水軍力増強策において中心的役割を果たしたのが嘉隆であった。その点で、天正六年の一連の出来事は嘉隆の水軍活動を考えるうえで重要な意味を持っている。

まず嘉隆の動きを主に「信長公記」に拠りながらたどってみることにしよう。

信長は嘉隆に命じて（「勢州軍記」は信雄が嘉隆に命じたと記す。信長が信雄に命じて、信雄配下の嘉隆を動かしたというのが実情に近いのではないか）大船六艘、滝川一益に命じて大船一艘をつくらせ（滝川一益につくらせたのは「白舟」であったという。白舟については後述）、船団は六月二十六日に熊野灘に向かって船出し、大坂表を目指して進んだ。「谷の輪」（淡輪《たんのわ》、大阪府岬町）の海上で、雑《さい》賀《か》・谷輪の小船が鉄砲や矢で多数攻撃してきた。嘉隆は敵船を間近く寄せつけ、「大鉄炮」をいっせいに放って敵船を打ち崩したので、その後は近寄ってこなくなった。こうして難なく七月十七日に堺に着き、翌日には大坂表へ乗り出し、砦ごとに船を停泊させて海上の通路を押さえた。

淡輪の沖で攻撃を仕掛けてきた小船の集団というのは、雑賀（和歌山市）などに拠点を置く紀伊の門徒衆である。七月八日付で本願寺の坊官下間頼龍《しもつまらいりゅう》らが「紀州諸浦御門徒中」にあてた書状が残されているが（「万福寺文書」）、それには信長が造らせた大船が近日中に紀州浦に上って行くから、浦々において防ぎとめることが肝要である、と書かれている。これは、まさに「信長公記」に記された嘉隆らの動きと対応しているといえよう。なおその下間頼龍書状には、「彼大船の事、海上自由に成り立つべからざる由候」とも記されていて、海上を自在に動き回ることが難しい大船の弱点が的確に指摘されている。門徒側が多数の小船で攻めかかったのは、このような認識を背景にしているものと思われる。信長が堺奉行松井友閑《まついゆうかん》にあてた黒印状によると、船団が淡輪に着いたのは十四日であることがわかる（「佐藤信行氏所蔵文書」）。さらに「信長公記」の記述をたどってみる。

信長は九月三十日には自ら堺へ出かけ、船団を観閲した。嘉隆は、のぼり・指物・幕などを打ち廻らして大船を飾り立て、湊々の武者船もそれぞれ兵具をもって飾り立てた。信長は一人で嘉隆の大船に乗船して見て回り、その後は、今井宗久など堺の有力者のところへ立ち寄り、滞在していた住吉の社家へ戻った。信長は、嘉隆を召し寄せ、黄金二〇枚などを与え、「千人づつ御扶持」を仰せ付けた。また、滝川一益の大船に乗り組んでいた者たちにも黄金などが下された。信長は、翌十月一日に住吉から京へ帰った。

堺浦に停泊している大船を多くの「僧俗男女」が見物したが、そのなかに、宣教師オルガンチーノもいた。また、直接見物したわけではないが、見物した者からもたらされた情報に関心を寄せた、奈良多《た》聞院《もんいん》の僧英俊《えいしゅん》のような人物もいた。彼らはそれぞれ、大船の様子やそれを見たときの驚きを記録にとどめている。彼らの記述は大船の構造や装備を知るうえで貴重な情報を提供しており、これについてはのちほど検討を加えることにする。

なお、信長が堺で軍船を観閲したのと同じ九月三十日に、当時駿河・遠江《とおとうみ》で武田勢と対峙していた徳川家康が嘉隆あてに書状を発し、「今刻御加勢として渡海、即ち其津に至り著岸これ在る由大儀に候」と、無事堺に着いたことを祝すと同時に、武田勢との戦いの状況を報せている（「九鬼文書」）。家康と対陣していた武田勝頼《かつより》も同じ志摩出身の小浜《おばま》氏等を海賊衆として組織しており、家康としても九鬼氏の動向には関心を寄せずにはいられなかったのであろう。

木津川口での手柄

「信長公記」が記すように嘉隆らの大船が「海上通路」を押さえ、大坂湾の交通を遮断したことは本願寺にとって大きな脅威となった。顕如《けんにょ》は、九月十五日付で毛利輝元《てるもと》らにあてた書状を発し、「殊に七月以来敵船木津河口乗り居り候間、海路一円不通に候、彼の敵船早々打ち果たされず候はば、当寺落居勿論に候」と、危機感をあらわにしている（「知新集」一七）。このような本願寺の要請を受けて毛利軍も行動を起こしたようで、九月末から十月初めにかけて輝元が家臣らに大坂へ上ることを命じる文書がみられる。先の第一次合戦のときの毛利軍は、海賊衆村上氏などを含めて毛利方水軍総動員の観があったが、今回は、残存文書をみる限り、それほど大規模な動員ではなかったらしい。警固の軍船を率いたのはおそらく毛利氏直属水軍の統率者児玉就英《こだまなりひで》であろう。就英は、十一月一日付で厳島《いつくしま》神社の神官に書状を発し、今度警固のために「上口」に上ることを告げ、無事帰陣できるように祈念を依頼している（「厳島野坂文書」）。

毛利軍の本隊が到着したのは十一月中旬であるが、十月にはすでに前哨戦があったようで、十月十三日付で信長が嘉隆に発した黒印状には、昨日嘉隆が木津において首を二つ取ったことが記されている。(2)木津とは本願寺・毛利方が木津川河口を守るために同川西岸に築かせた木津城のことで、毛利氏はここに粟屋氏・福井氏・内藤氏などを在番させていたので（「内藤文書」「萩藩閥閲録（福井左伝次）」など）、これらの在番兵と九鬼軍が接触したのであろう。

第二次木津川口《きづがわぐち》合戦は、十一月六日に行われた。それについて「信長公記」は、概略以下のように記している。

十一月六日に西国の船（毛利方水軍）六〇〇余艘が木津表に乗りだしてきた。同日の辰の刻（午前八時ごろ）から午の刻（一二時ごろ）まで船戦があった。初めは、九鬼が苦戦のように見えたが、六艘の大船には多くの「大鉄炮」が装備されていて、敵船を間近く寄せ付け、大将軍と覚しき船を打ち崩すと、敵はこれに恐れてなかなか寄りつかず、嘉隆は数百艘を木津浦へ追い上げ、見物の者どもは、九鬼右馬允の手柄とたたえた。

これをみると、大船と、それに積み込んだ「大鉄炮」を最大限に活用した嘉隆など織田方水軍が大勝したことがわかる。これに対して、この合戦について記した毛利・本願寺方の史料は非常に少ない。大きな合戦につきものの感状はほとんど残されてなく、わずかに下間頼廉《しもつまらいれん》や小早川隆景《こばやかわたかかげ》が書状のなかで簡単に言及しているのみである。下間頼廉は、十一月八日付の宇喜多直家《うきたなおいえ》あて書状のなかで、六日に毛利方の警固船が木津浦に着岸した事実のみを簡単に記し、小早川隆景は、毛利氏家臣にあてた書状のなかで「去る六日、木津に至り諸警固乗り入れ、大坂衆と申し談じ候、敵船も罷り出候と雖も、舟軍等勿論この方勝利を得候」と、船戦は毛利方の勝利だったと述べている（いずれも「毛利家文書」）。隆景はほんとうに自軍の勝利と認識していたのか、それとも名目上そのように書かざるを得なかったのか。おそらく後者であろう。そのような文言のなかに第二次木津川口合戦における敗戦をできるだけ過小評価したい毛利・本願寺方の思惑を読み取ることができよう。

伊勢大湊

このように嘉隆にかかわる合戦の状況そのものは、史料が比較的よく残っていることもあってある程度わかるが、問題は、嘉隆が操船したとされる大船にかかわることがらであろう。これらの大船はいったいどこで造られたのか、また「多聞院日記」の記す「鉄ノ船」の実態はどのようなものだったのか、

図12　五十鈴川と勢多川の河口に開かれた大湊

さらに、オルガンチーノが供したという「大炮」とはどのようなものだったのか、などの諸点である。次にこれについて考えてみることにする。

造船場所については、「信長より伊勢浦において大船申しつけられ」(下間頼龍・同仲之連署書状「万福寺文書」)、「信長が伊勢国において建造せしめたる」(オルガンチーノ書状「耶蘇会士日本通信(京畿篇)」下)などという記述があるから、信長の意思によって伊勢地方で造られたことは間違いないであろう。「信長公記」には「九鬼右馬允に仰せ付けられて、大船六艘作り立て」と記されているから、嘉隆は操船のみならず造船にも関与したものと思われる。のちのことではあるが、朝鮮出兵時の造船に関する秀吉の指示のなかに、安宅船の差図(図面)は九鬼から取り寄せよ、などという文言がみられることなども勘案すると(「妙法院文書」)、嘉隆が造船についても一定の知見を有していたことは間違いない。

一方、その造船を申し付けられた「伊勢浦」というのが大湊のことであるのは異論のないところであろう。大湊は、五十鈴《いすず》川と勢田川の河口に開かれた港で、両川が合流する河口部は、海からの入口を東からのびた砂洲と西側の宮川河口に形成された三角州にはさまれ、その内側には波静かな海面が確保されている。この地は、「伊勢海小廻船」と呼ばれる、伊勢湾で活動する小型船舶や、「関東渡海船」と呼ばれる、品川湊など関東の地方湊津と伊勢地方を結ぶ大型廻船の基地であり（永原慶二「伊勢・紀伊の海賊商人と戦国大名」、綿貫友子『湊船帳』をめぐって」）、すでに述べたように、天正元年には信長の桑名出陣の際、船舶を提供した実績がある。その後秀吉の小田原攻めや関ヶ原合戦のときなどに、たびたび家康から大船の提供を命じられていることなども、大湊の造船能力が当時の権力者に広く認識されていたことの表れであろう。

次に、大船の構造であるが、そもそも「信長公記」などが「大船」と称していたのはどのような船だったのだろうか。一般的には、船体上部全体を総矢倉造とした戦国期最大の軍船安宅船のこととされることが多い。確かに信長の周辺では、元亀四年（一五七三）に琵琶湖岸の佐和山の麓で、長さ三〇間、横七間、櫓数一〇〇丁で、「櫓軸（船尾と船首）に矢倉を上げた」船が建造されており、これはどうみても安宅船と呼ぶべきものだと思うが、これを「おびただしき大船」と表現している。また、毛利方においても天正四年の第一次合戦のとき、安宅船と思われる、「勢（井）楼」を組み立てた織田方の「かこい船」を「太船」と呼んでいる（「毛利家文書」）。これらの例からみると、このころ安宅船のことを「大船」と呼ぶことがあったことは間違いない。

しかし一方では、それに反する徴証もある。「信長公記」にしても、信長の発給文書にしても、別のところではきちんと安宅船という語を使っている例があって、信長周辺の者たちが安宅船という呼称を知らなかったはずはないから、安宅船という呼称を使わず、「大船」と呼んでいるのは、両者を別物と認識していたともいえる。

「鉄ノ船」

いずれにしてもこの時期、安宅船という呼称はまだ社会的に十分定着していたわけではないから、両者を厳密に区別しようとすること自体に無理があるのかもしれない。むしろ注目すべきは、「多聞院日記」が嘉隆の船について記した記述であろう。同書は、七月二十日条に次のように記している。

堺浦へ近日伊勢ヨリ大船調付了、人数五千程ノル、横へ七間、竪へ十二三間も在之、鉄ノ船也、テツハウトヲラヌ用意、事々敷儀也

文字どおりに読めば、五〇〇〇人ほどの乗員を乗せ、横幅七間（約一三メートル）、長さ十二、三間（約二二〜二三メートル）で、鉄砲が貫徹しないように「鉄ノ船」にしていたというのであるから、当時としてはまことに巨大で、異様な船であった。これをどうみるかという点については、古くから多くの議論がある。かつては文字通りこれを船体が鉄で覆われた鉄甲船とみて、信長の軍事的天才を称揚するような見解もあったが、近年はさすがにそのような見方は少なくなった。

例えば黒嶋敏氏は、滝川船が「白舟」と表記されていることに注目し、それとの対比で「鉄ノ船」は「クロガネノフネ」と読むべきで、中国のジャンク船に似た「白舟」に対し、当時「黒船」と呼ばれることの多かった南蛮船、つまり「異国式の特徴をもつ大船」ではないかとしている（前掲「『鉄ノ船』の真相」）。信長の堺での船団観閲をかつての足利義満《よしみつ》の「唐船御覧」になぞらえた一大イベントであると

するなど、大きなスケールで海からみた信長政権を捉えようとする黒嶋氏の議論には魅力があるが、一方当時の大湊にそのような「異国式の特徴をもつ大船」を造る造船技術があったのかという点では疑問も感じざるを得ない。

筆者には、軍事史的に信長の船や戦術を見直そうという藤本正行氏の指摘の方がしっくりくる（『信長の戦国軍事学』）。藤本氏は、当時の造船・築城技術や、この船が火器を多数搭載していることから考えて、鉄板の装甲は、銃撃戦をより有効に行うために船体の限られた部分に施されたもので、具体的には、船体は従来通り木造で、その上部構造物、とくに銃手が配置される箇所を重点的に鉄板で装甲したもの、とする。船体を鉄板で装甲することについては、後述するように（第三章）、文禄の役のとき、藤堂高虎が秀吉から「大船かこい」を鉄で丈夫にするように命じられたり、名護屋での造船にあたって鉄板の調達が家康に命じられたりしているのをみても、例のない特別な技術だったということでもなさそうである。また藤本氏は船の大きさについても、「多聞院日記」の記述では幅に比べて長さが短すぎるとし、数値的には、「信長公記」の異本「安土日記」に記されている、長さ一八間、横六間を重視すべきだとする。

藤本氏の指摘でさらに重要なのは、前記大船の役割を、戦う船ではなく水路をふさぐための船であるとした点である。氏に言わせれば、この大船は、一般の山城攻撃の際に築かれる付城のようなものだという。このような大船が海上での戦闘にはあまり役に立たないことは信長自身がよく認識していたところで、信長は、元亀四年に琵琶湖岸で建造した大船を、天正四年の第一次木津川口合戦の後に「とりほどき」早船一〇艘に造り替えている（「信長公記」巻九）。これは、第一次合戦において、織田方の大船が毛利方の巧みな攻撃によって焼き崩されたことを踏まえ、海上戦には早船の方が適していると判断した結果であろう。

一方、大船が通路をふさぐ目的で使われたことは、史料上にも散見される。先にも述べた九月十五日付で毛利輝元にあてた書状において本願寺の顕如は、「殊に七月以来敵船木津河口乗り居候間、海路一円通ぜず候」（「知新集」一七）と述べて、織田方軍船が木津河口をふさいでいる状況を伝え、このままでは本願寺は「落居」してしまうと述べている。これは、大船の役割を本願寺方の視点で最も的確に述べた文言といえよう。また、「信長公記」も、七月に嘉隆らの大船が堺から大坂表へ乗り出したことを述べたあとで、「塞々に舟を懸け置き、海上の通路を止め、堅固に仕り候なり」と記している。ここにも大船が「海上の通路」を止める役割を果たしていた状況がよく示されている。

このような役割を果たすことが期待されている大船は、したがって、海上戦において縦横無尽の活躍をするということはない。これについて「信長公記」は、大船は「敵船を間近く寄せ付け、大将軍の舟と覚しきを大鉄炮をもって打ち崩」すという戦果も上げたが、最大の功績は、「数百艘を木津浦へ追い上《のぼせ》」たことだと記している。「追い上」というのがどのような状況を指すのか必ずしも明確ではないが、木津川を遡るのを阻止したのであって、必ずしも敵船を多数撃破したわけではないということはいえるであろう。この点筆者を含めて後世の者は、嘉隆の大船のイメージにひきずられて、数百艘を木津浦に追い上げたという状況を織田方水軍の大勝利と見がちであるが、実際にはそのようなものではなく、兵糧の搬入を阻止しただけともいえる。

もしそうであるとすると、先に述べたような織田方と毛利方の戦況認識の差についても説明できるかもしれない。先に小早川隆景が十一月十四日付書状で「舟軍等勿論この方勝利を得候」と述べているのを実態をみない強がりと指摘したが、このようなことを考えると、実際のところ勝利とまではいえないものの、少なくとも大敗というような状況でもなかったのかもしれない。

第二次木津川口合戦によって西国からの兵糧搬入に失敗したことのほかに、荒木《あらき》村重《むらしげ》の没落、別所《べっしょ》長治《ながはる》の滅亡なども重なって本願寺は、天正八年閏三月、朝廷からのあっせんを受け入れて信長と和睦した。それをうけて信長は、すぐさま嘉隆や滝川一益に本願寺の「海上往還」の封鎖を解くように命じている（「南行雑録」）。

第二章　天下一統と船手衆

一　海賊衆への調略

来島村上氏への働きかけ

豊臣秀吉が水軍の重要性を認識し始めたのがいつごろか、しかとはわからないが、二回の木津川口《きづがわぐち》合戦の状況が何らかの形で秀吉の認識に影響を与えたであろうことは想像に難くない。この合戦には秀吉自身は直接かかわってはいないが、さまざまな情報を得て、第一次合戦においては、海賊衆を中心とした毛利氏の水軍力の強大さを、また第二次合戦においては、それを撃退した九鬼嘉隆《くきよしたか》の「鉄ノ船」にみられる造船技術の高さを頭に刻み込んだに違いない。そして、自らが司令官として毛利攻めの先頭に立つことになると、そのような認識を踏まえて早速行動を起こした。瀬戸内の海賊衆に働きかけて自軍に取り込もうという試みである。最初に声をかけたのは来島《くるしま》村上氏である。

天正八年（一五八〇）閏三月、秀吉は来島村上氏の重臣村上吉継《よしつぐ》にあてて次のような書状をだした（「藩中古文書」）。

〔史料1〕

いまだ申し通ぜず候と雖も、承り及び候条、啓達せしめ候、近日作州表へ至り、御先勢として拙者相働き候、然れば此の刻、宇泉相談せられ、御忠節においては御望等の儀、馳走申すべく候、猶宇

泉より演談有るべく候、恐々謹言

閏三月五日　羽柴藤吉郎 秀吉判

村上河内守殿 御宿所

冒頭に、「いまだ申し通ぜず候と雖も、承り及び候条、啓達せしめ候」と記しているのをみると、この書状が、秀吉が来島方へ出した最初のもので、それは、来島方から届いた書状に対する返事として書かれたものであることがわかる。両者の間を取り持ったのは、前年に毛利氏を裏切って織田方に降ったばかりの「宇泉」すなわち宇喜多《うきた》和泉守直家《いずみのかみなおいえ》であった。直家と吉継の間にどのような接点があったのかは明らかではないが、唯一それを推測させるのが、天正四年の第一次木津川口合戦の際に戦況を報告するために作成された一四名の武将の連署注進状である（「毛利家文書」）。そこには吉継と、直家の家臣富《と》川秀安《がわひでやす》がともに名を連ねているから、このとき両者の間に何らかのつながりが生じたのではないだろうか。おそらく宇喜多側からこの人脈を通じて内々に働きかけがあり、それを受けて来島方が秀吉と直家に書状を出し、それに対する返事として出されたのがこの書状であろう（同日付で出された直家からの書状も残っている）。

文中で秀吉は近日中に作州（美作《みまさか》）へ信長軍の先勢として出陣する予定であることを述べているが、二ヵ月前に三木城を攻略して別所長治《べっしょながはる》を切腹させたばかりの秀吉は、この時期美作に進出して毛利氏への攻勢を強めようとしていた。その時点で来島村上氏が調略に応じてきたことは、秀吉にとってはすこぶる好都合であった。秀吉は、御忠節を尽くせば、望みについては「馳走」すると述べ、直家と話をするように指示している。

図13　村上通総像（大分県安楽寺蔵）

続いて十二月三日には、秀吉は来島家の当主通総《みちふさ》のもとへ直接書状を発した（「久留島文書」）。それには、通総の意思を織田信長に伝えたこと、信長からは忠節を尽くすことは祝着であるとの言葉があったこと、来春「御動座」（天正十年に予定されていた信長の四国出陣のことか）があるので忠義を尽くすことが重要である、などのことが記されていた。この時点で来島村上氏の織田方への忠節がはっきりしたといえよう。

さらに年が明けて、天正十年の三月二十七日には秀吉は通総にあてて「相違なく色を立てられ、御忠儀の段、神妙に候」という文言を含む書状を発した（「彦根藩諸士書上」）。これには「御返報」と書かれているから、それに先立ついつかの時点において、通総が秀吉に改めて明確に意思表示をしたものと思われる。

このような通総と秀吉との交渉は、当然ながら内々で進められていたが、三月ごろになると毛利方の察知するところとなったらしい。毛利輝元《てるもと》は家臣児玉就方《こだまなりかた》にあてた三月三日付書状のなかで、「沖家」（来島家）のことについていろいろなことがいわれているので用心が肝要である、厳島《いつくしま》神社の神官から宝蔵の宝物の避難ついて話があったので相談に乗ってやってほしい、などと述べている（「厳島野坂文書」）。

危機感を抱いた毛利方も来島家への働きかけを強めたらしい。四月五日付の乃美宗勝《のみむねかつ》あて小早川隆景《こばやかわたかかげ》書状には、因島《いんのしま》家の村上亮康《すけやす》が来島に渡った旨が記されているから、このころ毛利方から最後の説得工作が続けられていたものと思われる。そして、二日後の四月七日付で小早川隆景が亮康の兄吉充《よしみつ》にあてた書状には、「両島相違の段申す事無く候」と見えるから、この時点で来島離反を毛利方がはっきり確認したものと思われる（「因島村上文書」）。

秀吉からの働きかけは、後述するように能島家に対してもなされたが、そのような秀吉方の動きについて、江戸時代の中期にまとめられた能島家の記録「萩藩譜録〈村上図書〉」は、次のような話を伝えている。

秀吉は信長の命を受けて能島・来島から家臣を一人ずつ播州姫路の自陣へひそかに招いた。能島からは大野兵庫直政が出かけた。秀吉はさまざまな条件を示して武吉・元吉の忠節を求め、もし武吉・元吉が承知しないなら大野直政だけでも自軍に味方するよう説得した。一方来島からは通総の弟彦右衛門（義清《よしきよ》。吉清とも）が出かけた。来島はすぐさま秀吉に従うことを決意し、人質を差し出すことにした。秀吉は彦右衛門にも直政を説得させた。直政は早速武吉・元吉に秀吉の命を伝えたが、毛利家からも乃美宗勝を使者として懸命の説得があったので、結局能島は秀吉とは手切れをし、毛利家に味方することになった。

この話の真偽については慎重な検討が必要であるが、話の大筋は事実を伝えているのではないだろうか。というのも、来島側にも似たような話が伝えられているからである。先の彦右衛門義清には、後年家臣たちによってまとめられた記録が残っていて（「村上彦右衛門義清働之覚」）、それによると、義清はすでに天正八年の秀吉の播磨在陣時に「御目見」をし、さらに天正十年の備中高松城攻めのころに、秀吉の船手であった浅野《あさの》長政《ながまさ》が備前児島を偵察するのに同行して手柄を立てたという。どうやら来島方では、義清が親織田の急先鋒であったらしい。

割れる能島村上氏

このように秀吉は、首尾よく来島村上氏を自軍に取り込むことに成功したが、秀吉の海賊衆への調略がすべて成功したわけではない。先の「萩藩譜録」の記事にもみえていたように、来島村上氏と勢力を競っていた、同じ海賊衆能島《のしま》村上氏に対しても調略の手を伸ばしていた。これについては前著（『瀬戸内の海賊〈増補改訂版〉』）で詳しく述べたところであるが、ここでは秀吉の視点から改めて整理し直してみることにする。

能島家への働きかけについては、信長が直接朱印状を発しているのを確認することができる。それは、天正九年ごろと推定される十一月二十六日付で掃部頭《かもんのかみ》（掃部頭は、武吉《たけよし》も元吉《もとよし》も用いている官途なのでどちらとも決めがたい）あてに発したもので、そこにおいて信長は、村上氏が鷹を送ってきたことに対する礼を述べるとともに「望む事これ有るにおいては、いささかも異儀なく候、その意を成すべく候」と希望があれば何でも聞くと述べている（「屋代島村上文書」）。これをみると能島が先に鷹を贈ったというのだから、信長・秀吉の調略に応じたように読めるが、実際にはことはそう簡単ではなかった。当主武吉と嫡子元吉の間で意見が分かれたからである。

（天正十年）四月十一日付で小早川隆景の家臣乃美宗勝が武吉・元吉にあてた起請文のなかで「今度来島同意の御覚悟候といえども、済々武吉へ御理《ことわり》申し入るにつき、輝元・隆景御忠儀《（義）》有るべきの通り、本望に存ずるのこと」と述べているように（「萩藩譜録〈村上図書〉」）、能島は一時的に「来島同意の御覚悟」をしたが、それを、武吉に対するたびたびの働きかけによって自陣に引き止めることができたというのが毛利方の認識であった。そして信長・秀吉方へ走りかけたのは、子の元吉だったらしい。毛利氏の必死の引止め工作によって結局能島の武吉・元吉父子は毛利方にとどまることになったが、そのことがはっきりした四月十九日付で秀吉が、武吉と元吉にあてて別々に書状を出している。このころの秀吉と能島家との微妙な関係をよく示しているので、両者を比較しながらみてみることにしよう（いずれも「屋代島村上文書」）。

〔史料2〕　武吉あて秀吉書状

今度其の島の儀申し談じ候処、両島内々御意趣候哉《や》、相違の段、是非に及ばず候、然れば私の申さる分は入らざる儀に候間、貴所御分別を以て、此節御忠儀肝要に候、様躰においては国分寺へ申し渡し候、恐々謹言

卯月十九日　　　羽筑　秀吉（花押）

村上大和守殿御宿所

〔史料3〕　元吉あて秀吉書状

尚以て公儀に対せられ御忠節有るべく候由、相定められ候上は、私の意趣入らざる事に候、其の方次第、警固船等の儀、申し付くべく候、先度相越され候使者、此の方へ給るべく候、内証の儀申し入るべく候、以上

其の方御覚悟、此の比相違の儀、御同彦次郎申し越さるに付きて、承り届け候、内証の趣、国分寺

具に相違せられ候、尤も余儀無く候、菟角御忠節の事は、両島各別に之在るべく候条、私の意趣更に入らざる儀に候間、最前の通り此の方において聊も相違有るべからず候、国分寺見及ばれ候如く、此の表敵城の中へわり入り、かわやか城・すくも塚両城取り巻き、其の上小早川幸山に候へども、毎日此の方足軽申し付け、十町十五町の内迄放火せしめ候と雖も、一人も罷出ず候条、落居程有るべからず候、委細国分寺申し入らるべく候、恐々謹言

卯月十九日　　　　羽筑
　　　　　　　　　秀吉（花押）

村上掃部頭殿
　　御宿所

武吉あて書状は、「これまでその方の能島家とはいろいろと交渉を続けてきたが、能島・来島両家の間で考えの相違もあったのであろうか、別々の行動をとるようになってしまったのは残念なことである」と、両島が別行動を取るようになったのは成り行き上やむをえないことと認め、その上でもう一度「私事を捨てて分別を以て当方に忠儀を尽してもらいたい」と誘いを繰り返しているが、ここでは能島家が毛利方にとどまったのはやむをえないという感情のほうが強く出ているように思われる。

それに対して元吉あてのほうは、書状の趣旨は同じであるが、字数も多く内容も詳細で、まだあきらめきれない気持ちが強く出ている。とくに後半では、武吉あてのものには記していなかった戦況を詳しく伝えているのが目を引く。毛利氏が秀吉軍を食い止めるために築いた「かわやか城・すくも塚両城」（毛利方ではそれぞれ、宮路山城・冠山城と呼んでいる。いずれも高松城北方の城）を取り巻いて戦況が自軍に有利に展開していることを誇示し、さらに尚々書《なおなおがき》（冒頭の追伸部分）で「公儀（信長）に対して忠節を定めた上は、私の意趣は入らざることである」と、大義名分をもう一度繰り返し、最後に「その方次第

で、警固船等を申し付けるから、先に寄越した使者をもう一度寄越せ、内証の話をしたい」などとささやきかけているのである。まことに巧妙な文面で、武吉がだめなら元吉だけでも自軍に取り込もうという意図が露骨に表われているといえる。

　このような能島家への対応をみると、相手方一族の内情をよく調査し、一族内の分裂を誘い、不満などを抱えているほうに巧妙に手をのばすというのが、秀吉の調略の方法であったことがよくわかる。

　実は当時来島家中においても、当主通総と重臣村上吉継《よしつぐ》・同吉郷《よしさと》との間で意見が対立していて、そこに巧妙に楔を打ち込んだのが調略成功の理由だったのである。

寝返りの条件

　海上勢力に対する秀吉の調略の例をもう一つあげてみることにしよう。それは、小早川隆景の重臣で、小早川水軍の中核をなす有力警固衆であった乃美氏の場合である。小早川隆景と乃美氏の関係を考えると、乃美氏に調略を仕掛けるということは、毛利氏の喉元に刃を突きつけるようなものであるが、そのような大胆なことをやってのけるのも秀吉ならではのことであるといえよう。その大胆な試みを示すのが、次の一連の書状である（いずれも「乃美文書」）。

A　（天正十年）三月十七日付で秀吉の家臣蜂須賀《はちすか》正勝《まさかつ》と黒田《くろだ》孝高《よしたか》（官兵衛《かんべえ》）が連名で乃美兵部丞宗勝とその嗣子《しし》乃美少輔四郎盛勝《もりかつ》にあてて、羽柴《はしば》方に味方をすればどのような所でも望みの所領を与えるであろう、と寝返りを誘ったもの。

B　Aと同日付で、蜂須賀・黒田の両名が連名で乃美盛勝一人に対して、寝返りの際の給付条件を具体的に示したもの。

C　A・Bの翌日の三月十八日付で秀吉自身の名で、宗勝と盛勝の両名に対して、当家に忠義を尽くせば望みのことは何でも受け入れる、と誘ったもの。

この一連の秀吉方発給文書は、秀吉の調略の仕方をよく示している。形の上では、宗勝・盛勝父子に対して寝返りを勧めているが、秀吉方が実際に調略の対象としてねらいを定めていたのは、息子の盛勝のほうであったらしい。それは盛勝一人にあてた史料Bをみるとよくわかる。史料Bに示されている、秀吉方が提示した寝返りの条件は以下のようなものである。

一　安芸・周防・長門事参らせらるべく候、ならびに黄金五百是又別無く候、

一　児嶋の儀は備州内に候間成らず候、

一　御親父御同心無きにおいては、それ様御一人御請け候て然るべく候、さ候はば、右之三ヶ国の内、何《いず》れなりとも貴所御望の所一ヶ国参らせらるべき事、

まず驚かされるのは第一条である。寝返りの代償は、安芸《あき》・周防《すおう》・長門《ながと》三ヵ国と黄金五〇〇枚だというのである。黄金五〇〇枚はともかくとして安芸・周防・長門三ヵ国を与えるというのはどういうことだろうか。乃美氏がいかに有力者とはいえ、毛利輝元配下の小早川隆景の家臣である。そのクラスの人物が寝返ったといって三ヵ国を与えていれば、日本国内に領土などいくらあっても足りなくなるのはだれの目にも明らかであろう。このような途方もない条件を示して相手の度肝をぬくのが秀吉の調略の方法の一つなのであろう。

第三条も巧妙である。宗勝・盛勝父子がともに「同心」してくれるのに越したことはないが、場合に

よってはそなた一人でもよい、とひそかに盛勝にささやきかけているのである。おそらく、乃美家の内部事情を十分に承知していて、いくらなんでも小早川隆景の信頼厚い当主宗勝が寝返ることはない、寝返るとすれば、盛勝のほうだとねらいを定めていたのであろう。そして盛勝一人が寝返った場合は、条件は若干低下して、先の三ヵ国のうち一ヵ国のみを与えるというのである。

この秀吉方の誘いの手に乃美氏側がどう答えたのかについて、後世の軍記物語はさまざまな所説を記しているが、実際のところははっきりしない。わかっていることは、まもなく盛勝が「病死」し、二男の景継《かげつぐ》が宗勝のあとを継いだということである。秀吉の調略の手が乃美氏の家中に大きな波紋を引き起こしたことは間違いないようである。

来島家への救援

秀吉の調略に応じた来島家は当面苦しい立場に追い込まれることになる。来島家の離反は毛利氏にとって大打撃であったが、来島家の主家にあたる河野《こうの》氏にとっても許しがたい行為であったので、両家から激しい攻撃を受けることになるからである。その尖兵となったのが、毛利方にとどまった能島家の武吉・元吉父子である。

五月になって両軍の間で戦端が開かれた。河野氏や能島村上氏は、河野氏の本拠湯築《ゆづき》城を出て、途中来島方の支城などを攻めながら来島村上氏の本拠来島城へ向かった。その周辺で何度かの合戦が行われ、来島方はそれに敗れたらしい。この間毛利氏は、河野氏を支援するという名目で軍勢を伊予へ送り、翌天正十一年三月ごろには、村上通総の兄得居《とくい》通幸《みちゆき》が守っていた鹿島城（史料の表記は「賀島」であるが、

図 14　来島村上氏の本拠来島城跡

現在地名の鹿島に統一する。松山市北条辻）に対する攻撃を始める。

得居通幸（通之、通久などと表記されることもあるが、当人が発給した文書では通幸と名乗っているので、本書ではこの表記に統一することにする）は、村上通康《みちやす》の子で、通総の兄にあたる人物である。どのような事情があったのかはわからないが、通総が来島村上家を継ぎ、通幸は野間郡の在地領主得居家を継いだ。通幸は揺れ動く来島家にあって、弟通総を助けて同家をよく盛り立てた。

毛利氏は鹿島城攻めに安宅《あたけ》船を出動させた。安宅船は、もっぱら海上から火矢や鉄砲などの火器によって島を攻撃するのに使われたようで、当時の史料には、「賀島に至り、舟溢《はたら》き懸けられ、日々鉄砲を懸けられ」（「萩藩譜録〈白井友之進〉」）とか、「火矢相懸けらるにつきて加島《（ママ）》表火色見え候」（「白井文書〈成簣堂《せいきどう》文庫〉」）などとみえる。

このような河野・毛利・能島連合軍の猛攻撃をうけて苦境に陥った来島家は、秀吉に窮状を訴え、秀吉もそれに応えようとしている。すでに早く、両軍の衝突が始まる直前の天正十年四〜五月ごろには、得居通幸が直接秀吉のもとに書状を出したらしい。その通幸にあてて五月十八日付で秀吉が出した返書が残っている（真田家文書「古文書鑑」）。

そのなかで秀吉は、「仰せの如く先度は御越、満足せしめ候、仍て此表の儀、高松の城取り巻き、堤丈夫につきまわし、水責めに申し付け候、国分寺見及ばる如くに候、落居幾程有るべからず、然れば其の表警固船の儀、軈《やが》て申し付くべく候条、御心易かるべく候」と述べている。当時取り掛かっていた備中高松城の水攻めの状況を伝えつつ（余談ながら、「国分寺見及ばる如くに候」という表現には、使者である国分寺が巧みな水攻めの様子をみているはずだから、それをしっかり聞いてほしい、という誇らかなニュアンスが感じ取れる）、高松城攻めが落去すればすぐに救援のための「警固船」を派遣する、という意思を示している。

また、通総の弟義清の武勲をまとめた前掲「村上彦右衛門義清働之覚」には、義清が秀吉に来島加勢のために安宅船の派遣を要請したこと、それに応じて浅野長政の家臣浅野三十郎という者が安宅船に乗って駆けつけてきたこと、近隣の糸山城の周辺で毛利軍との戦いが行われたことなどが記されている。時期は明示されていないが、あるいは、秀吉が派遣を約束した「警固船」が、義清の記録に見える浅野三十郎らの安宅船であったのかもしれない。

また鹿島城の周辺で激しい戦いが展開されていた天正十一年の五月には、同七日付で秀吉の家臣黒田孝高（官兵衛）が毛利氏の軍僧安国寺《あんこくじ》恵瓊《えけい》に対して書状を出している。そこには、「来島表の御人数片時も急ぎ御引取りを成さるべく候」と記されていて、来島表からの毛利軍の撤退を強い調子で申し入れている。また同書には、「右旨、御油断においては、警固急度差し下すべきの旨、申され候間、御分別過つべからず候」とも記されている。もし従わなければ軍勢を派遣すると（秀吉様は）おっしゃっているのでよく考えてほしい、ということであろうから、その姿勢は極めて強硬であるといえよう。

このころ毛利氏と秀吉の間では、前年六月織田信長横死直後の講和が生きていて、両者は和平の状態にあったが、官兵衛の口調には、来島問題がその講和の破綻につながりかねないような強い調子がみてとれる（「小早川家文書」）。

これをうけて毛利方の対応の仕方は微妙に変わった。一方では、通幸の陸地部の拠点である恵良《えりよう》城や近隣の菊間を攻撃したり、鹿島《かしま》城に対する付城の在番を強化したりするなど、軍事的対応を強化しながら、他方では、和平への方途を探り始めたようにみえるからである。

七月になると、流れが大きく和平の方向に傾いていく。七月十七日付で元吉にあてた書状のなかで小早川隆景は、先日越智《おち》郡岩城島（上島町）で「御対談」があったことを述べている（「屋代島村上文書」）。この「御対談」に加わったことが分かっているのは、乃美宗勝と元吉であるが、このほかに来島家の関係者も加わって鹿島問題が話し合われたのではないだろうか。

「御対談」の内容ははっきりしないが、鹿島城を明け渡すということで話がついたらしい。その後も通総の弟義清の抵抗がしばらく続いていたが、それにも決着がついて天正十二年末には戦いは終わったようである。

このように秀吉方にくみした来島家は、一時的に伊予周辺において非常に厳しい立場に追い込まれたが、本能寺《ほんのうじ》の変ののち秀吉が信長の後継者の地位を確保するようになると、流れは大きく変わることになる。天正十三年八月の四国攻め後の国分けによって、通総は豊臣大名として自立することになった。

このときの知行については、伊予一国三五万石は、小早川隆景に与えられ、そのうちで安国寺恵瓊に二万三〇〇〇石、通総に一万四〇〇〇石、通幸に三〇〇〇石がそれぞれ与えられたといわれている。

一方、調略を拒んだ能島村上氏は、おのずから異なる道を歩まざるを得なくなる。小早川隆景が伊予一国を与えられた時点ではまだ独立した海上勢力として存続しえたが、島津攻め後の九州国分けにおいて小早川隆景が筑前へ移封となり、新たに伊予へ秀吉子飼いの福島正則《まさのり》や戸田勝隆が入封してくると、もはや伊予には能島村上氏の居場所はなくなった。

さらに天正十六年七月に出された海賊禁止令は能島村上氏の活動の自由を奪うことになり、こののち瀬戸内海の地をも離れ、毛利氏の家臣団に組み込まれていくことになる。

九鬼嘉隆の帰伏

これまでは瀬戸内海の海賊衆に対する秀吉の調略の状況をみてきたが、伊勢海の九鬼嘉隆《くきよしたか》の場合はどうであろうか。

第二次木津川口合戦後の天正七年正月、嘉隆は堺津から安土城におもむき、信長に年頭のあいさつをし、言葉をかけられている。これをもって嘉隆は信長に臣従するようになったとみられなくもないが、翌八年の七月に荒木村重《あらきむらしげ》方の最後の拠点花隈城《はなくま》（神戸市中央区）を落城させた際に、北畠信雄からの感状が嘉隆に発せられているのをみると（「九鬼文書」）、このころまでは基本的に信雄の配下にあったとみるべきであろう。

しかし、本能寺の変を経て秀吉が天下人への道を歩み始めると、嘉隆の立場は大きく変わることにな

図15　九鬼嘉隆像（鳥羽市常安寺蔵）

る。小牧《こまき》・長久手《ながくて》合戦に際しては、秀吉方にたって、旧主信雄と敵対したことがはっきりしているからである。秀吉と信雄・家康同盟の戦いが始まった直後の天正十二年三月十七日に、秀吉が伊勢田丸（三重県玉城町）城主田丸直息にあてた書状において、松ヶ島城（松阪市）を攻めるにあたって船手のことは九鬼と協力するように指示しているのはそれを示していよう（「寸金雑録」）。この間、嘉隆の身に何があったのかはわからないが、秀吉からの強い働きかけがあった結果であることは容易に想像されよう。

　嘉隆の離反に直面した信雄も対抗策をとり、四月四日付で、後述する小浜・真宮（間宮）氏に対して「九鬼跡職」を与えることを条件に、忠節に励むように求めている（「成簣堂文庫所蔵文書」）。これは、敵対するようになった嘉隆の所領を没収し、それを自軍の部将に与えることを示したもので、嘉隆と信雄の関係が完全に切れたことを示している。

　この小牧・長久手合戦に連動して嘉隆は、秀吉方水軍として松ヶ島城攻撃以外にも活発な活動を展開している。四月十七日には、家康の本国三河の海岸部を襲い、渥美半島の三河湾側の吉胡《よしご》（愛知県田原市）、外海側の和地《わぢ》（同渥美町）を焼き払っているが（「常光寺年代記」）、これは秀吉軍の三河攻略と連動したものとみることができる。秀吉は、四月八日付で丹羽長秀にあてた書状のなかで家康方の小幡城（名古屋市守山区）に放火したのち、三河方面に軍を発向させる方針を告げているが、そのなかで嘉隆も船手として三河に派遣すると述べている（「山本正之助氏所蔵文書」）。これをみると、秀吉は陸と海から家康の本拠三河を攻めようとしていたことがわかる。しかし、実際には四月九日、岡崎方面に向かっていた池田《いけだ》恒興《つねおき》らの秀吉軍が、長久手で家康軍の追撃をうけて大敗したので、嘉隆の三河攻撃は海陸連動したものとはならなかった。

図16　九鬼嘉隆の本拠鳥羽城跡

伊勢湾周辺での戦い

また五月初めごろには南伊勢沿岸部の生津《おいづ》（明和町大淀《おいづ》）や隣接する村松（伊勢市）で家康配下の小浜《おばま》氏や間宮《まみや》氏と戦っている（「三重県総合博物館所蔵文書」）。これはおそらく、家康が小浜氏や間宮氏に九鬼氏の背後を突かせたものであろう。このとき嘉隆の相手となった小浜氏や間宮氏は、序章でもふれたようにもとは武田氏配下の海賊衆で、武田氏滅亡後家康の配下に入った一族であるが、そのうち小浜氏（この時の当主は景隆《かげたか》）は、嘉隆と同じ志摩の島衆の出身であった。

六月には嘉隆は、濃尾平野から伊勢湾にそそぐ日光川の河口にある蟹江《かにえ》城（愛知県蟹江町）近辺で信雄・家康軍と戦っている。これは、滝川一益《たきがわかずます》が嘉隆らとともに奪取した蟹江城を家康方が取り返そうとしたもので、家康の家臣松平家忠《まつだいらいえただ》はその日記のなかで、戦いに敗れた九鬼は船に乗って逃れたが、信雄が「大舟」で追撃して人数を打ち取ったと記している（「家忠日記」六月十九日条）。結局蟹江城は七月初めには家康方の手に落ちたようで、滝川一益らは城を開けて退去した。

これらをみると、嘉隆は小牧・長久手合戦前後には秀吉方の水軍として伊勢湾沿岸部の各地に出陣し、多様な活動をしていたことがわかる。

秀吉が信雄・家康と講和を結んで小牧・長久手合戦が終わると、信雄は南伊勢の領地を失い、代わりに蒲生氏郷《がもううじさと》が一二万石を与えられて松ヶ島城に入った。その蒲生氏郷の支配地のなかで嘉隆は一万石の領地を与えられ、六〇〇〇石の蔵入地を預けられた（「松坂雑集」「可睡斎文書」）。志摩の支配について明記した史料は見当たらないが、従来通り嘉隆の支配が認められたものと思われる。これによって嘉隆は、志摩と南伊勢の一部を支配する豊臣政権下の大名として自立することになった。

こののち嘉隆は、天正十三年には豊臣政権の紀州攻めに協力し、さらに十四年正月には諸大夫成をとげ（「お湯殿の上の日記」八）、あわせて大隅守の官途を得たものと思われる。

このようにして秀吉は、瀬戸内の海賊衆や伊勢海の九鬼嘉隆を取り込むことに成功したが、これらの勢力が秀吉の水軍としての本格的な役割を果たし始めるのは、九州攻めや小田原攻めにおいて大規模に軍勢を動員する必要が生じたときのことである。

二　九州へ向かう船団

船手の面々

天正十二年（一五八四）十一月に、徳川家康・織田信雄との和睦がなると、豊臣秀吉は西国の敵対勢力の討伐に取りかかり、それはさらに全国統一のための戦争につながっていく。天正十三年三月には、前年の小牧《こまき》・長久手《ながくて》合戦のおり、秀吉の背後を脅かした根来《ねごろ》衆・雑賀《さいか》衆を討つため紀州攻めを開始し、それに決着がつくと、七月には四国に攻め入る。大規模な軍事行動には水軍力が欠かせないので秀吉はいずれの平定戦においても船手衆の準備を怠っていない。紀州攻めにおいては、服属したばかりの毛利氏に対して「警固船」の出船を求め、それに直属の「船大将」として中村一氏《なかむらかずうじ》・仙石秀久《せんごくひでひさ》・九鬼嘉隆《くきよしたか》を付けるという体制をとっている（「小早川家文書」）。また四国攻めにおいては、羽柴秀長《はしばひでなが》に命じて堺より南の「泉紀諸浦」の船を徴発し、堀内氏（氏善《うじよし》か）をはじめとする熊野衆を動員して四国へ向かわせている（「高山公実録」）。

このように新たに服属させた勢力や地域の海上軍事力を次の平定戦に動員するのが秀吉のやり方であったが（中野等「いわゆる『海賊停止令』の意義について」）、九州攻めにおいては、それらとは異なる本格的な船手衆編成が行われた。

秀吉が赤間関《あかまがせき》へ着陣して島津氏に対する攻撃も大詰めに近づいた天正十五年三月に立花宗茂《たちばなむねしげ》に与えた朱印状には、船手のメンバーとして、九鬼嘉隆・小西行長《こにしゆきなが》・脇坂安治《わきざかやすはる》・加藤嘉明《かとうよしあき》・菅平右衛門（達長《みちなが》）・石井与二兵衛・梶原弥助・能島《のしま》（村上元吉《もとよし》）・来島《くるしま》（村上通総《みちふさ》）・徳井（得居通幸《とくいみちゆき》）の名があげられている（「立花文書」）。また四月八日付で秀吉の直臣木下吉隆《きのしたよしたか》が、同僚の中村一氏などにあてた書状にも、薩摩浦へ派遣する警固船として、前記九鬼・脇坂・加藤・菅・能島・来島・徳井のほかに、間島兵衛尉・壱岐国警固・松浦警固・龍造寺警固・麻生・宗像・草野その外諸警固が、日向浦へ派遣する警固船として、長宗我部元親《ちょうそかべもとちか》・「肥国」警固・芸州警固・豊後警固がそれぞれあげられている（「古文書類纂」第二）。これらをみると、壱岐以下九州の諸警固も含まれているが、船手衆の主体は、九鬼など固有名詞で記されている諸氏だったとみて差し支えないであろう。

このうち、九鬼・来島・得居の諸氏については前章で述べたとおりであるが、それ以外の諸氏については、これまでの来歴をみておく必要があろう。小西行長は、もとは宇喜多直家《うきたなおいえ》に仕える身であったらしいが、のちに秀吉に仕え、瀬戸内海の要港室津（兵庫県たつの市御津町）や小豆島に所領を与えられた。行長はキリシタンであったから宣教師たちの記録のなかにはしばしばその名がみられる。例えば、天正十三年六月に豊後から京都に赴いた宣教師フランシスコ・パシヨの記録によると、そのころアゴスチニヨ、すなわち行長は、豊臣政権の「海の司令官」の地位にあり、パシヨの一行が備前国日比《ひび》（岡山県玉野市）にいたとき、「十字架の旗を多数立てた大船」に乗り、多数の船を率いてパシヨに会いに来たという（「イエズス会日本年報」）。豊臣政権のなかの海上軍事部門で大きな役割を果たしている行長の姿をみることができよう。

脇坂安治と加藤嘉明は、ともに賤ヶ岳《しずがだけ》合戦の武功で名を高めた秀吉子飼いの武将であることはよく知られている。(注)彼らはその後も各地で戦功をとげ、それを賞せられて淡路国の海辺部に所領を与えられている。安治が東海岸の洲本《すもと》を居城に三万石、嘉明が西海岸の志知《しち》(兵庫県南あわじ市)を居城に一万五〇〇〇石である。このような経歴からもわかるように、この二人は海上活動で名を成した武将ではないが、淡路島の領主になって以降船舶を準備して海上活動を行うようになったものであろう。

菅達長と石井与次兵衛

菅達長や石井与次兵衛(史料上は与二兵衛ともみえるが、与次兵衛に統一する)については、田中健夫氏の研究がある(「菅流水軍の祖菅平右衛門尉道長の生涯とその史料」「豊臣秀吉の水軍と石井与次兵衛」)。それらを参考にしながら、達長の豊臣政権下に入るまでの事績や石井与次兵衛の豊臣政権とのかかわりについて紹介しておきたい。

淡路の土豪出身といわれる達長の前歴はよくわからないが、確実な史料上の初見は、年未詳九月四日付で堺の商人今井宗久《いまいそうきゅう》が安宅《あたぎ》氏・梶原氏など同じ淡路出身の領主たちにあてて同時に発した書状の一通である。このなかで宗久は、達長の信長への忠節を喜んでいるから、他の淡路衆とともに達長が信長への忠節の姿勢を示していたものと思われる(「今井宗久書札留」)。その後本能寺の変の直後に発せられた数通の秀吉書状に達長のことがみえる。

六月九日付で信長の三子信孝《のぶたか》にあてた書状には、淡路洲本城へ達長が入ったという情報が記され、淡路の土豪広田氏あてのものでは、明日渡海して達長を「責め干す」つもりだと述べている(「坂井正秋氏所蔵文書」「広田文書」）。同じ六月九日付で三好神五郎（安宅信康）にあてた書状には、今夜達長が洲本を立ち退くという情報が記されている（「萩原員崇氏所蔵文書」）。達長の動きは流動的であるが、秀吉がその動きを強く気にしている様子が窺われる。

二日後の十一日には信長の旧臣松井友閑《まついゆうかん》にあてた書状が出されているが、そこには、洲本城へ達長が「取り入」ったので、海陸の人数を遣わしてことごとく討ち果たした、と記されているので、結局達長は洲本城から逃れたようであるが（「萩野由之氏所蔵文書」）、その書状の別の箇所で、秀吉は明智光秀《あけちみつひで》を非難し、これを討ち果たすと述べているので、秀吉が達長の動きを気にしているのは、達長が光秀方として動いていたからであることがわかる。明石あたりにまで東上してきた秀吉にとって、淡路の洲本あたりでの光秀方の動きは見過ごしにできなかったのであろう。

そしてそのような達長の動きは、直接的には長宗我部元親の意をうけて行われたものらしい。元親の一代記である「元親記」に、達長は元親と「入魂」し、元親の弟香宗我部親泰《こうそかべちかやす》の協力を得て「須本城」を奪取したが、その後取り返された、という記述がみられる。そのあと洲本城には、前記のように脇坂安治が入った。長宗我部元親と連動した達長の反秀吉行動はその後も続いたようで、二年後の天正十二年三月に、根来・雑賀の一向一揆が秀吉方の岸和田城を攻めたときにも、海上から元親や達長らが兵船二〇〇艘で堺浦へ向かったという（「紀州根来由緒書」「真鍋真入斎書付」など）。

秀吉に敵対していた達長がどのような事情で秀吉の配下に入ったかは明らかでないが、おそらく四国攻めによって長宗我部元親が秀吉の軍門に下ったとき、達長も行動をともにしたのではないだろうか。なお達長は、九州平定後の天正十五年十月に秀吉から播磨国高砂村等で二五〇〇石を与えられている

(「因幡志所収菅文書」)。

一方、明石出身の海上勢力である石井与次兵衛は、九州攻め以前にもさまざまなところで秀吉の水軍として活動していた。本能寺の変直後のいわゆる中国大返しのとき、秀吉の軍中にいたことが確認されるのをはじめとして、天正十一年の秀吉の大坂入城の際には、大坂湾での海上警固を命じられ、翌十二年六月には、長宗我部軍に攻められた阿波十河《そごう》城への兵糧搬入を、さらに十三年六月には四国攻めに際しての軍勢輸送を、それぞれ命じられていることが、田中氏によって指摘されている。このようなことから石井与次兵衛は、大坂湾周辺を活動範囲とする、秀吉の直属水軍の一人とみることができよう。

なお、「太閤記」(巻一三)には、与次兵衛に関して次のような話が記されている。文禄の役のとき、名護屋城にいた秀吉が大政所《おおまんどころ》の訃報を聞いて帰京する際、与次兵衛の船を召し出して乗船したが、その御座船が、関門海峡の西の入り口にあたる「豊前国内裏之沖俎板瀬《まないたせ》」(北九州市門司区)に達したとき、浅瀬に乗り上げた。たまたま同行していた毛利秀元《ひでもと》の船が秀吉を救出して事なきを得たが、立腹した秀吉は、内裏の浜で与次兵衛の首をはねた。この話は、その後さまざまな尾ひれがついて語られていて、どこまでが真実か見極め難いが、秀吉の直属船手衆与次兵衛の一面を伝える話であるとはいえよう。

梶原弥助についての詳細は不明であるが、淡路島の南海上に浮かぶ沼島《ぬしま》(兵庫県南あわじ市)や播磨国高砂に梶原を名乗る海上勢力がいる。共に名前をあげられている明石の石井与次兵衛との関連を考えると、後者の可能性が高いといえよう(佐藤和夫「梶原水軍の成立と展開」)。秀吉の淡路平定後にその配下となったのであろう。前記十二年六月の阿波十河城への兵糧搬入の際や、翌十三年六月の、四国攻めの軍勢輸送の際に、石井与次兵衛とともに秀吉朱印状に名を連ねている。

間島兵衛尉も実像をつまびらかにしえないが、天正十一年ごろのものと思しき秀吉軍の陣立書に名前をみせ（「浅野家文書」）、「太閤記」（巻八）の記す天正十一夏の柴田討伐後の各地の城主一覧には、淡路の岩屋城主としてみえる。また天正十六年正月に秀吉が大坂城普請用の「ぐり石」調査を命じた朱印状に、脇坂・加藤・菅とともに名を連ねている（「近江水口加藤家文書」）。脇坂らがいずれも淡路の海辺領主であることを考えると、間島も同様で、岩屋城主であったというのも事実を伝えているとみてよいであろう。ただ動員をかけられた人数をみると脇坂らよりはるかに少なく、領主規模は小さかったものと思われる。

能島村上氏については序章や第一章で述べたとおり、来島村上氏と並び称せられる伊予の海賊衆である。天正十三年の四国平定後の国分けにおいて伊予一国は小早川隆景が支配することになったが、そのもとで能島村上氏は、一定の制約を受けながらも従来の活動を保証されていたようにみえる。九州攻めにおいては、隆景の影響下にある海賊衆として動員をかけられたものであろう。四月八日付で羽柴秀長から能島あてに指示が出されているのをみると（「屋代島村上文書」）、動員は豊臣政権から直接かけられたものと思われる。

日向方面へ派遣された長宗我部元親は、もちろん四国の戦国大名である。四国平定後土佐一国を安堵されて、豊臣政権下の大名となり、九州攻めの動員をかけられたものであろう。もともと内陸部の岡豊《おこう》城を本拠としていた元親がどの程度の水軍力を有していたのかは明らかでないが、天正十三年ごろには鏡川を通じて浦戸湾に接する大高坂《おおだかさ》城（現高知城の地）に本拠を移しており、従来にも増して海運や水軍に対する関心を強めていたことは推測される。

多様な集団

こうしてみると、秀吉が多様な海上勢力を集めて九州攻めのための船手集団を編成していたことがわかる。それらをいくつかの視点で整理してみると、まず、豊臣政権との関係から次のようにまとめることができよう。

(1)　豊臣大名
　a　秀吉子飼い……脇坂・加藤
　b　外様……九鬼・来島村上・小西・長宗我部

(2)　直属水軍……石井

(3)　海賊衆・国人・土豪……能島村上氏・菅・梶原・間島

これらは、海上活動の実績がある者とそうでない者とに分けることができる。

①　海上活動に実績がある者……九鬼・来島村上・能島村上・小西・石井・菅・梶原

②　海上活動に実績のない者……それ以外

また、主たる活動地域別に分けることもできる。

ア　明石・淡路島など大坂湾周辺、東瀬戸内海……脇坂・加藤・小西・石井・菅・間島・梶原

イ　伊勢湾……九鬼

ウ　芸予諸島……来島村上・能島村上

エ　太平洋……長宗我部

このように豊臣政権との関係、活動実績、地域のいずれをとってみても極めて多様な集団が効率的な

軍事活動を行うのはたやすいことではないと思われるが、この時点ではそれほど大きな問題が生じた様子はみえない。それは、この集団が海上合戦を行うことを想定して組織されたものではなかったからであろう。この集団に主に求められていた任務は海上での戦いというよりもむしろ輸送活動であったように思われる。

それは、天正十四年十月に秀吉が脇坂安治や加藤嘉明に対して、小西行長に一万石の兵糧を関戸（下関）へ届けさせたのでそのうちの一部を受け取って船方に配分するように命じていること、同十五年の正月から二月にかけて、豊後の臼杵《うすき》城や佐伯・高崎に兵糧・鉄砲・玉薬を運び込むように加藤や脇坂にたびたび命じていること、三月には加藤が臼杵へ兵糧二〇〇〇石を差し込めた旨大友宗麟から連絡があったこと、などから窺い知ることができる（「近江水口加藤家文書」「脇坂文書」）。ちなみにこの時期、前年十二月の戸次川《へつぎがわ》の戦いで敗れた大友宗麟が臼杵城で孤立していた。

島津領内での活動

このように九州攻めにおいては、海上での軍事行動はあまりなかったが、それでも船手衆の乗り組んだ船団の存在は、島津勢を威圧する上で大きな効果があったらしい。ある島津氏の家臣が残した記録には、天正十五年四月十八日に秀吉が熊本から南下して野津・賀美（鏡）・宮原（熊本県氷川町・八代市）に陣を敷いたことを記したのち、「海上を見渡せば、伊勢国住人九鬼大隅守・若狭国住人脇坂中務少（ママ）・摂津国住人小西弥九郎、此等の人々舟大将として数千の兵船西海に押し浮かべ、或は船陣を張り、波間も更に見えざりけり」と記している（「旧記雑録後編」所収「勝部兵右衛門聞書」）。大船団が八代海を埋め

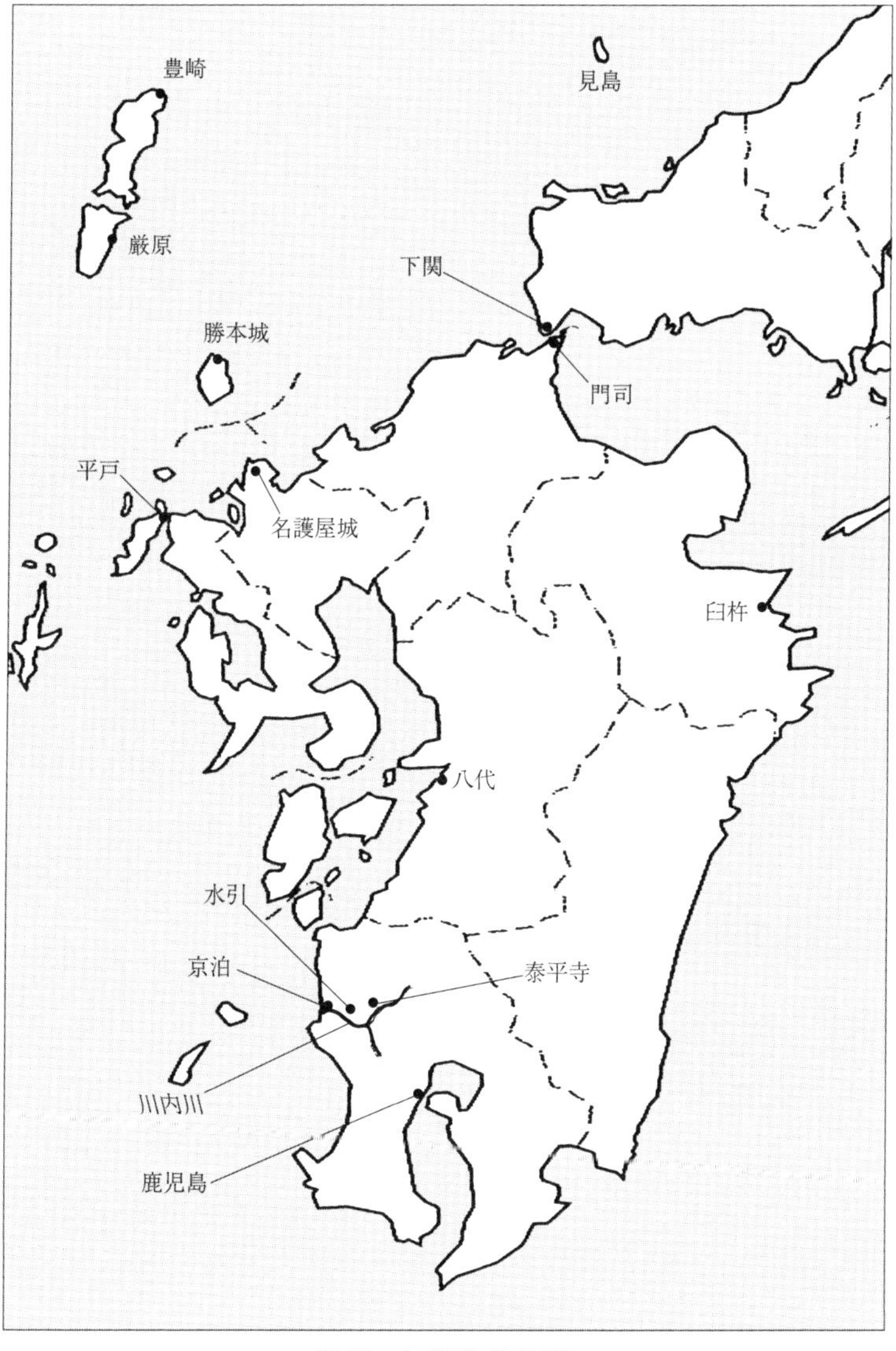

図17　九州関係地図

るように集結している状況をみて、島津方の武士が驚嘆している様を想像することができよう。

五月四日には秀吉は、川内川《せんだいがわ》沿いの泰平寺（薩摩川内市）に陣を構えた。同じく島津側の記録によると、このとき兵糧船数千艘が川内川河口の京泊に着岸し、豊臣方の諸勢に兵糧を「下行」したという。また九鬼・加藤・脇坂を奉行として川内川に船橋を懸けさせ、それによって両岸の往来が自由になったという（「旧記雑録後編」所収「日向記」）。

こののち五月八日に島津《しまづ》義久《よしひさ》が泰平寺を訪れて秀吉と面会し、降伏したが、そのことを知らない平佐城の城主桂山城守が抵抗したので、小西・脇坂・九鬼がこれを攻めて降参させた。これが船手衆がかかわった唯一の軍事行動であった。なお、「旧記雑録後編」（二）には、水引《みずひき》の九品寺（薩摩川内市）境内に掲げられたという制札が記録されているが、それには、「兵船軍勢」の「乱妨」停止が示され、九鬼・脇坂・加藤・小西が署判を加えている。水引は川内川北岸の、京泊から平佐方面に向かう交通路上にある地名だから「兵船軍勢」の動きに合致している。制札に名を連ねた四名が多様な船手衆を統率する立場にあった者たちであろう。

九州仕置が一段落した天正十六年七月、秀吉は、刀狩令とときを同じくして海賊禁止令を発布した。この法令は第一条において、「諸国において賊船の儀、堅く御停止」と定めているが、これは政権の統制下にない海上勢力を海賊と認定して抑圧し、海上での軍事行動を政権下の船手衆に一元化しようとしたものとみることができよう。また第二条において、「国々浦々において」船頭・猟師（漁師）など「船つかい候者」を「相改め」ることを命じているのは、今後のより大規模な遠征を見越して船舶や水夫の広範囲な調査を実施しようとしたものと考えられる。

三　小田原城を囲む

下田城攻め

秀吉はすでに早く、九州攻めの前から惣無事《そうぶじ》の論理をもって北条氏に臣従を求めていたが、それが実際に動き出したのは、天正十五年（一五八七）五月に島津義久《しまづよしひさ》が屈服して以後のことである。豊臣政権と北条氏との間でさまざまなやり取りがあったが、結局秀吉は、天正十七年十一月二十四日付で北条氏に対して宣戦布告状を突き付けた。その直後の十二月五日に秀吉は、早くも諸氏に船手の編成を命じているから、九州攻めの経験から水軍力の重要性を改めて認識したものと思われる。来島《くるしま》家と菅家に残された船手人数を示した朱印状の内容は表のとおりである。これをみると、九州攻めのときと比べて出陣を命じられたメンバーもその軍役人数も格段に多いことがわかる。九鬼《くき》・脇坂《わきざか》・加藤・菅・来島兄弟など、九州攻め以来の諸将のほかに、豊臣秀長《ひでなが》・蜂須賀《はちすか》家政《いえまさ》・宇喜多《うきた》秀家《ひでいえ》・毛利輝元《てるもと》などこれまで船手とはあまり縁がなかったような有力武将の名もみえる。しかも、それらを合わせた合計人数は、二万六三〇人にものぼる。朱印状では、これらの船などを来年二月中に「伊勢島（志摩）」まで着岸させるように命じている。

しかし、実際にはこれらの部将たちがすべて船手衆として活動したかというと、それには疑問が残る。

残された史料でみる限り、活動の中心はやはり九鬼以下の、九州での活動実績がある者たちだったように思われる。

同じ十二月五日付で船手衆の諸将に個別に出陣命令を出したようで、加藤・来島あてのものが残されている（「近江水口加藤家文書」「久留島文書」）。それによると、「北条の事、表裏を致し、不届き次第、是非なく候」と、北条氏の非を鳴らしたうえ、先勢として正月に出陣し、二月中に伊勢・志摩に着岸して船をそろえ、九鬼嘉隆《よしたか》を案内人として関東に向かうことを求めている。

表　天正17年12月5日付秀吉朱印状に示された船手人数

人　名	船手人数	そ　の　他
九鬼嘉隆	1,500 人	
脇坂安治	1,300 人	
加藤嘉明	600 人	
菅　達長	230 人	
長宗我部元親	2,500 人	
来島兄弟	500 人	
豊臣秀長	1,500 人	
蜂須賀家政	2,500 人	御馬廻 2,500 人
生駒親正	1,500 人	御馬廻 2,500 人(2,200 人)
福島正則	1,500 人	(御馬廻 1,800 人)
戸田勝隆	1,000 人	(御馬廻 1,700 人)
宇喜多秀家	1,000 人	
毛利輝元	5,000 人	
合　計	20,630 人	

注　「久留島文書」による．(　)は「菅文書」の数値．

船手衆はほぼその指示通りに動いたようで、各部将からの注進をうけて発した秀吉朱印状の内容を整理してみると、二月二十日に「九鬼島」（九鬼氏の拠点の鳥羽あたりか）に着岸し、同二十五日に遠州今《いま》切《ぎれ》（静岡県新居町・浜松市）、同二十七日に駿河の清水に着いたことがわかる。清水着船を確認した三月四日付脇坂あて秀吉朱印状では、九鬼嘉隆と相談して、伊豆方面の様子を早船で知らせるように指示している（「脇坂文書」）。

このような大軍を動員するためには、多数の船舶が必要になる。船手の武将たちが調達した船舶だけでは足りなかったようで、各地には、このとき船舶の調達に協力した記録が残されている。例えば、讃岐の塩飽《しわく》では、秀吉の手船一〇〇艘とともに兵糧の運搬を命じられ、大坂から小田原までの運送にあったと伝えられ（「塩飽島諸事覚」）、小豆島では、船五一艘、水主四〇〇余人が徴用されたと伝えられている（「御船御加子日記」）。また伊勢大湊では廻船三〇〇艘をかき集めたという（「大湊由緒書」）。

伊豆半島西岸には、北条氏がかつて武田氏の水軍に対抗するために築いた水軍関係の拠点がいくつか所在していた。半島の根元ともいうべき内浦湾をにらんで立地し、梶原備前守景宗の拠点となっていた長浜城（沼津市）、半島西岸の中央部にあたる安良里《あらり》湾をにらむ安良里城やその南にあたる田子湾を望む田子城（いずれも西伊豆町）などがそれであるが、北条氏が最も重視したのは半島南端の下田城（下田市）であった。北条氏はこの地を清水康英《しみずやすひで》に守らせていた（一六ページ図3参照）。

下田城は、下田の港を眼下に望む丘陵上に築かれている。城からは下田湾が一望でき、その先に広がる伊豆半島南岸の海域にも十分に目が届く。城の遺構は跡地の公園化によってだいぶわかりにくくなっているが、それでも、標高六八・七メートルの主郭の地から三方に延びる尾根上を中心に多くの曲輪《くるわ》が残されていて、その大規模さが窺われる。とくに主郭の南方崖下を中心に残された横堀は、七〇〇メートルにも及ぶ長大なもので、この城をとりわけ堅固なものにしている。

これをみても、海路を西から進んでくる豊臣方の船手衆を監視し、さらには、小田原方面へ向かうのを阻止することを目的に築かれたことが明瞭である。

北条氏は下田城の守りをより堅固にするために、正月から二月にかけて軍勢や検使を同城に向かわせる内容の文書をたびたび発している。また一方では、「小田原より浦伝い下田まで船持」から船を徴発して兵糧を運び込ませたりもしている（「新井氏所蔵文書」）。

図18　下田城跡からみた下田港

しかし、その防衛策には問題もあったようで、二月二十八日付で北条氏政《うじまさ》が、韮山《にらやま》城主で伊豆方面の防衛責任者でもあった北条氏規《うじのり》にあてた書状のなかで（「大川文書」）、北条水軍の主力ともいうべき梶原氏を下田城に入れたいが、梶原氏は城内の「寺曲輪」を使わないと船の乗り降りができないと主張し、城を守る清水康英がそれを拒否したので、城主の意向を尊重するしかないとして、梶原氏を半島の東海岸へ回らせ、そののち「小田原の川」（早川のことか）の警備を担当させることにした、と述べている。これは、伊豆長浜城（沼津市）にあって伊豆半島西海岸防備の主力となっていた梶原景宗《かげむね》をも下田城に入れて、同城の守りを固めようとしたものであろうが、そのような目論見が、城主清水氏と梶原氏との対立によって破綻したことを示していよう。

同じ書状のなかで氏政は、もし「西国海賊」が伊豆の東海岸へ回ってきても、船掛かりとするところがないから自由に動けないはずで、さして心配することはないであろうと楽観的な見通しを述べている。これをみると、下田から小田原に至るラインの防衛には自信をもっていたようであるが、西国勢は、沼津から下田に至る西海岸から少しずつ攻略していく作戦を取った。

秀吉が三月六日付で先に出陣していた豊臣秀次《ひでつぐ》にあてた書状には、秀次軍が「伊豆浦処々」に放火したのち、敵勢を「おむすの城」まで退散させたことが記されている（「士林証文」）。「おむすの城」というのは、重須《おもす》の集落に面して築かれた長浜城のことで、梶原氏が抜けたあとの同城は地元勢力の大川氏が守っていた。

また、豊臣側の史料にはみられないが、三月二十五日には、伊豆半島南部の岩殿《いわどの》（南伊豆町）において北条軍と「西国之海賊」が戦ったことが確認される（「小関文書」など）。岩殿は沿岸部から六キロほど内陸に入った所であり（一六ページ図3参照）、海戦が行われたわけではないが、沿岸部を進む船団の一部が子浦（南伊豆町）辺りに上陸して下田城の背後を突こうとしたのであろうか。さらにこれに連動したのであろうか、四月には徳川家康軍の向井《むかい》氏が、子浦の少し北に位置する田子城を攻撃したことが知られている（「清和源氏向系図」）。

秀吉は、三月一日に京都を出発し、同二十七日には沼津三枚橋《さんまいばし》城に入った。ここで箱根の山中城（三島市）、伊豆の韮山城（伊豆の国市）攻めについての軍議が開かれ、二十九日には攻撃が始まった。箱根方面の押さえとされていた山中城はわずか半日で落ちたが、韮山城はしばらくもちこたえた。これら主力軍の行動に連動して、船手衆による下田城攻めが行われた。

下田城攻めに加わった脇坂安治《わきざかやすはる》の一代記である「脇坂記」は、豊臣軍による下田城攻めについて以下のように記している。

清水から各兵船に乗って下田に至り、城から七、八町東南の小山の麓に船を付けた。船から下りて下田の町に放火し、城を取り巻いて大手の木戸口へ攻め寄せた。

城から七、八町東南の小山の麓というのは、下田城から下田湾を挟んで対岸の小半島の一角であろう。ここから上陸して円弧状の海岸線に沿って下田の町に向かい、そこに放火したのち城を包囲したものと思われる。しかし、上記のように堅固な下田城はなかなか落ちなかったので、そのうちに小田原城の包囲が始まり、船手衆もそちらへ移動することになった。

小田原への移動

「脇坂記」は、続いて次のように記している。

そのころ秀吉は、三月二十九日に山中城を攻め落として、四月二日に小田原城を取り囲んだ（正しくは秀吉軍が小田原城を包囲したのは四月四日）。秀吉は下田へ使者を遣わし、脇坂・九鬼・加藤に小田原包囲に加わるように命じたので、下田には長宗我部元親《ちようそかべもとちか》を押さえとして残し、三人は小田原へまわって城の浜手である早川口を固めた。その後下田城が降参したときには、秀吉は脇坂安治を遣わして城を受け取った。

脇坂らが下田から小田原へ移ったとする「脇坂記」はほぼ事実を伝えているようで、小田原城の包囲状況を描いた絵図などにも、城の西部の早川河口付近に脇坂・九鬼軍が配置されている様子が描かれている。また「小田原城取巻人数書」（「毛利家文書」）には、東の船手として長宗我部・加藤・菅の諸氏が、配置の明記されていないもう一つの船手として脇坂・来島兄弟が記されている。

なお、「脇坂記」にはみられないが、毛利氏も船手の一角を占めていたようで、輝元が家臣にあてた書状には、警固衆として下田城攻めに加わるよう秀吉から命じられたので、安国寺《あんこくじ》恵《え》瓊《けい》の指示に従って行動するようにという内容が記されている（「萩藩閥閲録〈巻四〇井原藤兵衛〉」、「同〈巻一四四洞玄寺〉」）。また、家康の家臣榊原康政《さかきばらやすまさ》が加藤清正《かとうきよまさ》にあてた書状には、間宮氏・小浜氏などの「家康海賊衆」も船手に加わっていたことが記されている。同書状は、海上から小田原を包囲した船手の状況を、「（諸氏の船が）漕ぎ浮かぶ時は、浪上にわかに陸地と成かと見渡し候」と記している（「榊原家所蔵文書」）。四月二十三日付で安国寺恵瓊と脇坂安治が連名で、城主清水康英らに開城を求める起請文を発しており（「高橋健二氏所蔵文書」）、ほどなく下田城は開城したものと思われる。

大軍に包囲されていた小田原城も七月五日に氏直が投降して開城した。

秀吉はこのあと、軍勢を率いて北上し、下野宇都宮をへて、八月九日には会津黒川（会津若松）へと進み、いわゆる奥羽仕置を実施するが、この過程において船手衆を動員した徴証はみられない。

第三章　文禄・慶長の役と船手衆

一　文禄の役と船手衆の編成

名護屋の陣所

秀吉が大陸侵攻の意図を最初に表明したのは、早く天正十三年（一五八五）九月のことである。子飼いの直臣一柳直末《ひとつやなぎなおすえ》にあてた書状のなかで、「日本国の事は申すに及ばず、唐国まで仰せ付けられ候心に候歟」と述べているのがそれである（「一柳文書〈伊予小松〉」）。その後も同様の意思表示はいろいろな機会に行われ、対馬《つしま》の宗《そう》氏を通じて朝鮮国の参内を求めたりもしたが、実際にことが動き出したのは、小田原平定を終え、それに続く一連の奥州騒乱を鎮圧したあとであった。天正十九年八月には、前線基地となる肥前名護屋城の普請が開始され、十二月には秀吉は関白職を秀次に譲って自らは「唐入り」に専心する姿勢を示した。

そして、翌天正二十年正月五日に、軍勢の番編成、番ごとの出勢日時、大名ごとの軍役人数を示した軍令書を発し（「黒田家文書」など）、これによって朝鮮出兵軍が具体的に動き始めた。さらに三月十三日には、正月五日令に若干の修正を加えてより詳細な陣立書が発令された。これは軍勢を一～九番に分けて編成し、総計五万八七〇〇人を朝鮮に送り込もうという計画であった。のちの船手衆にかかわる人物としては、来島《くるしま》兄弟七〇〇人が五番隊に繰り込まれている。五番隊は、戸田勝隆《とだかつたか》・長宗我部元親《ちょうそかべもとちか》・蜂《はち》須賀《すか》家政《いえまさ》・生駒《いこま》親正《ちかまさ》の四国勢で編成された隊である。

これらの陣立書に応じて諸将らが向かうことになった名護屋は、北九州の東松浦半島の先端（佐賀県唐津市）に位置していて、壱岐《いき》・対馬を経て朝鮮半島に最短で達することができるところである。玄界灘《げんかいなだ》を望む丘陵上に秀吉の御座所となる名護屋城が築かれ、周辺には参陣した武将たちの陣所が数多く設けられた。

図19　名護屋城跡の石垣

後世のものではあるが、これら陣所の位置を示した絵図には、のちに船手衆に加わるメンバーの陣所も描かれている。例えば加藤嘉明《かとうよしあき》のそれは、名護屋城から見て北東方向、名護屋浦を間にはさんだ対岸の岬の北端のあたりに位置している。目の前には加部島《かべ》が横たわり、南隣には家康の陣所が位置している。「肥前名護屋城図屛風」にも左下隅に、加部島に向かって延びる小半島状の丘陵が描かれ、その先端に陣所らしい館が描かれているが、これが嘉明の陣所であろう。

この陣所は発掘調査によって詳細が明らかになっており、それによると、Ⅰ～Ⅳの曲輪《くるわ》や井戸跡・石垣などが確認されている。また陣所を示した絵図には、加藤嘉明陣所の南側の、名護屋浦を見下ろす丘陵上に、徳川家康陣所を間にはさんで「来島信濃守」の陣所が記されている。絵図の解説書の多くは、なぜかこれを「来島通之」の陣所としているが、得居《とくい》通幸《みちゆき》（通之とも記される）が受領名の官途を名乗ったことはなく、他方通総《みちふさ》はのちに出雲守を名乗ることになるので、これはおそらく「来島出雲守」の誤記で、通総のことを指すとみるべきであろう。ちなみに通総のことを「来島信濃守」とする誤りが生じたのは、近世によく読まれた「南海通記」が通総のことを「来島信濃守」と誤記しているのに影響されたものと思われる。

海上輸送体制

先の陣立書には、軍勢の渡海要領が次のように記されている（「毛利家文書」）。

- 船を確保することが肝要であるから、多数の船を用意するほど手柄となる。
- 用意された船は、船奉行が照合・確認して受け取り、順次渡海させる。
- 朝鮮到着後は、船に奉行を一人ずつ付けて対馬へ引き返させ、残りの人数を輸送する。

これをみると、朝鮮への軍勢輸送の面で船奉行が大きな役割を果たすことになっていたことがわかる。その船奉行には、一三名が任じられた。この時期の兵員輸送の実態についてはすでに中野等氏によって明らかにされているが（「第一次朝鮮侵略戦争における豊臣政権の輸送・補給政策」）、それに拠りつつ、ここではのちの船手衆にかかわる部分を中心にして整理しておきたい。

三月十三日の陣立書と同日付で船奉行の陣立書が出されているが、そこでは高麗《こうらい》・対馬・壱岐・名護屋にそれぞれ船奉行を数人ずつ置くことが指示され、そのなかに対馬担当として九鬼《くき》嘉隆《よしたか》・脇坂《わきざか》安治《やすはる》が、壱岐担当として加藤嘉明・藤堂《とうどう》高虎《たかとら》が、それぞれ含まれている（「近江水口加藤家文書」）。このうち脇坂

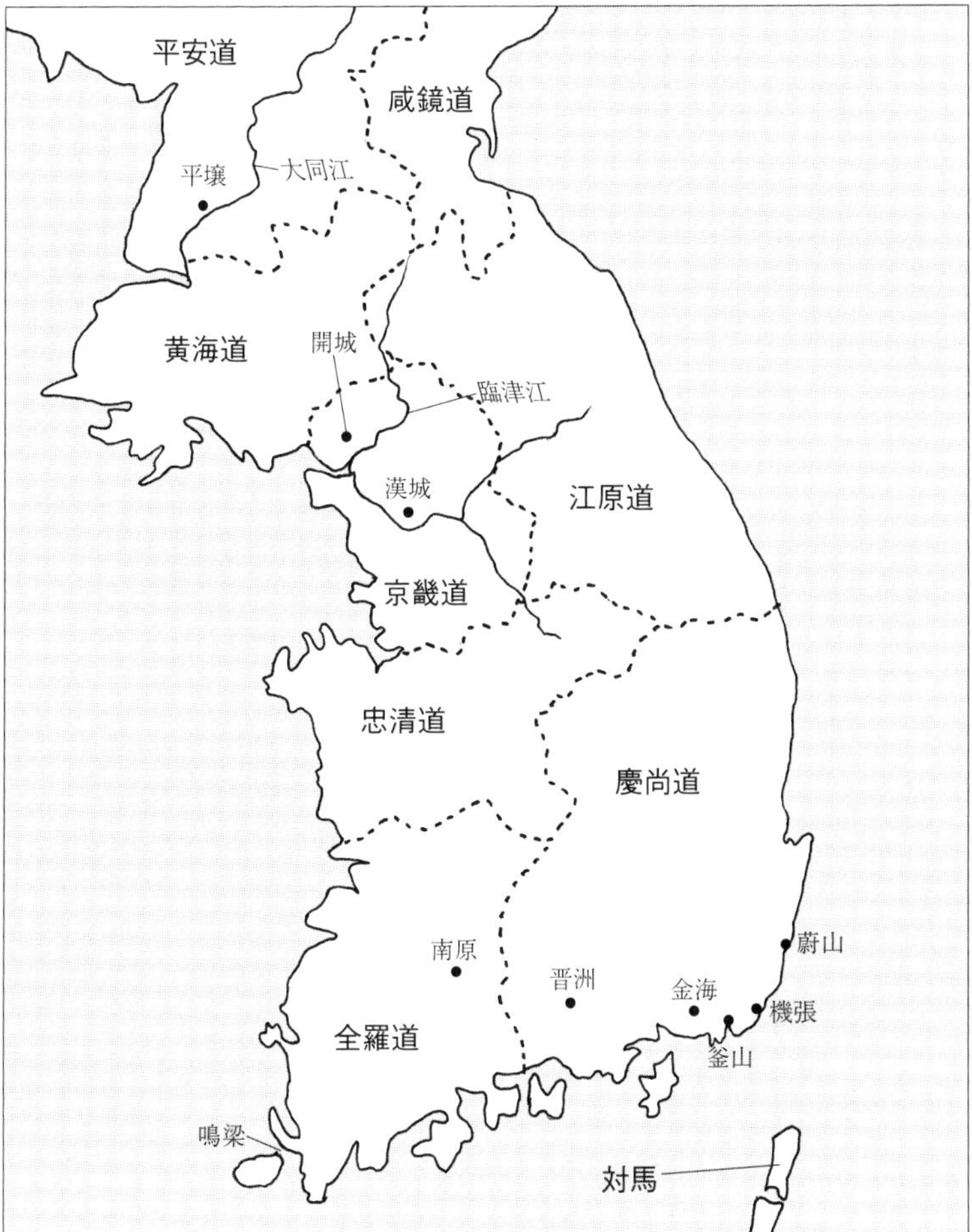

図 20　文禄・慶長の役関係地図

安治については、四月七日に対馬の大浦に着任したことが確認される（「西征日記」）。

その船奉行の役割については、個別に指示が出されているが、壱岐担当の加藤嘉明・一柳可遊《ひとつやなぎかゆう》あての三月十三日付朱印状には、以下のようなことが記されている（「近江水口加藤家文書」）。

- 壱岐に滞在して名護屋―壱岐間の輸送業務にあたること。
- 紀伊国の船については同じ壱岐担当の藤堂高虎に命じてあるから相談すること。
- 諸勢の船を照合・確認したのち日和を見て島伝いに渡海させること。

四月になって実際に渡海が始まると、輸送のための船舶不足がはっきりしてきた。秀吉は、四月十九日付で加藤嘉明にあてた朱印状において、三月十三日の陣立書に記された九州・四国・中国衆が船を準備して渡海することにしていたが、船舶数が不足するので、新たに「紀伊国警固船、中国警固舟幷備前之警固船」および、脇坂・九鬼の警固船を動員することにしたことを伝え、加藤嘉明にもそれに加わるように指示している（「加藤文書〈大阪城天守閣所蔵〉」）。こうして新たに構築された輸送体制は、以下のようなものであった。

名護屋―壱岐間　秀吉の手船と名護屋在陣衆の船を利用する。

壱　岐―対馬間　福島正則《ふくしままさのり》・長宗我部元親・蜂須賀家政・生駒親正・来島兄弟の四国衆の船と羽柴秀保《はしばひでやす》（実質的には藤堂高虎か）・九鬼・脇坂・加藤の船合わせて五一五艘を使用する（「九鬼文書」）。

対　馬―朝鮮間　この区間については詳細はわからないが、毛利輝元《もうりてるもと》に対して六端帆の図船九〇艘を、鍋島直茂《なべしまなおしげ》に対して同六〇艘を用意して、毛利民部（友重《ともしげ》）・宮木《みやぎ》長次（豊盛《とよもり》）・毛利兵橘（重政《しげまさ》）・早川長政に渡すように指示していることが確認できるので（「毛利家文書」「鍋島家文書」）、毛利輝元・鍋島直茂らが調達した船舶を宮木らの奉行が差配して輸送にあたる体制であったことが推測される。

朝鮮への渡海

　このように軍勢の朝鮮渡海にあたっては、かなり整った体制を構築していたことがわかる。このようなシステムの上にさらに秀吉は、「日寄（和）を見届け、島伝いに越度《おちど》無く」（三月十三日付朱印状）と、細かな指示を出している。これはもちろん、玄界灘・対馬海峡を渡りきることが難事業だったからである。

　このような対応によって多くの軍勢は無事に渡り終えたが、なかには遭難の憂き目にあう者もあった。そのような遭難例としては、後年の慶長時のものであるが、島津《しまづ》義弘《よしひろ》の家臣大島忠泰の例が知られている（「旧記雑録後編」所収「大島久左衛門忠泰高麗道記」、国守進「文禄・慶長の役余聞」）。大島忠泰は、慶長の役に出陣する島津義弘に従って慶長二年（一五九七）三月、川内《せんだい》川河口の久見崎（薩摩川内市）に至ったが、船の都合で義弘一行から半月ほど遅れて四月十二日に同地を出航した。天草ト島西岸の「戦の浦」（熊本県天草市軍ヶ浦）、志岐の浦（苓北《れいほく》町）、長崎半島南端の樺島（長崎市）、西彼杵《にしそのき》半島西岸の瀬戸（西海市）、南九十九《くじゅうく》島《しま》のうち高島の「牛のくび」（佐世保市）などに泊を重ねて、二十四日に平戸に着いた。

　翌二十五日に平戸を出航し、壱岐に寄らずに直接対馬を目指したが、にわかに大風が吹き出して船が難破した。帆も梶も折られて漂流する船のなかで、忠泰らはただひたすら神仏に祈るばかりであったが、幸い船は二十八日に長門国見島（山口県萩市）に漂着し、九死に一生を得た。これをみると、秀吉朱印状に記されている、日和を見て島伝いに渡ることがいかに重要な航法であったかがわかる（一一七ページ図17参照）。

さて、三月二十六日に京を発ち、四月二十五日に名護屋に着いた秀吉は、同二十八日付で諸所に朱印状を発し、京都にいるときは、名護屋に三〇日も滞在したのち渡海しようと思っていたが、名護屋へ着いてみると、片時も急いで渡海したいと思うようになったので、手前船あり次第たしかな奉行を副えて名護屋まで指し越すように命じている（「久留島文書」など）。自身渡海のための船舶の準備を始めたのであろう。

五月二十九日には、各地の船持層に一斉に渡海用船舶の調達についての指示を出したらしい。現在残っている史料でみると、筑紫《つくし》上野介（広門《ひろかど》）には六端帆の図船五艘を、淡路の高木善三郎には一〇〇艘を、それぞれ対馬豊崎に送って九鬼・加藤・毛利友重（高政）・宮木の諸氏に渡すように指示し（「瓦屋寺文書」「高木文書」）、某（あて先不明）には、同じく六端帆の図船二五艘を壱岐風本（勝本）に送って脇坂・藤堂らの諸氏に渡すよう指示している（「布田正之氏所蔵文書」）。後者については、同日付で脇坂以下五氏にあてて、壱岐で船を受け取って対馬への渡海の手配をするように命じた朱印状も残されている（「隅田文書」）。

また、これらとは別に、壱岐・対馬では御座所とすべき城郭の普請も行われた。壱岐の勝本城、対馬の清水城がそれである。勝本城は壱岐北端の丘陵上に位置し、北方に対馬を望んでいる。松浦《まつら》鎮信《しげのぶ》に命じて築かせた城跡にはいまも、堅固な桝形遺構やそれを取り巻く石垣などが残されている。一方清水城

図21　対馬海峡に向かって開けた壱岐勝本の港

図22　朝鮮へ向かう船舶の基地となった対馬豊崎の入江

は、対馬の中心厳原《いずはら》の町並みを見下ろす山中に築かれた城で、ここにも石垣のあとが残っている。また対馬北端の豊崎は、朝鮮への渡海拠点となったところで、小規模ではあるが、波静かな入江がいくつか北方に向けて開けている。これらが朝鮮に向かって出航していく船舶の風待ち、潮待ちの基地になったものと思われる（図17参照）。

結果的には秀吉の渡海は実現しなかった。したがって、五月末の時点ですでに朝鮮で活動している脇坂や藤堂が四月二十八日の朱印状の指示に従って対馬に戻るということはなかったのではないだろうか。

これまでたびたび利用してきた脇坂安治の一代記である「脇坂記」（寛永十九年〈一六四二〉成立）は、安治が四月末には釜山《プサン》海に着いたと記し、「加藤嘉明公譜」（延宝四年〈一六七六〉成立）も、加藤嘉明・脇坂安治・九鬼嘉隆が四月に釜山浦に至ったと記している。これらからすれば、船奉行に任じられて軍勢輸送にあたっていた面々も四月末までには釜山に渡り終えたとみてよいであろう。

朝鮮水軍の反撃

五月三日には首都漢城《ハンソン》を陥落させるなど、陸上部隊は進撃を続けたが、海上では李舜臣《イスンシン》などの率いる優勢な朝鮮水軍の反撃が始まった。

李舜臣の戦況報告書の草稿である「壬辰状草」（状七）は、五月七日（以下特に断らない限り日朝同暦）正午ごろ、巨済島《コジェド》東岸の玉浦《オクポ》において三〇艘を「焚蕩」し、同日夕刻馬山《マサン》湾奥深くの合浦《ハッポ》沖で倭賊が放棄した大船五艘を「焚滅」したこと、ついで翌八日には赤珍浦《チョクチンポ》（位置については諸説あり）において海口に列泊していた倭船一三艘を「焚蕩」したと記している。

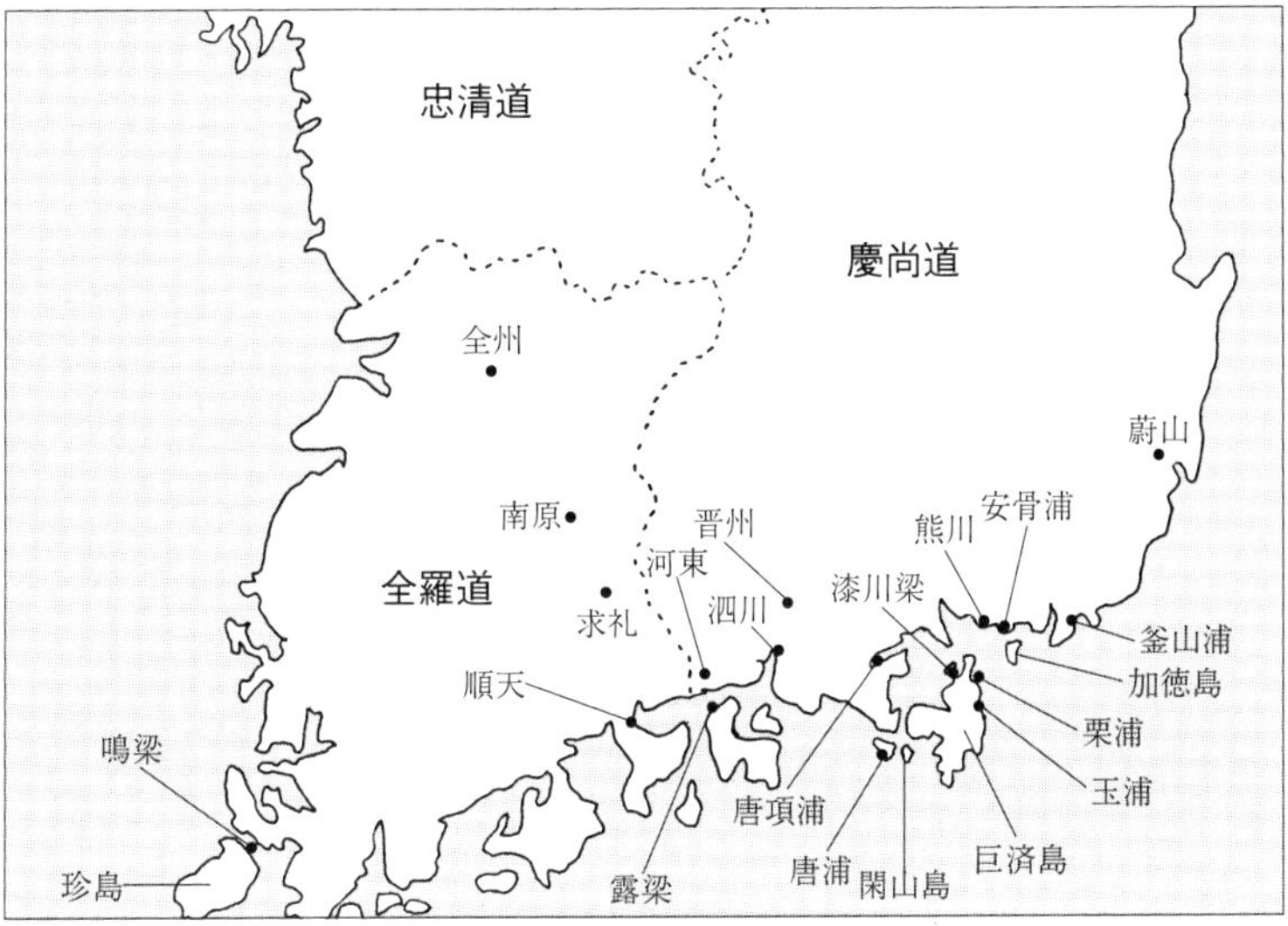

図 23　朝鮮半島南部沿岸地図

これらの海戦については日本側の記録では「高麗船戦記」が、五月七日に藤堂高虎、「新宮殿」の船が「唐冊山、大丹宝、小丹宝」の近海にいたところ、番船七、八十艘の攻撃をうけて陸地へ漕ぎ上げ、船を捨てて退散したと記している。この「高麗船戦記」の記事については、藤堂高虎の事績を記した「高山公実録」が、高虎が渡海したのは船手衆の再編成に関する秀吉の指示を伝えるために派遣された七月下旬であるから「甚だしき誤り也」と批判している。確かに後述するように、高虎が七月下旬に秀吉の指示を伝えたのは事実であるが、それまで高虎は名護屋にずっと滞在していたのかというと、そうでもないらしい。すでに北島万次氏が指摘しているように（「壬辰倭乱と李舜臣の海戦について」）、六月日付京都等持《とうじ》院《いん》あて西笑承兌《せいしょうじょうたい》書状には、都より一三里奥の「大河」のあたりで小西・加藤清正軍が敵を破った（臨津江《イムジンガン》の戦いか）との報告が高麗にいる高虎から届いたと記されている（「等持院文書」）。これをみると、高虎はこのころ名護屋と朝鮮の間を必要に応じて行き来していたものと思われる。

それになりより、「壬辰状草」と「高麗船戦記」との間に記述の一致がみられることが重要であろう。すなわち、「壬辰状草」が、五月七日夕刻の合浦沖において「倭賊等船を棄て陸に登る」、そしてそれらの船を「遺《のこ》り無く撞き破り焚滅」と記しているのに対して、「高麗船戦記」は、敵番船七、八十艘が「彼瀬外ヲ取切、石火矢、ばう火矢を以て散々にうちかけ候故、しおくれ給ひ、陸地へ漕上げ御退き候、人数ハらも別儀無く、舟ハ悉く焼割り候」と記している。このような記述内容の一致は、「高麗船戦記」の記述の信憑性が高いことを示している。これらを併せ考えるならば、五月七日から八日にかけて玉浦・合浦・赤珍浦などで李舜臣らの朝鮮水軍の攻撃をうけた日本側船舶の一部が藤堂高虎の手の者であったことは間違いないのではなかろうか。ちなみに、高虎と行動をともにしていた「新宮殿」というのは、後述の紀伊国衆のうちの堀内氏善《ほりうちうじよし》のことであろう。

李舜臣と亀甲船

五月末から六月初旬にかけて巨済島西方の泗川《サチヨン》・唐浦《タンポ》・唐項浦《タンハンポ》、巨済島東海岸の栗浦《ユルポ》などで朝鮮水軍による日本船攻撃が継続的に行われた。

李舜臣は、五月二十九日に泗川に停泊していた倭船一三隻を焼打ちにしたと記すが（「乱中日記」）、このときの日本側の武将等はわからない。著名な亀甲船《きっこうせん》（朝鮮側の史料では「亀船」と表記される）が初めて登場したのはこのときのことである。李舜臣はこの船の形状について、「前には龍頭を設け、口からは大砲を放ち、背には鉄鋲を植え、内からはよく外を窺い、外からは内を窺うことができない」と記している（「壬辰状草」状八）。この泗川の戦いにおいて李舜臣は、「亀船」を「賊軍」のなかに突入させ、さまざまな銃筒を放つなど効果的に活用し、倭船を「焚滅」した。

六月二日には李舜臣らは、弥勒島《ミロクド》西岸の唐浦で「倭賊」の船二〇艘を攻撃した。「倭賊」の船のなかには大船が一艘あって、それについて李舜臣は、「大きさは我が国の板屋船のようで、船上に粧楼があり、高さは二丈ほど」と記している（「乱中日記」）。日本でいう安宅《あたけ》船のことであろう。その楼閣上に倭将が「巍坐《ぎざ》」して動じなかったので、矢や銃筒を雨のように乱射したところ、この倭将は箭《や》にあたって墜落し、他の倭人は一斉に退散した。この倭将について倭船の近くを捜したところ金団扇《きんだんせん》を見付け、その金団扇には中央に「六月八日秀吉」、右辺に「羽柴筑前守」、左辺に「亀井琉求守」と書いてあったという。この金団扇は、秀吉が亀井《かめい》茲《これ》矩《のり》に与えたものであったことがわかる。矢にあたって墜落した倭将はその亀井茲矩であろう。

図24　復元された亀甲船
（佐賀県立名護屋城博物館蔵）

亀井茲矩は、かつて尼子《あまこ》氏の旧臣山中鹿助《やまなかしかのすけ》に属し、このころ秀吉によって因幡国の大名にとりたてられていた人物で、琉球守とも称していた。ちなみに茲矩は、このときには海中に墜落したが、一命は取り留めたようで、のちに戦いに復帰していることが確認される。

六月五日には李舜臣らは、馬山から固城《コソン》に向かって湾入した入江の奥の唐項浦で倭船を攻撃した。攻撃された倭船の最大のものは、「大きさは板屋舡《（船）》の如くで、舡上には楼閣が巍々としてそびえていた」（「乱中日記」）というから、やはりこれも安宅船であろう。李舜臣らは、中船一二隻、小船二〇隻でこれを攻撃し、倭将七人を斬首したという。「壬辰状草」（状八）の記述はもう少し詳細で、倭船のなかには黒旗に「南無妙法蓮華経」と白書した船があったという。これら倭船のなかに「亀船」を突入させて銃撃を加えると、倭船の者たちは船を棄てて陸に上がったという。

この倭船は、「南無妙法蓮華経」と書かれた旗印からして、熱心な法華経信者として知られる加藤清《きよ》正《まさ》配下の船であろう。[1] 日本側の「高麗船戦記」は、日付は少しずれるが、六月十日のこととして、加藤清正配下の大船十四、五艘、小船三十四、五艘がことごとく焼きはらわれ、残る船は逃散したと記している。清正自身は、このころ京畿道《キョンギド》から黄海道《ファンヘド》にはいり同地を北上中であったので、加藤家所属の輸送船が朝鮮水軍の攻撃を受けたとみることができよう。

翌六月六日の動きについては、「乱中日記」は「探賊船」を唐項浦に停泊させたと記すのみであるが、「壬辰状草」（状八）の記述はやや詳しい。同書は、朝鮮水軍の武将が、唐項浦に逃れた倭人を救出するための船がやってくるに違いないと監視していると、果たして倭船一艘がやってきたので、これを攻撃したところ、多くの倭兵が水中に没して死んだ。倭兵のなかに「年二十四、五歳、容貌健偉、服飾華《か》袞《こん》」の倭将がいて、剣を杖にして一人船中に立っていたので、集中して矢を射るとこれにあたって海中に没した、と記している。

「四国志摩守」の自害

六月七日には李舜臣らは、巨済島北東岸の栗浦において倭船を発見した。(2)「乱中日記」は、外洋に逃げる倭船を追撃して数隻を捕獲し、三六人を斬首したと記し、「壬辰状草」(状八)にも同様の記述がある。この七日の出来事については、「高麗船戦記」にも記述がある。それによると、六月七日に「四国志摩守」が二〇艘の船で「後瀬戸口」にいたところ、番船六、七十艘と合戦になって、一艘も残らず討ち果たされ、志摩守は島の城にあがって生害し、その船はことごとく焼きはらわれたという。この「四国志摩守」を来島村上氏の一族得居《とくい》通幸《みちゆき》にあてる説が古くからある。

例えば徳富《とくとみ》蘇峰《そほう》は、前記「壬辰状草」(状八)の六月六日条にみえる、唐項浦で戦死した若き武将を「四国志摩守」と同一人物であるとし、それが「来島通之」であるとする(『近世日本国民史　豊臣時代丁篇　朝鮮役上巻』)。また、有馬成甫は、六月二日の唐浦の戦いで船中から没した武将(すなわち亀井茲矩)を「四国志摩守」すなわち「来島通之」ではないかとしている(『朝鮮水軍史』)。

これらはいずれも、「四国志摩守」の「四国」から来島一族の得居通幸を連想した結果であろうが、後述するように得居通幸の死を伝える一次史料の日付から考えると誤りであるといわなければならない。「四国志摩守」については、阿波の蜂須賀家政の家臣の森志摩守村春と考えた方がいいのではなかろうか。森氏は、戦国期以来阿波国土佐泊(鳴門市)を本拠とする水軍として活動した一族で、このころ蜂須賀家政の家臣となっていた。森氏の家譜「森氏古伝記」には、村春らが三月二十一日に壱岐の風本(勝本)を出船して家政を熊川《ウンチヨン》に渡海させた後、同地に滞在していたこと、六月一日に「唐島瀬戸」の二、三里ほど西で敵番船と合戦したが、にわかに風が立ち日が暮れたので港に繫船《けいせん》したこと、繫船時に大船でありながら潮の干満を考えなかったので船を「干揚」げられたこと、翌二日に朝鮮の小船七〇艘ばかりの攻撃を受けたが、船の「進退」がならず、村春は手負いして自害したこと、などが記されている。

これをみると、森志摩守村春が六月二日に「唐島瀬戸」（唐島は巨済島のこと）の西二、三里ほどの地点で合戦に敗れて自害したことがわかる。六月二日という日付、「唐島瀬戸」の西二、三里ほどの地点という地理的位置から考えて、唐浦の戦いのことであろう。「高麗船戦記」とは日付が異なるが、おそらく「高麗船戦記」は六月二日における森志摩守村春の戦死を六月七日の栗浦の海戦時のこととして言及したものと思われる。

フロイスの記述

なお、朝鮮での戦況については、キリスト教宣教師も関心をもっていたようで、フロイスの「日本史」がこの時期の海戦について以下のように記録にとどめている。

日本軍が遭遇した第二の艱難辛苦は、朝鮮軍が、窮余の策として団結し、連合軍を編成し、多数の優秀な船に乗り込んで襲来したことであった。それらの船は堅固であり、堂々としており、彼らはそれに武器、弾薬、食糧を満載し、海賊となって洋上を彷徨しつつ、日本船を見つけるとただちに襲撃し掠奪した。朝鮮軍は日本軍よりも海戦に長じ馴れてもいたので、彼らに多大の損害を加え、この日本軍の災難はいつまでも継続した。両軍の最初の海上での遭遇戦は次のようにして行なわれた。

関白殿の二人の指揮官、すなわち虎之助と阿波国の領主である他の一人は、海上で朝鮮人が日本人に与えている大損害を見、そこ（朝鮮）に有していた三百艘から成る艦隊を朝鮮人に差し向けることに決めた。そしてこの会戦に必要な武器、弾薬を積載し、精兵を搭乗せしめた。彼らは多数の銃、槍、弓矢を携帯していた。かくて日本軍は、その優秀な装備を頼み、わずかの船しか持たぬ朝鮮の海賊を求めて出撃した。

かねて朝鮮人らは日本の船舶を血眼で探していたので、彼らに遭遇すると大声をあげ、喜んで船を率いて日本の艦隊を襲撃した（中略）。

この海戦はかなり長く続行したが、日本軍はすでに意気消沈し、戦況はますます彼らにとって不利になっていった。この遭遇戦で虎之助側の一人の指揮官が戦死した。彼は勇敢な戦死で、その奮闘と戦術によって関白は四国と称する四ヵ国を征服できたのであり、関白の腹心であった。

阿波国の他の指揮官も敗北し、万策尽きたと見るや、敵の手に陥るに先立って切腹した。この戦いで、朝鮮人は、日本艦隊の七十艘を奪い、兵士の大部分を殺害した。日本の残余の艦隊は、命からがら逃げのびた。

他の多くの出来事については割愛するが、日本軍は海戦の知識に乏しく、敵を撃退するための火器が不足し、海上ではつねに不利な状況に立たされていた。（『フロイス日本史』）

ここにみえている二人の指揮官のうち、虎之助というのは加藤清正のことであり、「阿波国の領主である他の一人」というのは蜂須賀家政のことであろう。この遭遇戦で戦死したという、秀吉の腹心で、四国平定に貢献した「虎之助側の一人の指揮官」については情報の混乱があるように思われるが、敵の手に陥るに先立って切腹したという「阿波国の他の指揮官」というのは、前記森志摩守村春のことであろう。とするとこの記事は、加藤清正軍が攻撃を受けた六月五日の唐項浦の海戦と、森村春が戦死した六月二日の唐浦の海戦を同一の海戦として記述していることになる。その意味では必ずしも正確な記述とはいえないが、一方「朝鮮軍は日本軍よりも海戦に長じ馴れてもいたので、彼らに多大の損害を加え、この日本軍の災難はいつまでも継続した」「日本軍は海戦の知識に乏しく、敵を撃退するための火器が不足し、海上ではつねに不利な状況に立たされていた」などという記述は、当時の両国水軍の軍事力の差、海戦の状況などについて、比較的よく伝えているといえよう。

第一次の船手衆編成

このように天正二十年の五月から六月にかけて、陸上での進撃とは対照的に、海上では李舜臣らの優勢な朝鮮水軍の攻撃を受けて日本軍は敗戦を続けていた。ただこれらの海上での戦いは、加藤清正や蜂須賀家政の例をみてもわかるように、水軍同士の海戦というよりも、本隊を上陸させたあとの輸送船が優勢な朝鮮水軍に攻められて撃滅されたという感が強い。おそらくこのころ、陸上部隊を渡海させる任務を終えた各大名の輸送船が、釜山から熊川・泗川あたりの海港に数多く滞留していたのではないだろうか。それに対して李舜臣らが索敵行動を展開し、見つけ次第に攻撃を加えていたものと思われる。

このような状況に対応するために秀吉は、単なる輸送船の寄せ集めではない、朝鮮水軍に対抗できる水軍を編成する必要性に迫られることになった。それを示すのが次の史料である。

〔史料1〕（「脇坂文書」）

去る七日・十九日註進状、今日廿三酉刻到来、披見を加えられ候、然ればこもかい口番船警固の為、相越すの由尤もに候、九鬼・加藤両三人相談、越度《おちど》無き様に行《てだて》せしめ、早速討ち果たすべく候、次いで去る五日、其の方陣取りへ一揆数万人取懸り候処、悉く切崩し、数多これを討捕り、首幷びに生捕りの者掛置くの旨、聞召し届けられ候、則片切（ママ）主膳正・藤懸三河守書状、同前に申越し候、粉骨の至りに候、其元の儀、委細石田治部少輔・大谷刑部少輔・増田右衛門尉仰せ含めらる趣中聞くべく候、猶山中橘内・木下半助申すべく候也

六月廿三日　（秀吉朱印）

脇坂中務少輔とのへ

これをみると、脇坂安治が番船警固のために「こもかい口」（熊川）に着陣したこと、九鬼嘉隆・加藤嘉明と相談してさっそくに敵船を討ち果たすべしと指示されたことがわかる。この三名が、最初に招集をかけられた者たちであった。

彼らが拠点にした熊川（昌原《チャングヲン》市鎮海《チメ》区）は、釜山の西方約二五キロのところに位置する小さな港であるが、その南方海上には、巨済島・加徳島《カトクド》という二つの島が位置し、熊川とこの二つの島にはさまれた海域は、釜山から西方に向かう船舶の航路であった。また、熊川から熊川湾を間にはさんだ対岸には安骨浦《アンゴルポ》が位置している。熊川は安骨浦とセットになって南岸航路をにらむ位置にあるといえる。

新たに選ばれた三人の船手衆のうち、九鬼嘉隆は前章で述べたように、志摩出身の水軍武将で、織田信長の配下（直接的には、伊勢北畠氏を嗣いでいた信雄の配下とみられる）にあった天正六年に大船を建造して大坂湾で毛利方水軍を破ったことはよく知られている。また、秀吉政権下においても九州攻め、小

図25　加藤嘉明像（藤栄神社蔵，甲賀市水口歴史民俗資料館提供）

田原攻めのときなどに船手衆として活動し、朝鮮出兵時は鳥羽三万五〇〇〇石の大名であった。嘉隆がこのような水軍武将としての活動歴によって選ばれたことは間違いないであろう。

一方、脇坂安治や加藤嘉明についても、この二人がともに賤ケ《しずが》岳《だけ》合戦の武功で名を表した秀吉子飼いの武将であること、各地での戦功を賞せられてほぼ同じころに秀吉から淡路国の海辺部に所領を与えられたこと、それ以後彼らは豊臣政権のもとで船手の役割を課されることが多くなり、小田原攻めのときには、伊豆下田城を陥れるなどの功績があったこと、などをすでに述べた。

このような実績が評価されたのであろうか、文禄の役が始まると、三人は軍勢渡海の差配をする船奉行としての任務にあたった。先に述べたように三月十三日の船奉行の陣立書では、対馬担当の船奉行として九鬼と脇坂が、壱岐担当の船奉行として加藤の名がみえる。また、四月十九日の新しい輸送体制のもとでは、三名とも壱岐—対馬間の兵員輸送にあたることになっていた。

しかし、兵員輸送の任務が終わると、海上任務を解かれ陸上任務に従事することになったらしい。比較的動向のわかる脇坂安治の例でみてみると、「脇坂記」は、安治は四月末に釜山海に、五月十三日には都（漢城）に着いたのち、都から湊（釜山）までの通路に五〜七里の間隔で伝えの城を築いていたと記している。このことは、黒田《くろだ》長政《ながまさ》・毛利《もうり》吉成《よしなり》あて五月十三日付朱印状に、安治が両氏の陣に加わったと記されていること（「黒田家文書」）、金海《キメ》から漢城に向かって旅をした新納《にいろ》忠増の「朝鮮渡海之記」に、六月二十三日に脇坂氏の陣城に着いた旨が記されていることによっても確認できる。また「脇坂記」は、六月五日に、都から七里の所にある要害が敵に囲まれたとの報をうけてその救援に駆けつけて陸上戦を戦ったことを記している。これは先の史料1に、「去五日」の武功として記されている出来事で、一般には龍仁の戦いとして知られている（北島万次『朝鮮日々記・高麗日記』）。

これらをみると秀吉は、自分の子飼いの武将たちのなかから小田原攻めや朝鮮への兵員輸送で海上活動に経験のある脇坂と加藤を選び、それに、すでに水軍武将としての長い経歴のある九鬼を組ませ、優勢な朝鮮水軍に対応させようとしたのであろう。これを文禄の役における第一次の船手衆編成とみることができる。

ただ、脇坂が一時海上活動から離れて陸上での城普請にあたっていたことからもわかるように、当初秀吉には兵員輸送のほかに警固活動にあたる海上勢力が必要であるとの認識はなかったように思われる。その意味では、第一次編成はいかにもその場しのぎの対応であった感が強い。

なお秀吉は、これに先立って六月三日に新たな軍令を発し（「毛利家文書」）、これを携えて石田《いしだ》三成《みつなり》らの奉行衆が渡海した。この新令には、朝鮮からさらに先へ進んで大明国まで侵攻するという意図が示されていた。

閑山島・安骨浦での敗戦

脇坂・九鬼・加藤を中心とする第一次の船手衆編成は六月末までには完了したと思われるが、この体制は当初は、適切には機能しなかった。脇坂安治が功を焦って九鬼・加藤の到着を待たず一人で軍船を出動させたからである。「高麗船戦記」はこの一連の出来事を以下のように記している。

安治は七月六日に自分の船六、七十艘で唐島（巨済島）へ出陣したが、敵番船七、八十艘に取り囲まれ、石火矢・棒火矢の攻撃を受けて三九艘が焼打ちにされ、その他の船は逃散した。安治は大天狗という早船に移って退却したが、侍分の大略は討ち果たされた。九鬼と加藤は、脇坂が出陣したことを知って六日に釜山を発って唐島に達し、七日には近くの加徳島に船懸りし、八日に「安高麗島」（安骨浦）の港に入った。九日に朝鮮軍は大船五八艘、そのほか小船五〇艘ばかりで攻めかかった。敵の大船のうち三艘は「めくら船」で、鉄の装甲をし、石火矢・棒火矢などの強力な武器を五間、三間の近くまで攻め寄せて放った。九鬼は「日本丸」の矢蔵から鉄砲を放ち、加藤は「鬼宿船」という大船に乗って戦った(3)。両軍に多数の手負い、死人が出て朝鮮軍は島々へ引き、日本軍も釜山へ帰陣した。

七月六日に抜け駆けをした脇坂軍が、巨済島（実際には西隣の小島閑山島《ハンサンド》）沖で大敗し、九日には救援に駆け付けた九鬼・加藤軍と朝鮮軍が安骨浦沖で激戦を展開したことがわかる。このような経緯は、「加藤嘉明公譜」や「脇坂記」にもほぼ同様に記されているが、「脇坂記」の記述はやや詳細で、「高麗船戦記」と異なるところもある。唐島での戦いを七月七日としていること、安骨浦の戦いも日本軍の負け戦であったと明確に書いていることなどがそれである。

また「脇坂記」は、脇坂の手勢二〇〇余人が近くの島に上陸して難を逃れたこと、その者たちが筏に乗って島から脱出しようとしたとき再び敵番船に攻撃されたが、なんとか虎口を脱したことなどを記している。

図26　日本軍が集結した安骨浦

なお、戦いの日付については、安治が七月二十三日付で、参陣した淡路洲本《すもと》の住人たちの労をねぎらう感状が残されていて、それには、「去る七日、高麗唐島表相働の節」という文言がみられるから、「脇坂記」の記す七月七日が正しいことがはっきりしている（「広田文書」）。また同じ淡路の江善寺（南あわじ市）には、「文禄元七月七日高麗陣打死衆」の供養碑が残されている。江善寺が所在する江尻浦が、当時脇坂安治預かりの豊臣蔵入地であったことを考えると、この討死衆というのは安治配下の者たちであろう。ここでも七月七日が戦いの日付であったと考えられていたことがわかる。

この閑山島・安骨浦の海戦については、朝鮮側史料の記述も詳細である。「乱中日記」はこの部分を欠いているが、「壬辰状草」（状九）は、七月八日（この年の七月は日朝暦は一日ずれるので、七日とする「脇坂記」とあっている）統営《トヨン》の半島と巨済島にはさまれた狭い見乃梁《キョンネリヤン》に日本の軍船が停泊しているのを発見し、狭い海峡では大型の「板屋船」を活動させにくいので、閑山島沖に誘い出してさまざまな銃筒で日本軍を撃破したこと、十日には安骨浦に集結している倭船を発見し、やはり閑山島沖に誘い出してこれを破ったこと（ただし、安骨浦に集結している船を閑山島沖に誘い出すというのは、地形的にみるとやや不審がある）、十一日に、陸にあがっていた「倭賊」が夜に乗じて逃げ去ったこと、などを記している。

七月七日（朝鮮暦八日）に脇坂安治が大敗した閑山島は、巨済島南部の西方に浮かぶ小島であるが、釜山から巨済島西岸を南下して全羅道《チョルラド》方面に至る海上交通の要衝に位置し、李舜臣はのちにここに水軍統制営（司令所）を置いた。現在統営から閑山島に向かうフェリーに乗ると統営の半島、閑山島、巨済島に囲まれた海域を通過するが、ここが海戦の場所であろう。

また、安骨浦は、加徳島に向かって張り出した小さな半島の付け根に位置する入江で、船溜に格好の条件を備えている。日本軍がここに集結していたこと、李舜臣が「地勢俠《(狭)》浅」のゆえに、大型の板屋船が容易に出入りできないので、沖合に誘い出して攻撃しようとしたことがよくうなずける地形である。

二　船手衆の再編と大船の建造

第二次編成

上記のような経過をみると、閑山島《ハンサンド》・安骨浦《アンゴルポ》の海戦は日朝両水軍が初めて正面からぶつかり合った戦いだったことがわかる。それだけにその敗戦の報が豊臣政権に与えた衝撃は大きかったに違いない。事態は、先の五月末～六月初めの敗戦時よりもはるかに深刻であったといえよう。これによって豊臣政権は再び新たな対応を迫られることになり、矢継ぎ早に水軍再建のための指令を出した。これを第二次の水軍編成と呼ぶことができよう。

秀吉は、七月十四日に脇坂安治《やすはる》に朱印状を発し、「からいさん口」（現在の巨済島《コジェド》を当時の文献は唐島と表記し、日本では「からいさん」とよんだ）での敗戦について「様躰示し合わせ動《はたら》き候はで覚悟無きの仕合候」と、九鬼《くき》や加藤と連携をとらなかったことを叱責し、今後は「からいさん」に城を構え、九鬼・加藤と相談して堅固に在番すること、この指示を伝えるために藤堂を遣わすことなどを述べている（「脇坂文書」）。また、七月十六日には、加藤・九鬼両名にも同じ趣旨のことを伝え、あわせて大船を新規に建造して敵の「かこい」（囲船）を上回るようにせよと命じている（「近江水口加藤家文書」）。

また、これらとは別に七月十五日には、牧村兵部大輔らいわゆる御小姓衆のうちの五名にも朱印状を発し「しよれうたう（全羅道）浦辺」に出没する敵番船を成敗するために、藤堂高虎《たかとら》に与えた指示に従って行動せよと述べている（「成簣堂《せいきどう》文庫所蔵片桐文書」）。これら御小姓衆にも協力させようとしたことがわかるが、御小姓衆がこののち船手衆の活動にどのようにかかわったかは明らかではない。

なお、七月十五日付で小早川隆景《こばやかわたかかげ》・小早川秀包《こばやかわひでかね》・立花宗茂《たちばなむねしげ》にあてた朱印状、および福島正則《まさのり》・村上通《みち》総《ふさ》・得居通幸《とくいみちゆき》にあてた朱印状には、「当年中に唐堺迄押詰めるべき旨、七人（石田・増田・大谷・長谷川秀一・前野長康・木村豊盛・加藤光泰の奉行衆）を以て仰せ出され候と雖も、先づ高麗の儀悉く相静むべく候、大明国の儀は、来春御渡海なされ、仰せ付けらるべきの条……」と記されていて（「小早川家文書」「福島文書」）、秀吉の指示が先の六月三日令に記されていた、朝鮮からさらに先へ進んで大明国まで侵攻せよという指示から変わっていることがわかる。これについて中野等氏は、この時点で六月三日令に変更が加えられたものとみている（『秀吉の軍令と大陸侵攻』）。もしそうであるとすると、船手衆の第二次編成は、秀吉の朝鮮侵略の方針転換と連動していることになる。

脇坂や九鬼・加藤あての朱印状に記されていた、藤堂に与えた指示にあたるのが次の史料であろう。これが船手衆の第二次編成の柱となるので、少し長いがそのまま引用してみることにする。

〔史料2〕（「高山公実録」）

覚

①一藤堂佐渡守罷越し、からい山、同地続き島、舟のかかり所見計らい、岐阜宰相城丈夫に相拵え、九鬼・脇坂・加藤・紀伊国衆・菅平右衛門尉、番船出ざる様に押さえとして置くべき事

②一九州中国四国衆大船付立て、其の中能《よ》き船を見計らい、船かこい申付くべく候、此の方より仰せ

出され候までは、番船へ仕懸け候事、一切無用に候事
③一大船をつくり、敵船にまさり候様に、かこい已下丈夫に仕るべく候、鉄其の外入り申す道具書立て、申し上ぐべく候、金銀八木にても入り次第仰せ付けらるべき事
④一藤堂は、右の城所申付け、都へ罷り通り、陸地よりの人数召連れ、番船これ有る浦通り、岐阜宰相大将として書立の衆召連れ相動《はたら》き、悉く成敗を加うべき事
⑤一御書立の通り、悉く相動き丈夫に申付くべき事
⑥一右の城々出来候はば、からい山に九鬼・加藤・菅平右衛門尉一所にこれ有るべく候、又脇坂・藤堂・紀伊国衆・来島兄弟一所にこれ有るべき事
⑦一島の城出来候内は、陸の城に岐阜宰相これ有るべき事
⑧一兵粮の儀、早川主馬首・毛利兵橘奉行を致し、人数に応じ相渡すべき事
⑨一大筒三百丁遣わされ候間、大船に割符せしめ、玉薬同前に相渡すべき事
⑩一岐阜宰相事、都より此の方の儀、ぬしと成り候て、諸事見計らい、越度無きように示合はせ、申付くべく候、代官一儀にかかり候てこれ有るべき段、然るべからず候代官所には慥に留守を置き、相動くべき事
⑪一来島兄弟召寄せ、警固仕るべき旨申付くべき事
⑫一こもかい口・釜山海に舟共これ有るべきの間、岐阜宰相より奉行を出し、付立て船頭飯米以下申付け、警固船に出すべき旨、堅く申聞かすべき事
右、直にも仰せ聞かせらる如く、能々念を入れ、何も申渡すべく候也

天正廿年
七月十六日　　御朱印
藤堂佐渡守とのへ

この史料についてはすでに北島万次氏や中野等氏によって検討が加えられているが（北島「壬辰倭乱と李舜臣の海戦について」、中野『秀吉の軍令と大陸侵攻』）、重要なのは次の三点ではないかと思う。

第一は、①に示されているように、「からい山」（巨済島《コジェド》）とその周辺の島に城拵えをして、番船への押さえとするように指示したこと、第二は、①⑥⑪に示されているように、新しい城ができあがったら、「からい山」の城には九鬼・加藤・菅が、別の城には脇坂・藤堂・紀伊国衆・来島兄弟が在番にあたるという在番体制を指示したこと、第三は、②③⑫に示されているように、軍船の準備を大々的に行うように指示したことである。

第一の点は、沿岸部の防備、朝鮮半島南部海域の制海権の必要性を政権が認識したことを示していよう。それに対する対応策は、「からい山」とその周辺に城を築くことである。この時期、日本の船手衆の拠点は、⑫に示されているように、釜山《プサン》と「こもかい」（熊川《ウンチョン》）であった。「からい山」は釜山西方の島、「こもかい」はその対岸の港である。「こもかい」―「からい山」ラインの守りを固めることによって朝鮮水軍の釜山方面への展開を防ごうとしたものと思われる。

船手衆の増員

船手衆の再編にかかわって出された指示のうち第二の点は、船手衆の人的増員を図ろうとしたもので、従来の脇坂・九鬼・加藤の三名のほかに、新たに藤堂高虎・紀伊国衆・菅平右衛門尉達長《みちなが》・来島兄弟が船手衆に加えられた。このうち藤堂高虎は、もとは羽柴秀長《はしばひでなが》の家臣で、秀長没後は養子の秀保《ひでやす》に仕え、このころは秀保の領国紀伊の粉河《こかわ》城二万石を任されていた。あまり水軍に縁がありそうにはみえない高虎が船手に加えられたのは、紀伊国衆との関係によるのではないだろうか。

紀伊国衆は、堀内《ほりうち》安房守（氏善《うじよし》）・大木小藤太（一晴。のちに桑山《くわやま》小藤太）・桑山小伝次（貞晴《さだはる》）・杉若《すぎわか》伝三郎（氏宗《うじむね》）の四名を指す呼称のようで、このうち、堀内・杉若氏は熊野水軍の流れをくむ一族である。当時堀内氏は新宮、桑山氏は和歌山、杉若氏は田辺を拠点としていた。これら紀伊国衆の、船手衆のなかでの位置付けは必ずしも明瞭ではないが、のちの文禄四年（一五九五）正月十五日の陣立書では、「やまとの中納言　紀伊国衆」として五〇〇〇人の軍役が割り当てられているところから（「島津家文書」）、「やまとの中納言」（羽柴秀保）の配下としての位置付けで、実際には秀保の代理として活動していた藤堂高虎の指揮下にあったものと思われる。

菅達長については、前章でも少しふれたように、もとは淡路の土豪出身で、同島東岸の要港洲本をおさえる洲本城を拠点にして水軍活動をしていたことが知られている。天正十（一五八二）〜十二年ごろは長宗我部《ちょうそかべ》元親《もとちか》と結んで反秀吉活動を行っていたが、四国平定後から秀吉に従うようになった。九州攻めや小田原攻めの際、船手としての活動がみられたことは先に述べたとおりで、天正十五年十月には秀吉から播磨国高砂で二五〇〇石を与えられている（「因幡志所収菅文書」）。

来島兄弟すなわち村上通総《みちふさ》とその庶兄得居通幸については、第一章で詳しく述べたとおりである。来島村上氏は、はじめ伊予の大名河野《こうの》氏の重臣であったが、のち秀吉に属し、四国平定後には通総は伊予来島城を拠点として一万四〇〇〇石、通幸は同じく鹿島城を拠点に三〇〇〇石を与えられた。秀吉の九州攻め・小田原攻めにも船手として出陣し、朝鮮出兵に際しての天正二十年三月十三日の陣立書では五番隊の四国衆のうちに位置付けられ、兄弟合わせて七〇〇人の軍役が割り当てられていた。

　これらの新メンバーのうち来島兄弟には、七月十六日付で「からい山口」番船警固のため藤堂・紀州衆・脇坂といっしょに在城すべきことを命じる朱印状が発せられ、菅達長には、七月十七日付で父子四人を警固船奉行として差し遣わす旨の朱印状が出されている（「久留島文書」「菅文書」）。

　達長らの任じられた「警固船奉行」という職掌が何を指すのかはよくわからないが、「善悪の儀、有様に異見せしむべく候、若し承引無き輩これ在るにおいては、則ち言上せしむべく候」と記されているところをみると、船手衆における目付のような役割かとも思われる。ただ、こののち達長が他の船手衆と異なった行動をとった痕跡は見当たらない。

　また、「父子四人」についてはいくつかの徴証がある。例えば、慶長期の鳴梁《ミョンリャン》の海戦の状況を報じた（慶長二年〈一五九七〉）九月十八日付の注進状には、菅三郎兵衛尉・同右衛門八が平右衛門尉とともに名を連ねているし（「毛利高棟文書」）、これらとは別に、（文禄二年）五月一日付および（文禄三年）正月二十八日付朱印状のあて所となっている菅二（仁）三郎がいる（「因幡志所収菅文書」）。二（仁）三郎は、のちに小早川秀秋《ひであき》の配下に入ったようで、秀秋発給文書や、秀秋の重臣山口玄蕃《げんば》（正弘）にあてた朱印状などに名前がみえる（「菅文書」）。田中健夫氏によって紹介された「菅長太郎家譜」（鳥取県立図書館所蔵）には、菅達長が、「悴菅和泉、菅若狭、菅権之佐」とともに朝鮮へ渡海したこと、このうち若狭は、関ヶ原合戦後「金吾中納言秀秋」に仕えたこと、権之佐は初名を右衛門八と称したことなどが記されている。一次史料にみえる右衛門八が権之佐、二（仁）三郎が若狭にそれぞれあたるのであろう。

なお、来島兄弟は、ここで招集をかけられるまでは、長宗我部元親とともに釜山から漢城《ハンソン》に至る路次で秀吉の御座所の普請にあたっていたことがわかっている（「加藤文書〈尊経閣文庫所蔵〉」「毛利家文書」）。

これらをみると、戦国期の海賊衆の系譜を引く来島村上氏や、熊野水軍の流れをくむ紀伊国衆を配下に入れた藤堂高虎、そして淡路において海上活動の実績を有していた菅達長を加えて船手衆の強化を図ろうとしたことがわかる。

こうして、巨済島周辺に城拵《こしら》えをして在番体制をしくこと、軍船の準備を大々的に行うことと関連させて、船手衆の人的増員が図られ、新しい体制ができあがった。それは、先の第一次編成時に集められた脇坂・加藤・九鬼の三氏に新たに藤堂・来島兄弟・菅の三氏を加えて六氏体制にするというものであった。

このようにしてできあがった船手衆という集団は、どのような性格をもっていたのだろうか。それを明確に示す文書などはみられないが、構成員の顔ぶれからみてかなりまとまりを欠く集団であったことは容易に推測されるところである。

秀吉子飼いの武将で、淡路の海辺部に所領を得て以降海上活動に従事するようになった脇坂安治と加藤嘉明《よしあき》、戦国期以来伊勢湾を中心とした海域での長い水軍活動の経験を有する九鬼嘉隆《よしたか》、羽柴秀保の配下にあって、熊野水軍の流れをくむ紀伊国衆をたばねる藤堂高虎、瀬戸内の海賊衆の流れをくみ、四国平定後豊臣大名になった来島兄弟、そして、淡路の土豪の出身で同じく四国平定後秀吉の配下に入ったらしい菅達長。

これら出自も経歴も全く異にする武将たちが一つにまとまって行動するのは容易ではないように思えるが、その上、この集団には統率者も定められていなかった。後述の、文禄二年三月六日付菅達長あて秀吉朱印状には「所詮向後は、藤堂佐渡守、九鬼大隅守両人として、惣じて異見せしむべき旨、仰せ出され候間、それに任ずべく候」という文言があって（「因幡志所収菅文書」）、藤堂・九鬼にリーダー的役割を果たさせようとしているようにも読めるが、こののちこの両名が実際に集団を指揮するように動いた形跡はない。

このようなまとまりの悪さは、見かけ上のことだけではなく、すでに先の閑山島の海戦のおりの脇坂安治の抜け駆けという形で現れていたが、それがさらに深刻な形で現れたのが、後述する文禄二年二月の熊川の海戦のおりである。このとき、脇坂と九鬼の間で激しい功名争いが繰り広げられたが、それについては、のちに詳しくふれることにしたい。

軍船の整備

船手衆の再編・強化には武器弾薬の補強が欠かせないが、とりわけ重要なのは軍船の整備である。前記七月十六日付の朱印状で示された、船手衆の第二次編成にかかる指示の第三の点は、これを進めようとしたものとみることができる。その軍船の整備についてはいくつかの方向性が示されている。一つは船舶数の増加である。⑫では、「こもかい口」（熊川）、釜山浦に滞留している船を警固船として差し出すように命じているが、軍船数の増加が急がれている様子がわかる。なお、先の小早川隆景や福島正則らにあてた七月十五日付朱印状の尚々書《なおなおがき》の部分に、大船を警固船に仕立てるので、「加子」（水夫）や船奉行をしっかりつけて、藤堂・九鬼・加藤・脇坂に渡すように記されているのも、このことに対応しているものと思われる。

もう一つは、軍船の戦闘力の強化である。②③では、大船を造り、それに敵船にまさるような「かこい」を施すように指示している。これは史料上に「囲船」とみられるもので、おそらく朝鮮軍の優勢な銃火器攻撃に耐えられるように装甲を施そうとしたのであろう。文禄二年正月七日付の藤堂高虎あて朱印状には、高虎が大船に「かこい」を施すにあたって鉄を使用したことがみえるから（「高山公実録」）、場合によっては、部分的にではあろうが、鉄の装甲も行われたことがわかる。

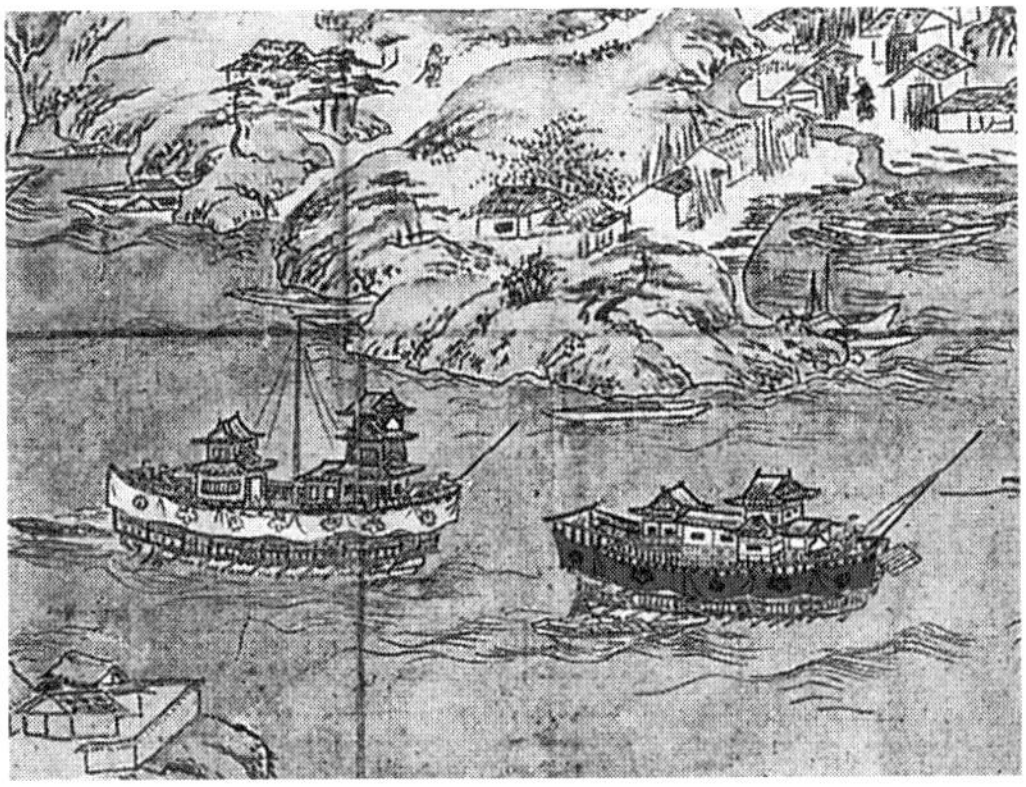

図27 「肥前名護屋城図屛風」に描かれた安宅船
（佐賀県立名護屋城博物館蔵）

このような軍船の戦闘力の強化を目指す方向は、造船の方針を初期のころとは大きく変えることになった。当初秀吉が造船に関して諸大名に命じたのは、「図船」の建造であった。例えば四月二十六日付で脇坂・九鬼・加藤の三名に対し、壱岐から対馬にわたる船の準備を命じた朱印状に「古船共六端帆の図に仕り、請取るべき事」（「九鬼文書」）、同日付で毛利輝元《てるもと》や鍋島直茂《なべしまなおしげ》にあてた朱印状に、対馬から高麗《こうらい》へ渡るべき船としてみえる「六端帆の図船九十艘」

(「毛利家文書」「鍋島家文書」)、五月二十九日付で淡路の船問屋高木善三郎にあてた朱印状に、対馬から釜山浦へ渡る船としてみえる「六端帆の図百艘」(「高木文書」)などがそれである。

この図船について中野等氏は、「図」は「つもり」と読んで、字義は「基準」と解すべきであるとしている(『秀吉の軍令と大陸侵攻』)。読み方はともかくとして、図船が一種の基準船を指していることは間違いないと思われる。筆者は、秀吉が六端帆の船の基準となる図面を各地の大名や領主に示し、それに基づいて建造された定型船が図船ではないかと考えているが、どうであろうか。

いずれにしても当初は兵員輸送の迅速化を図るために、このような定型化された輸送船の大量建造を目指していたのであるが、ここにきて朝鮮水軍の攻撃に対応するために、海戦用の囲船が求められるようになったということであろう。

そのような囲船のなかで最も大型化したのが安宅《あたけ》船である。秀吉は、次の段階では安宅船の建造を求めるようになる。すでにこの段階においても日本軍のなかに安宅船は存在していた。著名な「肥前名護屋城図屏風」(名護屋城博物館所蔵)に、入江のなかを遊弋する二艘の安宅船が描かれていることはよく知られているが、先の安骨浦沖の海戦において九鬼嘉隆が乗船していた日本丸(「高麗船戦記」)も、このような安宅船の一例であろう。(4) 朝鮮側の史料に「三層有屋大船」「二層大船」などと記されている日本船がそれに相当するものと思われる(「壬辰状草」状九)。

関白秀次への指示

この段階における秀吉の造船に関する指示としては、大坂から名護屋に向かう途次にあった十月十日付で関白秀次《ひでつぐ》にあてたものが有名である（ここでは仮に十月十日令と呼ぶことにする）(5)。これは二四条にもわたる詳細なもので、その内容についてはすでに渡辺世祐氏が詳細な分析を加えているが（「朝鮮役と我が造船の発達」）、ここではそれに依拠しながら、若干の補足も加えつつ、秀吉のこの時期の造船政策についてみていくことにする。なお、本来であれば全文を引用しておくべきであるが、あまりにも長文であるので、適宜要約しながら内容を紹介することにする。

まず造船を命じられた者たちであるが、最も大きな期待を寄せられているのは、これまでに実績のある九鬼嘉隆である。ただ、ここでは、「九鬼一分としてははか行くべからず」ということで、九鬼の用意した安宅船の「指図」や「絵図」を用いて多くの部将たちに造船にあたらせるという体制が取られた。それは次のような者たちで（当時の居城と石高がわかる者については、それを付記して示す）、彼らによって当面一〇艘の安宅船の建造が命じられ、来年三月までに完成させて、奉行の名を「船の額」に打ちつけて名護屋へ寄越すように指示された。

池田輝政《てるまさ》（照政とも）　三河吉田一五万二〇〇〇石
中村一氏《かずうじ》　駿府一七万五〇〇〇石
堀尾吉晴《よしはる》　遠江浜松一二万石
山内《やまうち》一豊　遠江掛川五万石
松下之綱《ゆきつな》　遠江久野一万六〇〇〇石
徳永寿昌《ながまさ》　美濃松ノ木二万石
原　長頼　？

吉田好寛《よしひろ》　？
一柳直盛　美濃本巣郡四五六六石余
田中吉政　三河岡崎五万七四〇〇石

これをみると、彼らはいずれも朝鮮渡海しなかった東海地方の大名で、しかも秀吉から秀次に付けられた者たちである。このことから考えると、十月十日令は、秀次に対して、その配下の大名たちに造船にあたらせるべく、指示を出したものといえよう。後述するように同じような指示は他の大名にも出されたはずで、それらには秀吉が直接伝えたものと思われる。ただ家康については、十月十日令の末尾において、秀次から朱印状を出すように指示し、自分からも名護屋において直接話をしておく旨を伝えている。

十月十日令の内容にもどると、造船に必要なさまざまな条件について細かな指示を出していることがわかる。

船材・船大工・水夫

まず、船材の調達については、伊勢神宮の森の木以外はどこから切り出してもよいが、切り出すのは造船に必要な分だけで、それ以外は固く禁止する、というのが原則である。そのうえで具体的には、伊勢と熊野の間の「ゑんま大杉」という所の木を、九鬼氏の留守居の者に尋ねて船材にすること、富士山からも杉・檜・楠などを切り出すこと、それでも足りなければ、木曽山中から切り出すこと、伏見・大坂の作事や方広寺大仏の「脇々の寺」の普請や作事はやめて、大船造りを優先させること、などを指示している。

次に船造りにあたる船大工・鍛冶職人・大鋸《おが》職人・杣人《そまびと》（きこり）については、伊勢・美濃・尾張・遠江・駿河から動員し、それらの人々の「飯米・作料」としては、「御台所」や蔵入地の蔵米を使用するよう指示している。このうち船大工については、秀次は指示された国々以外からも広く集めようとしたようで、讃岐塩飽《しわく》の代官や伊予今治《いまばり》の領主福島正則にあてて、船大工と船頭についての調査を求める文書が残されている（「塩飽人名共有文書」「思文閣古書資料目録所収文書」）。塩飽は中世以来多くの優秀な船頭を出したところとして知られているし、伊予今治はかつて有力海賊村上氏が拠点とした芸予諸島が控えているところである。秀次は、瀬戸内海の海運や造船で知られたところを中心にして船頭や船大工について調査をし、「火急の作事」に役立たしめようとしたものと思われる。

秀吉は、釘や綱など船を組み立てるのに欠かせない小道具類についても細かな指示を怠っていない。船綱として使用する「かがすのお」（麻製の綱）については、甲斐・信濃において「自余の売りかいを相止め」、値段どおりに買い占めるように指示し、釘・鎹《かすがい》にするための鉄についても、鍛冶職人は、鎌や鍬をつくる以外は釘・鎹づくりに専念させ、方広寺大仏用に刀狩令によって集めた鉄も、造船用に使うよう命じている。

乗組員としての水夫《かこ》については、伊勢・尾張・三河・遠江・和泉・摂津・播磨・近江の浦々の水夫を残らず完成した船の水夫に徴用するように命じている。銃器の装備についての指示も細かい。先年佐久《さく》間《ま》甚九郎（正勝《まさかつ》）がつくった大鉄砲が河内の「きさいべ」（私部＝大阪府交野市）に、また滝川一益《かずます》の大鉄砲が美濃国津屋（岐阜県海津市）にあるらしく、筒井順慶《つついじゅんけい》も大鉄砲をもっているらしいから、それらをあるだけ名護屋へ送ること、徳川家康にも同じように伝えることなどを指示している。

造船にかかる諸費用については、御蔵米や金子（現金）を適宜使って苧《お》（麻）や鉄を買い入れること、加賀や越中の「御台所入」も使うこと、秀次領の江州米も大津へ運んで経費として使用すること、などを指示している。造船場所については、造船を命じられた領主が自分の国元で造る場合と、造船の本場と考えられていた伊勢へ出かけて造る場合があったようである。

このように秀吉は、用材・用具の確保から船大工・水夫の徴用に至るまでこまごまとした指示を出しているが、そこから窺われるのは、一種のあせりである。この時期の朝鮮における最大の課題が、朝鮮沿岸部における制海権の確保であったことを強く認識していたからであろう。

なお、秀吉は、基本的には京都にいる秀次を通じて前記の領主たちに命じる形をとったが、一部の者に対しては直接指示を出した可能性がある。それは、同じ十月十日付で一柳直盛にあてた朱印状が残されているからである（「古文書纂」三〇）。そこでは、「指図」に従って大安宅船を一〇艘造るので、分限に従って一艘でも二艘でも仕上げること、いろいろ大変であるが、高麗へ出陣している者のことを考えて我慢すること、船が完成すれば奉行の名字を「額」に打ち付けて名護屋へ寄越すこと、などを指示している。

大船の寸法

秀吉は、十月十日令に続いて、その内容を補足する朱印状を十一月五日付で秀次に出している（「大阪城天守閣所蔵文書」）。その指示の内容は、船大工を召し寄せ、大船の立（竪）、横何間と「間つもり」

をさせてその書付を送らせること、先日遣わした絵図には、竪横の寸法を書いていなかったので、（長さを）二五間ほどにするよう指示したが、一七間ほどでもよいと考えていること、などである。船の寸法などについても細かく指示していることがわかる。

十月十日・十一月五日の両朱印状で出された秀吉の指示は、秀次によってさっそく実行に移されたようで、十二月初旬には各所に督励の朱印状を出している。十二月二日付のあて先不明の朱印状では、来年の二月初めごろに名護屋へ回漕するように命じ（「秋田藩採集文書」八）、十二月五日付の山内一豊・松下之綱あて朱印状では、「寒天」の時期に諸職人が油断しないよう精を入れることを命じている（「土佐山内家宝物資料館所蔵文書」）。

山内家の家譜によると、この造船は大井川河口の川尻（静岡県吉田町）で行われたようである。また興味深いのは、山内一豊らにあてた朱印状に記されている船の寸法についての指示で、先には長さ一九間と伝えたが、それを一八間に修正すること、横幅は今までどおり六間半とすることを伝えている。

先の十一月五日付の秀次あて秀吉朱印状には、長さ二五間とした以前の指示を一七間でもよいとする記述があった。これをみると政権内部でも建造すべき大船の寸法をどの程度にするか、いろいろと揺れ動いていたようであるが、最終的には長さ一八間、横幅六間半に統一したのであろう。

ちなみに、天正六年に九鬼嘉隆が伊勢大湊で建造して第二次木津川口合戦に投入した安宅船の寸法は、「安土日記」によると一八間と六間であった（竪一二・三間、横七間とする「多聞院日記」の記述が非現実的であることは第一章で記した）。

十月十日令に載せられた一〇名の領主は、秀次の配下であったり、秀次との関係が深かったりしたため秀次を経由して指示を出したが、先にも述べたように、それ以外の領主には、秀吉が直接指示を出したようである。

例えば十二月五日付で、朝鮮に渡っていた輝元にかわって広島で留守の任に着いていた秀元《ひでもと》（輝元の養子）に対して、名護屋への出陣を願っているらしいが、地元広島での大船建造に精を出すように命じているのなどはそのことを示していよう（「萩藩閥閲録〈巻九一林平八〉」）。秀吉は同じ日付で、当時朝鮮在陣中で病気を患っていた輝元に対して、医師を派遣したことを告げるとともに、秀元に対しては広島にとどまって大船建造にあたるよう命じたことを伝えている（「毛利家文書」）。

前田家にも秀吉から直接指示が出されたようで、十月十四日付で、国元にいた利長《としなが》が家臣に対して、秀吉から「大あたけ舟」の建造を命じられたので、「船木」を奥能登において捜して切りだすように命じた史料が残されている（「加能越古文叢」四四）。

また、徳川家康も六月十一日付で家臣に対して、秀吉から「大船」の建造を命じられたので大工をそろえるように指示を出している（「譜牒余録」）。家康の場合は、日付から考えて、十月十日令との関連は考えにくいが、よく似た文言が使われていることから考えて、六月は十月あるいは十一月の誤写かとも考えられる。いずれにしても十月十日令の末尾にあったように、家康にも秀吉が直接指示を出したことは間違いないようである。

秀吉は秀次や各地の大名に命じて造船にあたらせただけでなく、名護屋において自らの指揮のもとでも造船に取り組んだ。十一月六日付で土佐の香宗我部《こうそかべ》親泰《ちかやす》（元親の弟）にあてた朱印状で、名護屋で大船を造るから急ぎ材木を送るよう指示しているのはそのことを示していよう（「香宗我部家伝証文」）。この朱印状では、樹種を檜と指定し、さらに「ろとこ《櫓床》」用に幅一尺四寸で長さ六間のものを四本、五間のものを五本など、用途と寸法を詳細に記しているのが注目される。十一月五日付で島津義久にあてて、大隅・薩摩両国から楠・杉材を出すように命じているのも同じ目的であろう（「島津家文書」）。

また「家忠日記」（家康の家臣松平家忠の日記）の文禄二年二月ごろの記事には、造船用の「くろがね」についての記述がいくつかみられるが、そのうちの十二日条には「つくし《筑紫》大舟つつみ候くろかね板あたり候、壱万石に百五十枚」と記されている。これは、筑紫＝名護屋での造船にあたり、装甲用の鉄板の調達が家康に命じられたことを示していよう。

これらの大船は文禄二年になって順次完成したようである。三月七日には、長宗我部元親が九鬼嘉隆にあてた書状で「大舟近比見事に出来候、併《しかしながら》志摩殿御手柄と申す事に候」と、嘉隆がいち早く「大舟」を完成させたことを称賛しているし（「護国寺文書」）、六月四日には毛利輝元が（「毛利家文書」）、さらに七月十二日には一柳直盛が（「一柳文書〈伊予小松〉」）、それぞれ秀吉から「大安宅」が早々みごとに完成したことを賞せられている。

一方では、造船がうまくいかなかった例もあったらしい。小和田哲男氏が、鈴木覚馬『嶽南史』（第三集）を引用して次のような話を紹介している（「秀吉の朝鮮侵略と造船業」）。

あるとき駿府城主中村一氏が大井明神（静岡県藤枝市）の神木である楠の大木を伐って大船を造ろうとし、神職の嘆願にもかかわらず、終にこれを伐って清水湊に運び、そこで大船を建造させた。ところが完成して出帆させたところ、海上は波静かだったにもかかわらずあっという間に瓦解し、海底に沈んでしまった。神慮に背いた祟りだという。

当時の雰囲気をよく伝えた話だと思う。中村一氏が秀次の命をうけて領内の神木を伐り出して清水湊で大船を建造して失敗したというのは、おそらく事実を伝えているのではないだろうか。

九鬼家の日本丸

ところで、当時大船建造の第一人者とみられ、事実いち早く完成させて称賛を受けた九鬼家には、文禄の役のときに日本丸という巨船を建造したという話が伝えられている。「寛永諸家系図伝」によると、嘉隆は鬼宿丸という大船に乗り、そのほか五〇余艘を引き連れて名護屋浦へ着いた、秀吉は、鬼宿丸をたたえ、これを日本丸と名付け、「茜の吹貫に金団扇」を描いた馬印を与えたという。日本丸のことは、天正二十年七月の安骨浦の海戦の様子を伝えた「高麗船戦記」にも、九鬼の軍船としてみえるので、すでによく知られた存在だったのであろう（ただし、「高麗船戦記」には、鬼宿丸は加藤嘉明の軍船としてみえる）。

この日本丸については、石井謙治氏の研究があるのでそれに依拠しながら一部を紹介してみることにしよう（『図説和船史話』）。日本丸についての一次史料は見当たらないが、石井氏によれば、「志州鳥羽船寸法」という近世の造船史料に詳細な寸法が記されているので、朝鮮出兵時に九鬼嘉隆建造の日本丸が存在したことは間違いないという。その寸法は、全長約九九尺（約三〇メートル）、肩幅三一・三尺（約九・五メートル）で、先に秀次によって示された基準（長さ一八間＝約三四メートル、横幅六間半＝約一二・三メートル）と比べると、やや小型である。

なお、この日本丸は、文禄・慶長の役ののち、九鬼家の手を離れて他氏の手に渡ることになるが、これについてもさまざまな伝承が伝えられている。石井氏は、伊勢大湊に日本丸の遺物と伝えられるものが残っていることなども考慮するならば、のちに鳥羽城主になった内藤氏の手に入り、同氏が改造して名も大竜丸に改めたというのが最も信憑性が高いのではないかとしている。また、毛利輝元が造った船を日本丸と呼んだという話も伝えられているが、こちらについては確かな史料に欠けるようである。

これまでは、天正二十年十月十日令を手掛かりにして国内の造船について検討してきたが、この時期の造船は国内ばかりでなく、朝鮮の現地でも行われていた形跡がある。（文禄二年）四月二十八日の毛利輝元あて秀吉朱印状によると、このころ毛利軍は、釜山浦に移動して「こもかい口」（熊川）に「船懸」のための城を六、七ヵ所築くとともに「かこい船」（囲船）をつくったことがわかる（「毛利家文書」）。また、慶長の役のときのことであるが、「脇坂記」によると、脇坂安治は慶長二年五月ごろ、巨済島近辺の敵番船に対抗するためには大船が必要であるとして、九鬼・加藤・藤堂らとともに熊川へ渡り、そこで船を造ったという。

朝鮮での造船といえば、村井章介氏が「宣祖実録」を引用して紹介している、朝鮮人の証言も興味深い（『倭城』をめぐる交流と葛藤」）。その人物は、朝鮮官人の訊問に対して、慶長二年ごろ加藤清正が築いた西生浦《ソセンポ》城で「我が国の板屋船の様式で一隻を建造し、清正に贈った」と述べたという。板屋船というのは朝鮮の大船で、甲板側面を板で覆っているのを特色とするから、日本軍のいう「囲船」に相当する。このように日本軍は、朝鮮人技術者を使役して朝鮮の現地で大船を建造するということも行っていたのである。

三　再編後の戦況

釜山での待機

第二次編成後の戦況にもどると、日本軍が水軍の再編を進めているさなかの天正二十年（一五九二）八月末から九月一日にかけて、朝鮮水軍は日本軍の拠点であった釜山浦《プサンポ》攻撃を試みた。釜山西部の長林浦《チャンニムポ》や多大浦《タデポ》・絶影島《チルチョンド》などの沖で日本軍を攻撃しつつ釜山浦へ向かったが、停泊していた倭船四七〇余艘は港外へ出撃してこず、陸から鉄砲や矢を放ってきた。朝鮮軍は倭船一〇〇余艘を「撞破《とうは》」したが、背腹から攻撃を受けるのを恐れて船を引きあげさせた（「壬辰状草」状一一）。この釜山浦の海戦については日本側の記録は見当たらない。先の秀吉の指示に従って正面衝突を避けたのであろう。

なお、十二月十八日付の加藤嘉明《よしあき》あて朱印状には、九月二十九日に敵番船と遭遇して比類なき手柄を立てたことが記されている（「近江水口加藤家文書」）。この九月二十九日の海戦については朝鮮側の記録が見当たらない。九月二十九日を八月二十九日の誤記と見れば、双方の記録が一致することになるが、どうであろうか。

大政所《おおまんどころ》死去の報に接して一時大坂に帰還していた秀吉は、十一月一日に名護屋に戻り、同月十日付で在朝鮮の諸将にあてて一斉に朱印状を発し、来春三月に渡海する旨を伝えた。船手衆関係者についても、九鬼を除いた五名あてのものがそれぞれ残されている。そのうち藤堂・脇坂・加藤あてのものが同文でやや詳細であり、菅・来島あてのものが同文でやや簡略である（「脇坂文書」等）。このうち前者においては、たとえ敵番船が攻撃してきても陸地へあがって行動を差し控え、城を堅固に守るようにという、先の七月十六日の指示を再確認し、「こもかい口」（熊川）に警固船を残してそれ以外の船はたしかなる奉行をつけて漕ぎ戻すべきこと、「船着より都まで」すなわち釜山から漢城《ハンソン》までの伝えの城を丈夫に構え、往還が自由にできるようにすることなどを指示している。当面の間は海上戦を避けて、秀吉の渡海を優先させようとする意図を読み取ることができよう。

年が明けて文禄二年（一五九三）正月には、状況報告のためであろうか、九鬼嘉隆《くきよしたか》が名護屋へ戻ったことがわかる。その嘉隆を通じて正月二十六日付で、先の十一月十日付朱印状と同趣旨の指示が繰り返されているが（「高山公実録」「近江水口加藤家文書」）、ここでは、兵糧の確保が強調されているのが目を引く。二月にはいると秀吉の渡海が具体化し始めたようで、二月九日には諸氏に対して、船が揃い次第渡海するので、ある限りの船を準備するように指示を出し、十五、六日にも、秀吉の渡海までは「聊爾《りゅうじ》の動《はたらき》」をしないようにと命じている（「因幡志所収菅文書」など）。

同じころ、小西行長《こにしゆきなが》らの平壌《ピョンヤン》撤退をうけて陸上の軍勢を再編成するために、秀吉から現地の諸将に対して多くの指示が出されているが、それらの一つ二月十七日付で朝鮮在陣衆中にあてた覚のなかには「土佐侍従は船手に加わるべし」という一節がみえる（「立花文書」）。この時点で長宗我部元親《ちょうそかべもとちか》を加えて船手衆の強化を図ろうとしたものと思われる。ただ、元親が船手衆としてどのような活動をしたのかは判然としない。

図 28　韓国統営港に繫留された板屋船の復元船

秀吉が自身の朝鮮渡海にこだわっていたことは先にみたとおりであるが、その渡海はついに実現することはなかった。それはこのころ李舜臣《イスンシン》ら朝鮮水軍の活動が再び活発になったからである。この時期の船手衆の活動については、「脇坂記」が詳細で、信憑性が高い。同書は、文禄二年正月ごろの状況を次のように記している。

文禄二年の正月から脇坂・九鬼・加藤らが滞在していた熊川へ朝鮮水軍の番船が入れ替わり立ち替わり攻撃を仕掛けてきた。海からは大船が大筒を撃ちかけ、陸からは鉄砲隊が銃撃してきた。

このような状況は豊臣政権側も認識していたようで、正月十一日付で増田《ました》長盛《ながもり》ら朝鮮在陣の五名の奉行が、大坂の長束《なつか》正家《まさいえ》らにあてた詳細な報告書のなかに、沿岸部の状況について次のような記述がみられる。

〔史料3〕（「金沢工業大学図書館所蔵文書」）

釜山浦へ敵舟出候を、此方警固おさえ候事、成かね申すべしと存じ候、其子細は、此方舟の内には敵かこい舟ほどの舟は一艘も御座無く候、敵かこい舟は、こもかひ表にも打ち見え候分、二百艘あまりもこれ有る由申し候、又都川へ去年氷はらざる以前に出し入候も、二百余艘乗り入れ申し候間、

御校量成され、かこい舟の儀をも急度仰せ付けられ、尤と存じ奉り候事

釜山浦へ敵船が出動してきたとき、味方の警固（船手衆）が「おさえ」きれないというのであるが、その原因は、彼我の所有する軍船の相違にあったらしい。味方には敵の囲舟ほどの船は一艘もなかったが、朝鮮軍はそれを二〇〇艘も有し、それが、日本軍が拠点としている「こもかい表」（熊川）に襲来するというのである。朝鮮軍が多数所有していたという「囲舟」というのは、これまでにも何度か朝鮮側史料にみられた板屋船のことであろう。板屋船は、甲板上を楯板で覆い、中央に望楼を設けた大型軍船で、朝鮮水軍の主力であった。

五名の奉行たちは、正月二十三日の連署状でも、「敵番船、存外丈夫に御座候間」「釜山浦の湊へ当国・大明の番舟自然おし入り申すべき段、気遣いに存知候」などと述べていて、釜山浦の状況がよほど気になっていたらしいことがわかる（「金井文書」）。

熊川の海戦

このような状況を何とか打開しようとして日本軍は、熊川沖に襲来してきた朝鮮軍に攻撃を仕掛けた。「脇坂記」は、先の記述に続けて次のように記す。

日本軍は、早船に長縄を積み込んで動きの遅い敵の大船を「乗捕」ことにした。二月二十一日に敵番船が港へ侵入してきたとき、それぞれ早船に乗って攻めかかったが、安治が一番に敵番船に縄をつけて乗捕った。一方、九鬼嘉隆も同じ船に縄をかけたので両者が前後を争うことになった。怒った安治は、九鬼の縄を切り離せと命じ、家人が九鬼の縄を切って脇坂が敵船を乗捕った。これによ

って脇坂と九鬼が同士討ちをしそうになったが、敵味方の船によって押し隔てられて大事には至らなかった。このとき、加藤嘉明も一艘を乗捕った。

この熊川沖の海戦については、李舜臣の「乱中日記」にも、二月二十二日に熊川に至って「倭賊」を攻撃したことが以下のように記されている。

二十二日丁未　早朝、暗雲立ちこめ、東風が強く吹いた。しかし、倭賊を討つことが急がれるので、発船した。沙火郎に到着して風の凪《な》ぐのを待つ。風が凪いだようなので、一行を急がせて熊川に到った。二人の僧将および成義兵を薺浦《チエポ》に送って、上陸する気配を示した。また、慶尚右道の諸将の船のうち、あまり役に立たないものを択び、熊川の東辺に送って上陸する気配を示した。このため、倭賊が慌てふためきはじめた時、戦船を集結してただちに熊川に攻撃を加えたところ、倭賊の勢力はばらばらとなって弱体となり、ほとんど殲滅した。ところが鉢浦《バルポ》の二号船、加里浦《カリポ》の二号船は命令もないのに（熊川に）突入して浅瀬に乗り上げ、倭賊の攻撃をうけた。それは痛憤の極みであり、肝が裂けるようであった（北島万次訳注『乱中日記』）。

日付は一日ずれているが、日本軍が二艘の朝鮮軍船を捕獲した点については一致しており、「脇坂記」に記されているような出来事があったことは間違いないであろう。

なお、「乱中日記」は前記記事に先立って二月十日条に、熊川に出船して再三誘いをかけたが倭船は出撃してこなかったこと、十二日も同様であったこと、十八日には安骨浦《アンゴルポ》沖の松島《ソンド》で待ち伏せをして倭船を誘い出したところ、一〇余艘が出撃してきたので、伏兵船が取り囲み、一斉射撃を加えたこと、倭兵を一人斬首すると「倭賊」の気勢がくじけたこと、二十日には「倭賊」と交戦したが、強風によって戦いを中止したことなどを記している。「脇坂記」が、敵番船が入れ替わり立ち替わり攻撃してきたというのはこのような状況を指して言っているのであろう。

対立する船手衆

船手衆の編成という視点でみた場合、熊川の海戦は大きな問題を含んでいるといえる。それは、船手衆という集合体のまとまりの悪さが一気に表面化したからである。「脇坂記」は、前記のように敵船の乗捕りに際し九鬼と争い、危うく同士討ちしそうになった状況を伝えていたが、一方、九鬼の側では、同じ状況を次のように記している。

嘉隆の家臣越賀隼人が敵の「黒船」を乗捕ったが、それを見て脇坂勢が「喚《おめ》き来たりて人の取りたる船に手を懸け引きとらん」としたため、隼人が「卑怯なり」と刀の柄に手をかけた。脇坂勢も入り乱れて「同志軍《いくさ》」になりかけたが、嘉隆が大事の前の小事であると制して引き分けた。一方加藤嘉明と浜島豊後守（嘉隆家臣）も、両人で敵船一艘を取った（「九鬼家由来記」）。

これだけではどちらの言い分が正しいのかはわからないが、いずれにしても敵番船の「乗捕り」をめぐって九鬼氏と脇坂氏が鋭く対立し、あわや両軍が同士討ちをしそうになった状況はよく伝えられている。このような海戦の状況は注進状によって秀吉にも伝えられたようで、三月六日付で秀吉が船手衆の一人菅達長に与えた次のような朱印状が残されている。

〔史料4〕（「因幡志所収菅文書」）

去んぬる月廿二日、敵番舟出るの処に、大船二艘船手の衆乗捕るの由、註進の趣具に聞し召し届けられ候、外聞尤もに思し食し候、然れば取々相争う儀、然るべからず候、所詮向後は藤堂佐渡守、九鬼大隅守両人として惣じて異見せしむべき旨、仰せ出され候間、其れに任すべく候、違背においては曲事たるべく候、猶様子においては、黒田勘解由、片桐市正仰せ含められ候也

三月六日　　秀吉公御朱印

菅平右衛門尉とのへ

これをみると、大船二艘の「乗捕り」を褒賞《ほうしょう》する一方で、「然れば取々相争う儀、然るべからず候」と、内部の功名争いに厳しい姿勢を示していることがわかる。続いて記されている「所詮向後は藤堂佐渡守、九鬼大隅守両人として惣じて異見せしむべき旨、仰せ出され候間、其れに任すべく候、違背においては曲事たるべく候」というのは、船手衆に秩序を与えるために、藤堂と九鬼に一定のリーダーシップを与えようとしているとみることができよう。

一方秀吉は、菅達長にあてた朱印状とは別に、同日付で船手衆全員にあてた朱印状を発し、功名争いに決着をつけた（「大西家文書」(6)）。そこには「乗捕」った二艘の敵船の扱いが示されていて、一艘は九鬼大隅守に下され、残りの一艘は脇坂・加藤・堀内・菅の四人で鬮取りをして下されるとされている。九鬼の軍功が第一とされたことがわかるが、それは、九鬼が「大船を乗り出し、敵船の間を乗り切」ったことが手柄と認められ、「船手の巧者に候間、左様の働き仕るべき者」と思し召されたからである。

続けて秀吉は、藤堂佐渡守と九鬼大隅守が申し談じて「異見」すること、残りの者は両名の「異見」に従うべきことなど、史料4と同様の指示を繰り返している。

船手衆の統制

船手衆の統制の欠如について秀吉はよほど強い危機感を抱いていたようで、これらにとどまらず、さらに次の手も講じている。それはこのころ目付として渡海した浅野長政《ながまさ》に命じて、紀伊国衆を含む船手衆全員の連名で覚書を作成させることであった。それが次のような文書である。やや長いが、全文を引用してみる。

〔史料5〕（「前田家所蔵文書〈古蹟文徴八〉」）

覚

一　敵舟相働き候時、各相談せしめ海陸行《てだて》の儀仕るべく候事
一　小舟に大将分乗り申す間敷く候、かりそめにも敵舟出候時は、具足甲にて出るべき事
一　敵舟切取り候時、跡さき少の出入は双方同前手柄たるべく候、軽慮に乗り候て何かと互いに申す間敷く候、敵舟出候時は、各より上の山に奉行付置き見せ候て、其者共口次第、跡さき相究むべき事
一　普請等仕り、然るべき所は役儀に応じ、申付くべき事
一　口上にて申上げ度儀候て、名護屋へ渡海候はば、各相談にて仁をさし、其次第異儀無く罷り渡るべく候、御朱印にて召候はば相談に及ばず罷り越すべく候事
一　御法度に相背き、喧嘩仕出し候はば、相手之外之衆として残し置く上、双方理非に及ばず御成敗候様に申上ぐべく候、下々の儀に候はば、御法度の如く成敗すべく候事
一　間柄互に申談ず上は、向後別して入魂致すべく候、若《も》し存分なと申出候はば、上様御恩を忘

る儀に候間、其身あしさまに仰上げらるべく候、更に恨と存ず間敷く候、并びに双方申こと申者候はば、各として聞出し、貴所まで申すべく候の間、仰上げられ御成敗を成さるべく候事

文禄二年

三月廿三日

浅野弾正（花押）
藤堂佐渡守（花押）
脇坂中務少（花押）
加藤左馬助（花押）
菅平左（ママ）衛門尉（花押）
村上助兵衛（花押）
桑山小藤太（花押）
堀内安房守（花押）
杉若伝三郎（花押）
桑山小伝次（花押）
九鬼大隅守（花押）

ここでは、第一条で「敵舟相働き候時、各相談せしめ海陸行の儀仕るべき事」と、互いに相談して行動することが強調され、第三条では、「敵舟切取り候時、跡さき少の出入りは双方同前手柄たるべく候……敵舟出候時は、各より上の山に奉行付置き見せ候て、其者共口次第、跡さき相究むべき事」と記されている。これをみると「跡さき」の「手柄」、すなわちだれが一番乗りをするかが彼らの最大の関心

事であることがよくわかり、それを確認するために山上に物見役の奉行を置くことなどが定められている。

一番乗りを競って「喧嘩」に及ぶことも珍しくなかったから、第六条では、「御法度に相背き、喧嘩仕出し候はば、相手之外之衆として残し置く上、双方理非に及ばず御成敗候様に申上ぐべく候」と、「喧嘩」に対しては厳しい取決めをしている。また、第五条には、「口上にて申上げ度儀候て、名護屋へ渡海候はば、各相談にて仁をさし、其次第異儀無く罷り渡るべく候、　御朱印にて召候はば相談に及ばず罷り越すべく候」と記されているが、ここには抜け駆けをして名護屋の秀吉のもとへ勝手に報告に出向くことに対する強い警戒感が示されている。

このような覚を確認することによって船手衆間の協調関係を維持しようとしたのであろうが、このようなものが必要とされること自体、逆に協調関係の維持がいかに困難であったかを示しているといえよう。実際、船手衆の行動様式はこれ以後も改まることはなかった。それどころかその功名争いは慶長の役に向けてさらに激化することになるが、それについては後述することにする。

朝鮮出陣武将間の確執や対立は船手衆に限ったことではなく、陸上の武将たちの場合も事情は同じであった。特に加藤清正《きよまさ》と小西行長《ゆきなが》の対立はよく知られていて、それを解消すべく、文禄二年二月には、「言上の趣ならびに御仕置等の事」については「物談（相談）」のうえ決すること、決するに当たっては「多分に付す」、すなわち多数決による、ことなどを内容とする起請文が、両名を含む　七名の連署によって作成されている（「大阪城天守閣所蔵文書」）。

なお、九鬼・脇坂両氏は、自分の手柄が第一であることを主張するために、熊川の海戦の状況を伝える注進状を京都にいた秀次にも送ったらしい（脇坂が先手を打って二月二十三日付、九鬼が少し遅れて二月二十七日付）。それを受けて秀次が戦功を褒賞する朱印状を両氏にあてて発している（「脇坂文書」「神戸大学架蔵九鬼家文書」）。文面は似たようなものであるが、微妙に違うところもある。どちらも船手衆が協力して二艘を乗っ取ったことは確認しているが、脇坂あてのものでは、脇坂が一艘切り取ったとの文言がみられ、九鬼あてのものにはそれがない。秀次が意識的に書き分けたのか、それとも単なる表現の相違なのかはわからない(7)。

得居通幸の死

「脇坂記」や「乱中日記」には記されていないが、熊川の海戦にはもう一つ大きな出来事があった。それは得居《とくい》通幸《みちゆき》が戦死したことである。有力船手衆来島《くるしま》兄弟の一人である得居通幸の死については早くから関心がもたれていたようで、先にも少しふれたように、天正二十年六月二日の唐浦《タンポ》の戦いで海中に落下した人物を通幸とみたり（有馬成甫）、六月六日の唐項浦《タンハンポ》の戦いで戦死した若き武将を通幸としたりする見解（徳富蘇峰）がある。また筆者自身も、かつて通幸の戦死の時期を文禄三年の正〜二月ごろとする考えを発表し（拙稿「海賊衆得居通幸の死」）、近年では宮尾克彦氏が文禄二年二月の熊川の海戦において戦死したという見解を明らかにした（「得居通幸の死没事情について」）。これについては、結論から言うと宮尾説が正しいように思われる。そのことについて少し検討してみることにしよう。

得居通幸の戦死について記しているのは次の史料である。

〔史料6〕（「久留島文書」）

今度敵番船出るに付き、弟得井《(ママ)》半右衛門尉手を砕き、数ヶ所疵を被り相果つるの由、不便に思召し候、然て軍役等相替らず申付くるの段、尤に候、知行別儀有るべからず候条、跡目相続の儀肝要に候、委曲長束大蔵太輔、木下半介、山中橘内申すべく候也

三月六日　（秀吉朱印）

村上助兵衛尉とのへ

これは、通幸の死を悼む秀吉の朱印状であるが、そこには、通幸（通総《みちふさ》の弟と記されているのは豊臣政権の誤認識であろう）が朝鮮軍の番船と戦って、その負傷がもとになって死去したことが記されている。また、同日付で秀吉の側近長束正家・木下吉隆《きのしたよしたか》が藤堂・脇坂・菅・加藤・九鬼の船手衆諸氏にあてて同趣旨の内容を伝えた書状も残されている（「久留島文書」）。問題は、この両史料には年代が記されていないことである。そこで関連する史料にあたってみると、先に言及した史料4が参考になることがわかる。

史料4は、史料6と日付が同じであること、「敵番船（舟）」が出てきたという同じ表現をしていること、あて先が同じ船手衆の一人菅氏であることなどから考えて、一連のものとみることができる。そして史料4が熊川の海戦についてふれたものであることは先に述べたとおりであるから、当然史料6も同じ海戦にかかわるものとみることができる。

通幸の死没年を文禄二年と考えた方がよいもう一つの理由は、後述するような、文禄二年の暮れから翌年の初めにかけての通総ら船手衆の動きである。このころ講和交渉の進展に対応して、通総が他の船手衆とともに一時帰国した可能性があるからである。このようなことから、通幸の戦死は、文禄二年二月の熊川の海戦時のことと考えておきたい。

熊川の海戦については、日朝双方が自軍に都合のよい部分を記録に残しているので、どちらの被害が大きかったのかはっきりしないが、第二次編成後の船手衆がそれなりの成果を上げ始めた様子を窺うことはできよう。

仕置きの城

このように海上戦では苦戦が続いていたが、当初優勢であった陸上においても明軍の増援などもあって戦局が変わりつつあった。文禄二年の正月初めには戦いに敗れた小西行長らが平壌を脱出し、同月末の碧蹄館《ビエクジエガン》の戦いではかろうじて勝利を得たが、二月の幸州《ヘンジュ》山城の戦いでは大きな損害を蒙った。このような情勢をうけて秀吉は、新たな兵力として東国勢を増派し、慶尚道《キヨサンド》南部の「もくそ城」(晋州《チンジュ》城)の攻略を最優先とする新たな軍令を三月十日付で発令した(「浅野家文書」)。ここでは船手衆として従来の六氏と紀伊国衆のほかに長宗我部元親が組み入れられている。前記二月二十七日付朱印状で示されていた指示が反映されたのであろう。

その船手衆の面々に対して(この時点では宛所となっているのは従来の六名で、まだ長宗我部元親は含まれていない)、四月十二日には、川船を使って、釜山浦・金海《キメ》・こもかい(熊川)・昌原《チヤンウオン》から「もくそ城」まで兵糧を滞りなく輸送すること、四月二十二日には「都衆」が引き取り次第行動に移るべきことがそれぞれ指示されている(「九鬼文書」)。

さらに五月一日にはいわゆる仕置きの城についての軍令が出された。これは「もくそ城」を討ち果たしたのち、「赤国(全羅道《チヨルラド》)成敗」のために諸城を築城して在番すべきことを命じたもので、中国衆・

小早川隆景・四国衆・船手衆の者は、釜山浦・熊川、およびその近所で在番すべきことが指示され、九鬼以下の船手衆と亀井武蔵守（茲矩《これのり》）が合同で城一ヵ所を割り当てられている（「旧記雑録後編」巻三〇）。また、五月一日令を具体化した五月二十日令では、「四国衆、船手の衆、惣手の船を以て、から島（唐島＝巨済島《コジェド》）を取りかため」と指示され、さらに在番すべき城が「から島」沖の「かとく島」（加徳島《カトクド》）であることが示されている。またここでは、先の五月一日令では同組とされていた亀井茲矩が他所へまわって船手衆本来のメンバーに戻り、そのメンバーが、九鬼・加藤・菅・来島・脇坂の組と、藤堂・紀伊国衆の組に分かれ、「朝鮮仕置の城出来候まで鬮取り仕り、番替りたるべく候也」と指示されている（「島津家文書」）。

このころの状況について藤堂高虎《たかとら》は、秀次の重臣駒井重勝《こまいしげかつ》にあてた六月一日付の書状のなかで、四月中旬に都や伝えの城にいた人数がことごとく引き上げ、釜山浦から七、八里の地点に陣を定めていること、「舟着」に一〇ヵ所あまりの城を普請して「もくそ城」攻めに備えていること、船手衆は「船かこい」を行っていること、などを伝えている（「前田家所蔵文書〈古蹟文徴〉」八）。

六月二十九日には秀吉が最後までこだわっていた晋州城が陥落し、一方では、明使との和平交渉が進んでいたこともあって、朝鮮での戦いがいったん終息する。それにともなって朝鮮にわたっていた軍勢の多くは帰国することになったが、九州・中国・四国の大名たちは朝鮮半島の沿岸部にあって在番の任にあたった。彼らは沿岸部に多くの城塞（いわゆる倭城）を築いてそこに滞在した。

倭城を築く

このときの在番状況を示す史料としては、「豊公遺文」所収のものがよく知られているが、そこでは、安骨浦《アンゴルポ》の在番主名が空欄となっている。一方「鍋島直茂公譜考補」（巻八）にも同様の史料が収められていて、そこでは同城の在番主として九鬼嘉隆・加藤嘉明・菅達長、四国・紀伊衆があげられている。また、ここには記されていないが、後述するように、脇坂安治も在番に加わっていた。船手衆の割当てが、加徳島から沿岸部の安骨浦城にかかわったことがわかる。

安骨浦城は、熊川湾を見下ろす小半島上に築かれた倭城である（標高七〇・二メートル）。築城者は明確ではないが、上記在番者たちが何らかの形でかかわったことは間違いないのではなかろうか。山崎敏昭氏の詳細な報告に導かれて現地を歩いてみると、今も特色ある遺構を目の当たりにすることができる（「加徳城と安骨浦城の縄張り」）。何といっても興味深いのは、一つの城のなかに三つの主要な曲輪《くるわ》が設けられている点である。最も大規模なのは、中央の曲輪（仮にⅠの曲輪とする）である。東西約一一〇メートル、南北約六〇メートルの長方形の曲輪で、高さ三メートルの石塁で囲まれている。この曲輪のみは樹林が切り払われて一定の整備が行われているので、虎口の状況、四隅の櫓台の規模などをよくみることができる。

最も大きな南西隅の櫓台からは周囲の景観もよく見渡すことができる。北方には安骨浦湾が木々の向こうにみえ、西方には熊川倭城の姿を望むことができるが、両城の間の、かつて加藤・九鬼らの日本軍と李舜臣が率いる朝鮮水軍が戦った海域は埋め立てによってすっかり海面が少なくなってしまっている。いっぽう南方にはすぐ目の前に加徳島倭城の築かれていた加徳島が位置しているが、ここでも海面の代わりに物流基地のクレーンが林立している。

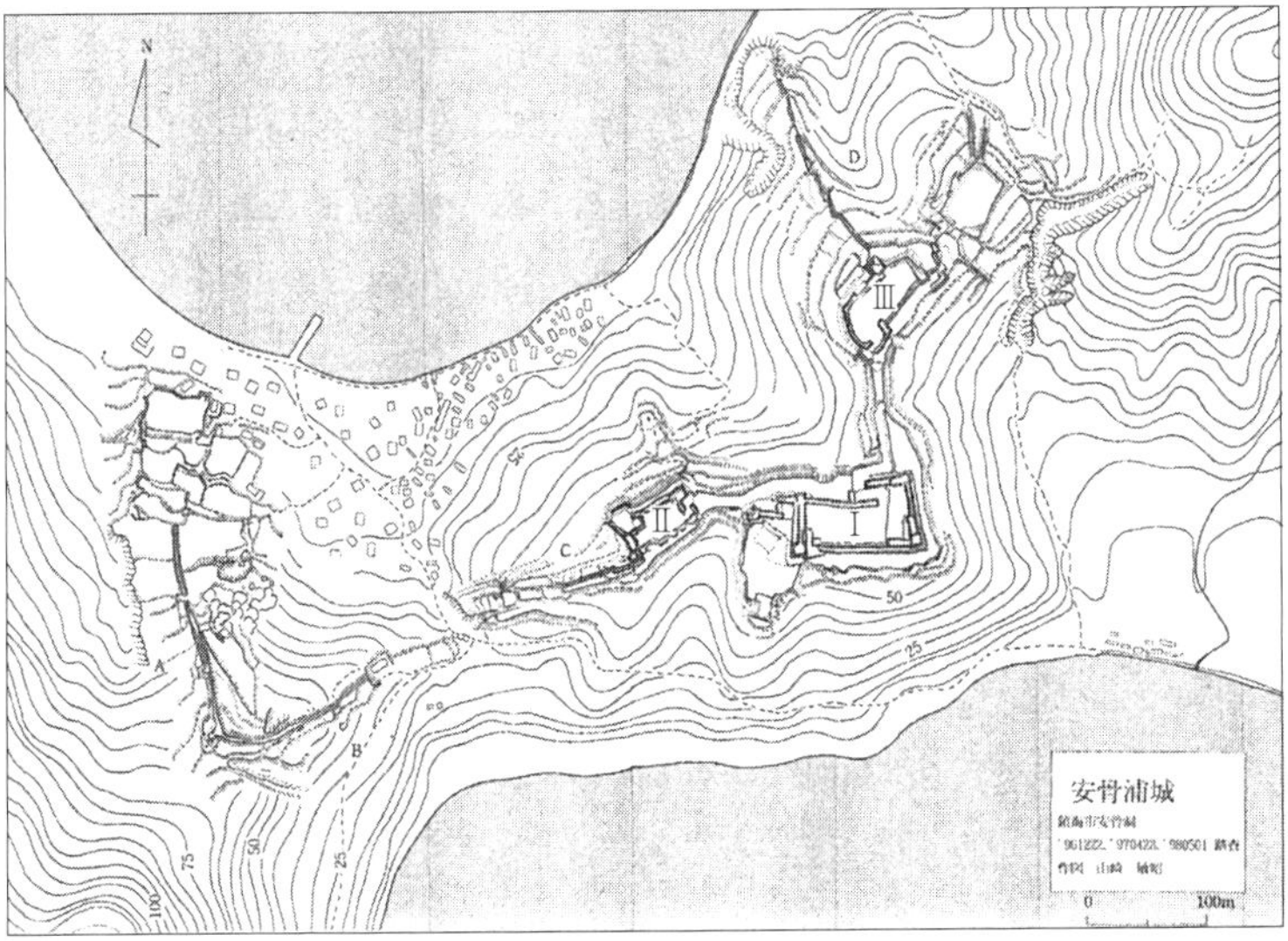

図 29　安骨浦倭城の縄張り

（山崎敏昭「加徳城と安骨浦城の縄張り」により，一部加筆）

図 30　安骨浦倭城の石垣

　Ⅰの曲輪の西側には、それより少し狭いが、やはり総石垣で囲まれたⅡの曲輪、また、Ⅰの曲輪の東北方には、やはり総石垣で囲まれたⅢの曲輪が位置している。このように一つの城郭のなかに主要な曲輪が複数配置された構造は一城別郭と呼ばれ、それは、九鬼・加藤・脇坂三氏が在番したことに対応するとされているが（笠谷和比古・黒田慶一『秀吉の野望と誤算』）、それにしては、Ⅰ〜Ⅲの三つの曲輪が対等でないように思われる。規模的にはⅠが突出していて、Ⅱ・Ⅲは補助的な位置にあるようにみえる。

　また、在番体制についても、先に述べたように、在番の任についたのはこの三氏だけではなく、船手衆の他の諸氏も加わっている。また仮にこの三氏が在番の中心であったとしても、三氏が同時に在番していたわけではなく、交代で在番するのだから三氏それぞれに曲輪が必要なのかという疑問もわく。

　それになにより、在番衆間のトラブルのことが気になる。加徳島倭城の例であるが、秀吉はトラブル発生を危惧して「当城本丸へ誰々を寄せず、他の家中の者一切入るべからず（中略）たとひ同国者たると雖も、他の家中の者本城へ入るべからず」（「小早川家文書」）などと指示を出している。すでに村井章介氏が指摘しているように、日本軍は各「家中」の独立性が強く、他の家中ともめごとが起こりやすい体質を持っていた（『「倭城」をめぐる交流と葛藤』）。そのことを考えると、一城別郭というかたちで同時在番の体制がとられていたとは考えにくい。

　なお、ブッシュに阻まれて実見することはできなかったが、山崎氏作成の縄張図では、Ⅱの曲輪から西にさらに狭小な曲輪がいくつか続き、その先は登り石垣となって北に下っているらしい。またⅢの曲輪からも北に向かって登り石垣が設けられているという。なお、当時脇坂安治が居城としていた淡路洲本城や加藤嘉明がのちに築くことになる伊予松山城にも登り石垣が設けられており、これらはこの安骨浦倭城築城の経験が生かされたものといわれている。

ちなみに、安骨浦倭城とセットなってこの海域支配の役割を果たすことになる熊川倭城も海沿いの山（標高一八三・二メートル）の上に築かれた総石垣造りの城で、多くの曲輪が複雑に組み合わされ、曲輪の周囲は石塁によって囲繞されている。大手曲輪を入って複雑に屈曲する塁線の間を縫っていくつかの曲輪をぬけると、遺構の南寄りに位置する天守台に至る。ここでも天守台の下から山麓に向かって延びる登り石垣をみることができる。

天守台からは南の海域がよくみえる。安骨浦倭城同様膝下では埋め立てが進んでいるが、その向こうに加徳島、そしてはるか遠方には巨済島。これらの島々に築かれた倭城と連携してこの海域をおさえようとする意図をよく読み取ることができる。

小西行長が在番することになっていたこの城は、文禄二年六月に朝鮮に渡った上杉景勝《かげかつ》が数ヵ月で築城したことが明らかにされている（井原今朝男「上杉景勝の朝鮮出兵と熊川倭城」）。

在番と帰国

この時期の船手衆の動向について「脇坂記」は、文禄二年の暮れに安骨浦の在番を命じられたこと、脇坂・九鬼・加藤の三人で鬮を引いて鬮にあたった脇坂は残り、九鬼・加藤は帰国したこと、翌年の三月に九鬼が代わりに安骨浦に来たので脇坂は帰国したことなどを記している。このように船手衆は、倭城での在番体制を維持しながら交代で帰国したのであろう。

個別に動向が確認できる例をみておくと、加藤嘉明は文禄三年二月二十日付朱印状に、番替りの者が着岸次第に帰国するようにと指示されているから二月末までは在番していたものと思われる。なお嘉明は、同じ二月二十日付で、高麗における粉骨を賞されて、淡路国岩屋郡で一七〇〇石を加増され、あわせて同郡内で六〇〇余石の蔵入地も預けられている（「近江水口加藤家文書」）。また、脇坂安治と菅達長は、正月二十八日付朱印状でまだ在番にあたっていることが確認され（「脇坂文書」「因幡志所収菅文書」）、藤堂高虎は、二年十一月十二日付家康書状で在国が確認され、十二月十八日付朱印状でも「到来の首」を赤間関《あかまがせき》に懸けたと記されているので、十一月には帰国していたものと思われる（「藤堂文書」）。

このように船手衆の一時帰国が相次いだが、周辺海域では李舜臣らの朝鮮水軍が依然として活動しており、日本水軍との間で小競り合いが続いていた。「乱中日記」は、甲午の年（文禄三年）三月初旬に唐項浦などで日本水軍を破ったこと、九月末から十月初めにかけて巨済島周辺の場門浦《チャンムンポ》（長門浦）や永登浦《ヨンドウンポ》で日本軍を攻撃したことを記している。

このうち後者について「乱中日記」は、九月二十九日に巨済島北部の場門浦に突入して倭の空船を焼き打ちにしたこと、十月一日に永登浦に突入したが、倭船は出撃してこなかったこと、「倭賊」の小船が味方の船に火を投げ込んだこと、十月四日に軍兵を場門に上陸させて挑発したところ、倭軍は東西に「奔走」したこと、などを記している。

この巨済島北部での小競り合いについては、当時巨済島に在陣していた島津義弘《よしひろ》軍に関する記録が残されている。「義弘公譜」は、九月二十九日に敵艦船数十艘が巨済島の四国陣を攻撃し、義弘家臣の伊集院抱節《ほうせつ》（久治《ひさはる》）が救援に向かい福島正則から感謝されたこと、十月一日には、昨日四国陣に迫ってきた敵艦が薩摩の陣営にも攻撃を仕掛けてきたので、これを撃退したこと、十月四日にも薩摩の陣営に攻撃を仕掛けてきたが近寄ることができずに退去したこと、その際桑山一晴（小藤太）・杉若ら紀伊国衆が追撃したこと、などを記している（「旧記雑録後編」巻三三）。

なお、島津氏の武功を記した「征韓録」は、このときの四国勢として福島正則のほかに戸田《とだ》勝隆《かつたか》、来島兄弟がいたことを記している。すでに記したように得居通幸はすでに戦死しているので、来島兄弟というのは正確ではないが、来島の村上通総《みちふさ》が安骨浦に残っていた可能性はあろう（戸田勝隆は十月に死去）。

このような状況のなかで島津義弘は、当時名護屋で渡海の準備をしていた子息又八郎（忠恒《ただつね》）に対して、敵番船の活動が活発だから直接「唐島」へ渡らず、一度釜山浦へ着船するようにと指示している。また義弘は、家臣伊集院幸侃《こうかん》（忠棟《ただむね》）らにあてた書状で、敵番船の動きの俊敏なことは日本船に劣るものではなく、「荷積船など櫓数なき船」は敵船に遭遇したら逃れられない、などと警告している（「旧記雑録後編」巻三三）。

このように文禄三年九〜十月の時点においても、巨済島北部海岸において李舜臣らの朝鮮水軍が活発に活動していたことがわかる。これに対して日本の船手衆の活動はあまりみられず、わずかに桑山・若杉氏らの紀伊国衆の活動が確認される程度である。

講和交渉の進展がみられない状況のなかで、文禄四年になると、国内では関白秀次が名護屋に出陣して再派兵することが考えられ始める。それを示すのが、正月十五日付の「高麗働御人数帳」である。ここでは、船手衆一万二五〇〇人の出陣が想定されている[8]（「島津家文書」）。ただこの計画は、明皇帝の使節の来日が現実のものとなり、一方では、関白秀次が謀反を疑われて自害に追い込まれる事件が起こったことにより、実現せずに終わった。

なお、文禄四年には船手衆の面々の一身上にさまざまな変化が生じた。藤堂高虎は、四月に主君羽柴秀保《ひでやす》が死去したのを機に、かつて仕えた秀長《ひでなが》（秀保は秀長の養子）の旧恩を思い、高野山に「隠退」したという。秀吉は高虎の「隠退」を惜しんで再三使者を送って下山を求めたので、高虎は六月には下山して、伏見の秀吉のもとに出頭した。これを喜んだ秀吉は、六月十九日付で伊予国喜多郡・浮穴《うけな》郡・宇和郡のうち六万五九〇〇石の蔵入代官を命じ、七月二十二日には新たに宇和郡内で七万石の領地を与えた（「高山公実録」）。またその前日の七月二十一日には、加藤嘉明が伊予国久米郡・温泉郡・野間郡・伊予郡で六万石を与えられ、それとは別に四万石余の蔵入地を預けられた（「近江水口加藤家文書」）。こうして藤堂高虎と加藤嘉明がそれぞれ南伊予・中部伊予の大名となり、その領地が境を接することになった。

藤田達生氏は、秀次一門の粛清とそれに続く一連のできごとを文禄四年政変ととらえ、藤堂や加藤の伊予領知も、そのような政変後の新たな大名配置の一環であるとの見解を示している（「藩成立期の先覚者像」）。また村上通総は、二月五日付で出雲守の官途を与えられている（「新出久留島文書」）。「脇坂記」によると、安治は文禄三年春に九鬼嘉隆が在番のために安骨浦に来たので代わりに帰国したが、同四年に再び渡海し、慶長元年（一五九六）春にはまた帰国したという。藤堂高虎は、文禄四年二月の時点で、来春九鬼嘉隆とともに渡海する予定だと述べている（「吉川家文書」）。文禄四年、慶長元年の講和交渉期には、船手衆は安骨浦の倭城と日本の間を行ったり来たりしていたのが実情ではないだろうか。

村井章介氏が紹介している、一五九五年（日本では文禄四年）十月に朝鮮官人が各所の倭城などの様子を「探審」した報告書（『宣祖実録』巻六九）では、このころ安骨浦は、もとの在番担当者はみな帰国し、林浪《セイグワン》城から毛利吉成《よしなり》が移駐してきていると記しているから（『倭城』をめぐる交流と葛藤」）、かつてのような船手衆の基地としての役割は終えているようにみえる。

四　慶長の役と海戦

慶長二年の軍令

慶長元年（一五九六）九月、大坂城で秀吉と明使の会見が実現し、両者の思惑の違いが明らかになると、再派兵が現実のものとなる。秀吉は翌二年二月二十日付で配下の武将たちに「今度高麗へ差遣さるに付て、其方家来者共自然逐電の族これ有るにおいては、追って先々成敗を加うべく候」という朱印状を発して家臣団統制の覚悟を求め（船手衆関係では加藤・来島・菅あてのものが残されている）、翌二十一日付で各武将に一斉に軍令を発した（「近江水口加藤家文書」など）。

この軍令では、「赤国残らず悉く一篇に成敗申し付け、青国其の外の儀は、成るべくほど相動くべきこと」と述べられていて、赤国（全羅道《チョルラド》）を完全制圧すること、青国（忠清道《チュンチョンド》）を可能な限り侵略することが目的であったことがわかる。白国（慶尚道《キョンサンド》）についての言及はないが、これはすでに制圧済みという認識だったのであろう。なお、この軍令では、諸将の配置を定めるだけでなく、毛利豊後守（重《しげ》政《まさ》）など七名の目付を派遣することを定め、彼らに、起請文を書かせたうえで、「諸事有様の躰」を「見かくし、聞かくさず」注進することを求めるなど、目付に大きな権限を与えたところに特色がある。これは、これまでにもたびたびみられた戦場での抜け駆けを防止しようとしたものであるが、この規定は今後、いろいろなところで船手衆の行動に影響を与えることになる。

二月二十一日の軍令では、藤堂・加藤・来島村上・菅の四氏が、長宗我部元親《ちょうそかべもとちか》・池田秀氏《ひでうじ》・中川秀成《ひでなり》とともに六番隊に位置付けられ、脇坂氏が、蜂須賀家政《はちすかいえまさ》・生駒一正《いこまかずまさ》とともに七番隊に位置付けられた。また別のところでは、「舟手の動入り候時は、藤堂佐渡守・加藤左馬助・脇坂中務少輔両三人申し次第、四国衆、菅平右衛門并びに諸手の警固舟共相動くべきこと」と定められている。これらによると、六・七番隊は必要に応じて藤堂・加藤・脇坂の指揮のもとに船手衆として活動するということであろう。ここには九鬼嘉隆《くきよしたか》の名が見えないが、これは、慶長二年に嘉隆が隠居し、子の守隆が跡を継いだからであろう。

こうしてみると、慶長時の軍編成においては、船手衆独自の編成はなされておらず、旧来の船手衆を六番隊・七番隊などの陸上部隊のなかに組み込み、必要が生じたときに藤堂・加藤・脇坂らに四国衆を加えて海上活動をさせるという体制をとろうとしたことがわかる。

しかし、実際の海上活動において中心的な役割を果たしたのは、やはり藤堂・加藤・脇坂らの文禄以来の船手衆であった。それ以外の諸氏については、長宗我部・池田・蜂須賀の各氏が後述の巨済島《コジェド》周辺の海戦に加わった形跡があるほかは、ほとんど海上活動を確認できない。このうち長宗我部元親については、前記海戦ののちには右軍に加わって慶尚道を北上していったことが明らかにされている（津野倫明「慶長の役における長宗我部元親の動向」）。

このような水軍編成とは別に、このころには海上での戦術についても検討が加えられたらしい。すでに李敏雄氏が紹介しているように（「丁酉再乱期における漆川梁海戦の背景と主要経過」）、慶長元年十二月に明の冊封使とともに来日した朝鮮使節の一人黄慎《ファンジン》が本国に送った報告書には、柳川調信《やながわしげのぶ》（対馬宗氏の家臣）が朝鮮の訳官に語った言葉として、次のようなことが記されていた（「宣祖実録」巻八三）。

朝鮮舟師稍習水戦、船且堅厚、若彼此排列相持、進退而戦、則必難取勝若昏夜潜行、出其不意、毎朝鮮一大船、例以日本小船、或五六或七八当之、冒矢石突進、一時搏戦、則舟師亦可破也

朝鮮水軍は海戦によく慣れていて、かつ船は「堅厚」である、もし両軍が同じように行動して戦うならば勝利することは難しい、もし、深夜にひそかに出船して不意を突き、朝鮮軍の大船に日本軍の小船五、六艘あるいは七、八艘で当たり、矢石を冒して突進して一気に接近して戦うならば、朝鮮の軍船を破ることができる、というような意味であろうか。ここには朝鮮水軍の大型船を攻略するための日本軍の戦術上の工夫がよく示されている。実際、後述の慶長二年七月の巨済島周辺の海戦では、深夜にひそかに出撃するという戦術が取られた。

このあとの船手衆の行動について「脇坂記」は、以下のように記している。

慶長二年の四月に朝鮮に渡ろうとしたとき、日本の兵船は数千艘あったが、対馬から釜山に向かう途中「唐島」から出撃してきた敵番船百艘ばかりと遭遇した。敵船は日本船の通路を遮り危機に陥ったが、大風が吹いて敵船が撤退したので、日本の船はやっとの思いで釜山に入港した。釜山にしばらく逗留したが、この間、九鬼・加藤・藤堂と相談して、「唐島」を拠点とする敵番船が日本軍の渡海の障害となっているので、大船をつくってこれを破らなければならないということになり、五月中旬に熊川に渡って諸将は造船に取り組んだ。

細部はともかくとして、大きな動きとしてはこのようなものだったのではなかろうか。そして両軍は、

七月中旬に巨済島周辺で正面から衝突することになった。

巨済島での勝利

巨済島の海戦については、朝鮮側の史料を用いて朝鮮水軍の動きを詳細に分析した、前掲の李敏雄氏の成果がある。朝鮮水軍の動きについては同論考を参照しながら、ここでは日本水軍の動きを中心に検討してみることにする。

前哨戦は六月中旬から始まっていた。「宣祖実録」（巻八九）によると、このころ朝鮮水軍を率いていた元均《ウンギョン》は、六月十八日に閑山島《ハンサンド》から釜山《プサン》に向けて出港し、十九日に安骨浦《アンゴルポ》と加徳島《カトクド》で小規模な海戦を行った。また、「乱中日記」によると、七月八日には釜山近海の絶影島《チョルヨンド》沖で海戦があった。このころ政争に敗れて失脚していた李舜臣《イスンシン》は伝聞によってしか倭人との戦いの様子を知ることができなかったが、(9)「乱中日記」七月十四日条には、知人から得た情報として、今月七日に倭船五〇〇余隻が釜山に現れ、九日（正しくは八日であることが北島万次氏によって明らかにされている。北島万次訳注『乱中日記』）には倭船一〇〇〇隻が結集して朝鮮水軍と絶影島沖合で戦闘状態に入り、朝鮮水軍の戦船五隻が漂流して豆毛浦《トウモポ》にたどり着き、七隻はどこへ行ったかわからない、という戦況が記されている。

また、「懲毖録《ちょうひろく》」も巨済島海戦の前の出来事として、元均が絶影島に進出し、日本軍と戦おうとしたが、閑山島から一日中船を漕いできたので乗組員の疲労が甚だしくて戦うことができなかったこと、夜更けになって強風が吹き、朝鮮軍の船が散り散りになってしまったこと、かろうじて加徳島に上陸した元均らの軍を日本兵が襲撃して兵四〇〇余人を失ったこと、などを記している。(10)

この七月八日の絶影島近海での海戦については、日本側の史料はない(11)が、「脇坂記」の四月の渡海記事にもみられるように、釜山に向かおうとする日本軍を「唐島」（巨済島）に拠点を置く朝鮮水軍が攻撃するということはしばしばあったに違いない（先にも述べたように、「唐島」の西隣の小島閑山島に朝鮮水軍の統制営〈基地〉が置かれていた）。その点からすると、「脇坂記」が、安治が加藤・藤堂らと相談して「唐島」を拠点とする敵番船が日本軍の障害となっているので、これを破らなければならないと考えた、と記しているのは、当時の状況をよく伝えているといえよう。

そしてそれを実行したのが七月十五日の「唐島」への出撃であった。この海戦については、直後の七月十六日付で豊臣政権の奉行にあてた注進状が残されている。

〔史料7〕（「島津家文書」）

急度言上致し奉り候

一番船唐島を居所に仕り、日々罷り出、日本の通船渡海一切罷り成らざるに付て、五人のもの共申合わせ、唐島へ押寄せ、明昨日十五日夜半より明末の刻迄相戦い、番船百六十余艘切取り、其の外津々浦々十五六里の間、ふね共残らず焼棄て申し、唐人数千人海へ追いはめ、切捨て申し候、猶此の表の様子、御奉行衆より言上を遂げらるべきの条、申上げ及ばず候、右宜しく御披露仰す所に候、恐々謹言

七月十六日

小西摂津守
藤堂佐渡守
脇坂中務少輔

加藤左馬助
島津又八郎
羽柴兵庫頭

徳善院
増田右衛門尉殿
石田治部少輔殿
長束大蔵少輔殿

これによって、「唐島」を拠点にする朝鮮軍の番船によって日本船の朝鮮渡海が妨げられている状況を打開する目的で出陣が行われたこと、合戦は十五日の夜半から十六日未の刻にかけて「唐島」周辺で行われたこと、日本軍が敵船一六〇余艘を討ち取り勝利したこと、などがわかる。注進状が、小西行《ゆき》長《なが》・藤堂高虎《たかとら》・脇坂安治《やすはる》・加藤嘉明《よしあき》・島津義弘《よしひろ》・同忠恒《ただつね》の連名で出されていることからすれば、これらの人物たちが日本軍の中心だったものと思われる。

これとは別に、少し遅れて七月二十二日付で、合戦に加わっていた七名の軍目付からも連名で注進状が同じ四名の奉行に送られている（「対馬古文書」のうち「洲河文書」）。「番船取申帳」と名付けられたこの文書は、かつて三鬼清一郎氏が紹介し（「朝鮮役における水軍編成について」）、近年津野倫明氏が詳しく分析を加えたもので（「巨済島海戦に関する一注進状」）、そこにはだれが何艘の番船を伐り取ったか、注文形式で具体的に記されている。それによると、日本軍が討ち取った番船の総数は一六四艘で、そのうち三四艘は「切取」ったもの、すなわち捕獲したもので、残りの一三〇艘は「焼捨」てたものであった。個人別にみると、加藤嘉明が切り取ったものが家臣の分を含めて三艘、脇坂安治が五艘、藤堂高虎が六艘で、あとの者は一〜二艘である。これをみると、船手衆の船団の功績が大きかったことが歴然としている。

これらの注進状をうけて政権側からは、「手柄の段、比類無く候」という、ほぼ同文の朱印状が八月九日付で各氏に発せられ、島津父子・藤堂高虎・加藤嘉明あてのものが確認できる（「島津家文書」など）。また、同日付で、文面の異なる朱印状が島津義弘の甥又七郎（豊久《とよひさ》）あてに出されている（「旧記雑録後編」三）。これによると、又七郎は切り取った船を焼き払わずに日本まで回漕して、秀吉のもとへ進上したという。「征韓録」は、その船が慶長の末年まで大坂にあったという古老の話を伝えている。

さらに、八月十日付の毛利輝元《てるもと》あての朱印状では、前記注進状の内容を知らせると同時に、「大明国天道に尽き、自然朝鮮都より五日路も六日路も罷り出で候はば、懸け留め、注進せしむべきの旨仰出され候条、彼到来次第に、秀頼に江戸内府（徳川家康）・加賀大納言（前田利家）・越後中納言（上杉景勝）付け置かれ、其の外の人数追々罷り立つべきの旨仰付けられ、御自身は一騎懸けに五騎、十騎の体にて御渡海成され、悉く討果たさるべく候」と述べている（「毛利家文書」。同じ趣旨のことが「島津家文書」にもみえる）。再出兵早々の海戦での大勝利に高揚した秀吉の心情を読み取ることができよう。

なお、この海戦における朝鮮水軍の指揮者は、失脚した李舜臣にかわって忠清・全羅・慶尚三道水軍統制使の地位についていた元均であったが、その元均は、この戦いの最中に戦死した。「乱中雑録」は、海戦に敗れた元均が陸に逃れたところ、待ち伏せしていた島津勢に襲撃されたと記している。また李舜臣の「乱中日記」（七月十八日条）は、元均はじめ多くの武将が敗死したとの報を受け、「聞けば聞くほど痛哭に堪えない」と記している。

巨済島の海戦については、参戦した各大名家がさまざまな記録を残している。それらを参照しながらもう少し具体的に戦いの様相を探ってみることにする（一三七ページ図23参照）。

戦いの諸相

これまでにもしばしば引用してきた「脇坂記」は、おおむね以下のようなことを記している（ただし、日付を七月七日のことと誤っている）。

- 「七月七日」の夜半に熊川《ウンチョン》の港を出て唐島表へ向かった。
- 藤堂と加藤が早船に乗って抜駆けし、「瀬戸ノ内」において藤堂が番船一艘を乗捕った。
- 脇坂の物見の早船が、高虎が一艘乗捕ったと報告したので、安治は大船では遅いと判断して早船に乗って漕ぎ急ぐと、夜明け方に加藤嘉明に追いついた。
- 「瀬戸ノ内」に浮かんだ敵番船に安治と嘉明が前後を争って突入し、二人とも敵船を乗捕った。これをはじめとして諸手の大船・小船が押し懸け、半時の間に数十艘を討ち取った。残る番船は、ことごとく逃走をはかったが、諸手の者が追いかけて討ち取った。

一方、藤堂高虎の事績をまとめた「高山公実録」は、多くの記録を引いてこの海戦について詳細に論じているが、そのうちの一つ「船（舟）威考」は、以下のように記している。

- 「十四日」の夜亥の刻ばかりに家臣藤島与左衛門・疋田勘左衛門に敵の様子を偵察させ、敵船を発見したら三発の銃声を発するように指示した。

- 敵船を見つけた藤島が銃声を発すると、準備をしていた藤堂新七郎（良勝《よしかつ》）がすぐに出船し、敵の不意を突いて一番に敵船を乗捕った。
- 高虎は銃声を聞くと、「軍監奉行」に自軍の船が敵船の攻撃を受けたので出撃すると伝達し、自ら出陣した。それが「十五日」の「鶏鳴」のころであった。
- 加藤・脇坂・松浦《まつら》鎮信《しげのぶ》・菅達長らが、船戦の音を聞き、また「監察奉行」からの知らせを受けて兵船を進めた。藤堂の家臣長田三郎兵衛が敵船に乗り移って戦っているとき、諸手よりその船に乗り移って「旗馬印」を立てる者があったので、この船は藤堂家が取ったものだと大声を出してその旗をことごとく海上へ投げ捨てた。
- その後駆けつけてきた諸手と敵船が入り混じって戦った。日本軍が乗っ取った船は大小合わせて一六〇余艘であった。
- 十六日に「軍監奉行」より秀吉のところへ大勝の趣を言上したが、その際藤堂家が一番乗りと注進した。
- 十七日に諸氏が一堂に会して「軍監奉行」とともに船戦の功を糺したとき、嘉明は、藤堂は夜中にひそかに漕ぎ寄せて敵の不意を突いただけで労少なく、しかも、それは家臣の功である。自分は軍令を待って敵船に取りかかり、自ら敵の大将の乗った船に飛び乗った。また、藤堂家の家臣が我が旗をとり棄てて藤堂家の旗を立てたのは奇怪である。よってこのたびの一番乗りは自分である、などと主張した。脇坂・池田・菅・小西などは、嘉明の理は「不尽の論」であるとして高虎に加担した。奉行衆も高虎の功を認めたが、嘉明は納得せず、あわや刃傷に及ばんとしたが、松浦鎮信が取りなしてことなきを得た。

また、藤堂高虎と争った嘉明の記録「嘉明公譜」は、次のように記す。

・熊川から巨済島に向かって出陣し、朝鮮「戦艦」千艘（ママ）に遭遇して自ら家臣たちとともに戦って大船を取った。さらに別の船に向かうとき、矢にあたって苦戦した。その様子は、鍋島勝茂《なべしまかつしげ》がみていた。

・「検使」を交えて軍功を協議するとき、高虎が「先闘之功」は自分にあると述べたので、嘉明は自分こそが戦功第一であると主張し、両者が対立した。

・結果的に、高虎や安治の家臣の死者が多かったので、「検使」等は連署して偽りをもって高虎が「唐島奪番船之捷第一」と報告した。

また、船手衆とは立場は異なるが、先の注進状に名を連ねた島津義弘の記録「義弘公譜」は、次のように記している（「旧記雑録後編」巻三九）。

・巨済島にいる朝鮮水軍が再渡海の日本軍の進路を阻もうとするので、「水路の将」藤堂と脇坂がこれを撃破しようとして加藤にも来援するように声をかけた。ところが、藤堂・脇坂は加藤が到着する前に兵を「唐島」に出したので加藤は驚いて急ぎ出船した。

・当時加徳島に在陣していた義弘・又八郎（忠恒）父子は、七月十四日に加徳島を出て巨済島に上陸した。

・十五日の夜半に海戦が始まり、藤堂の家臣藤堂新七郎が敵船一艘を打ち取り、島津又七郎（豊久）も一艘を打ち取った。戦いは未刻まで続き、敵大船は雨のように矢を浴びせたので安治の従兵は多くの者が戦死した。

•加藤嘉明は「一大艨艦」に突撃し、ついにそれを打ち取った。多くの敵船は退却を始めたが、藤堂・脇坂が欺いたことを怒った加藤は、その武勇を示さんとして別の軍船に戦いを仕掛け、海に落ちたり、股を射られたりしたが、その様子を鍋島勝茂がみて労をねぎらった。
•海上では、敵船一六〇余艘を焼き打ちにし、陸では、義弘父子が多くの敵兵を斬り、海陸あわせて斬首は数千人に及んだ。日本に報告するためにその軍功を記すとき、高虎が「先登之功」は自分であると述べると、嘉明が反発し、両者が激しく対立した。

ちなみに「宣祖実録」（巻九〇）には合戦の状況について、ほぼ以下のような内容の報告が記されている。

十五日の夜中に、倭船五、六隻が不意に我が国の戦船四隻を襲い、四隻はすべて「焼没」した。我が国の諸将はあわてて船を動かし、難儀のすえ陣形を整えた。「鶏鳴」のころになって無数の倭船が襲撃してきて何重にも我が軍を取り巻いた。且つ戦い、且つ退いたが、大軍に敵せず、我が船は固城方面に退いた。「賊勢」はさらに勢いづき、我が国の戦船はすべて「焼没」され、「諸将軍卒」はことごとく焼死したり、溺死したりした。

漆川梁

このように、この海戦についての諸書の記述は必ずしも一様ではないが、それでもそれらを突き合わせてみると、おのずからいくつかのことがらを確認することはできよう。

合戦の日時については、「高山公実録」所収の「船威集」は十四日の夜間から十五日の早朝のころと

図31　漆川梁の景観（右＝巨済島，左＝七川島）

しているが、これは、一次史料である前記注進状が十五日夜半から十六日の未の刻としているのに従うべきであろう。これは朝鮮側の「宣祖実録」の記述とも合う。戦いの場所については、注進状は「唐島へ押し寄せ」と記し、他の記録類も「唐島」と記すものが多いが、「脇坂記」のように、「瀬戸ノ内」、大河内秀元の「朝鮮記」のように「唐島迫戸」と記すものもある。この「瀬戸」「迫戸」については、「懲毖録」が、加徳島で日本兵に襲撃されたのち元均が漆川島《チルチヨンド》に至ったこと、また、元均の部下が、漆川島は水路が浅いうえに狭く、操船に不利だと献策したのを元均が聞き入れなかったこと、などを記しているから、巨済島北端部とその西隣の小島漆川島（現七川島）にはさまれた漆川梁《チルチヨンリヤン》のことであることは明らかである。

　なお、日本側史料のなかにも、「高山公実録」の引く「船（舟）威考」のように「泥川」、同じく「長田三郎兵衛家乗」のように「唐島口とろ川口と申所」、同じく「高畑理兵衛家乗」のように「泥川口と申所」などと表記する例がある。「泥川」とは聞きなれない地名であるが、これは、道がぬかるんでいる状態などを示す「しるい」「じるい」（『日本国語大辞典』）に「泥」の字をあてて、「しるかわ（じるかわ）」と読ませたのではないだろうか（「どろ川」はその音が忘れられてからの表記）。つまり「チルチョン」を日本語風に表記したものと思われる。

漆川梁は、最狭部が約四〇〇メートルほどの南北に細長い海峡である。この海峡をまたぐ真新しい七川大橋の上から眺めてみると、潮流はそれほど速くなく、周辺には船の停泊にふさわしいような小さな入江などもある。おそらくこの海峡に入っていれば外海からその姿をみつけるのは容易ではないであろう。そのようなことから元均軍は、海峡の一角で休泊していたものと思われるが、それを熊川にいた日本軍が発見し、海峡の北から南に向かって攻め込んだのであろう。

次にこの海戦に参加した日本軍の武将については、その中心が先の注進状に名を連ねた六名であることは間違いないが、実際にはそれ以外にも戦いに関与した多くの武将がいたらしい。前記「番船取申帳」には、軍目付の一人福原長堯《ふくはらながたか》、豊前の毛利吉成《よしなり》、日向の伊東祐兵《すけたか》・高橋元種《もとたね》・秋月種長《あきづきたねなが》、肥後の相《さが》良《ら》長毎《ながつね》、対馬の宗義智《そうよしとし》、肥前の有馬《ありま》晴信《はるのぶ》・松浦鎮信らの名があげられている。これらは軍目付によって番船の切取りが認定された者たちであるが、それ以外にも参戦した武将は数多くいた。

船手衆のうち来島の村上通総《みちふさ》は、注進状には名をみせていないが、後述する南原《ナムウオン》城攻めの軍忠を賞する朱印状に「最前番船切り捕り、度々の手柄比類なく候」とみえるから（「久留島文書」）、何らかの形で参戦したものと思われる。

また、小早川秀秋の重臣山口玄蕃《げんば》（正弘《まさひろ》）にあてた八月十六日朱印状をみると、山口玄蕃も、使者として現地にいたところ戦いに遭遇し、柳川侍従（立花宗茂《たちばなむねしげ》）・高橋主膳（直次）・筑紫善吉（茂成、広門の弟）とともに参戦したことがわかる（「菅文書」）。また、同朱印状には、菅達長の子二（仁）三郎も番船を切り取ったと記されている。二（仁）三郎は、父達長とは別行動をとって小早川秀秋軍のなかにいたものと思われる。

そのほかにも、前記記録類に名をみせる者だけでも、菅達長・鍋島勝茂などがいるが、これとは別に慶念の「朝鮮日々記」には、高橋元種ら日向衆、「あわとの《（蜂須賀家政）》」「土佐との《（長宗我部元親）》」「飛驒守殿《（太田一吉）》」らの名があげられている（ただし同記はこのことを七月十日条に記している。誤記か）。また、これらとは別に軍目付として、これまで名前の出てきた福原長堯・太田一吉のほかに早川長政《ながまさ》、垣見《かきみ》一直《かずなお》・竹中隆重・熊谷直盛《くまがいなおもり》・毛利友重（民部大輔）も加わっていたことが確認される。

これをみると、主力は脇坂・藤堂・加藤に来島・菅を加えた旧来の船手衆であったであろうが、それに、当時加徳島に在陣していた島津父子が加わり、さらに近隣の倭城に在番していた多くの武将たちも参陣したものと思われる。そして、軍目付が加わっていることからもわかるように、それは豊臣政権の意志を踏まえた作戦だったはずである。実際「朝鮮記」には、軍事行動に先立って諸将が「安高麗」（安骨浦）に集まって蜂須賀家政の船上で「評議」を行ったと記されている。また、藤堂高虎が絶えず「軍監奉行」を気にし、そこへの連絡を絶やさぬように気を配っているのもそのことを示していよう。

藤堂と加藤の争い

しかし、実際の戦いがそのような事前評議に従ったものではなかったのは、これまでみてきたとおりである。少なくとも船手衆の面々においては、だれが一番乗りをするかが最大の関心事であり、またそのように行動した。その点では、彼らの意識や行動は戦国期の合戦に臨んだ武将のそれと大きく変わるものではなかった。このような行動の特性は、短期的戦術では先陣争いが武功につながったという点でプラスに働いたが、長期戦略的には、船手衆の間に大きな亀裂を生じさせたという点でマイナスに働いたといえよう。そしてそのような戦い方の行きついた先が、加藤嘉明と藤堂高虎の戦功をめぐる深刻な対立であった。

七人の軍目付の判断は、軍功の第一は藤堂高虎ということであった。七月二十三日付で藤堂高虎にあてて、十五日夜の唐島における番船切取りにおいては「貴所一番」とする連署状を発している。またこれとは別に、七人は連名で七月十九日付で小西・藤堂・脇坂にあてて、加藤嘉明が御法度の御朱印に背いたこと、「両四人相定める書物の旨」に違反したこと、「両三人又は奉行中迄も悪口」を申したことを非難する書状を発している（「藤堂文書」）。同じ内容のものが嘉明本人あてにも出されていて、これは軍目付からの公式な叱責と読むことができよう（「近江水口加藤家文書」）。

高虎は事後の対応も巧妙だったようで、軍目付の注進とは別に家臣藤堂太郎左衛門を京都の秀吉のもとへ直接派遣したらしい。八月二十一日付で、太郎左衛門から報告を聞いた旨の秀吉朱印状、同日付の石田三成《みつなり》・増田《ました》長盛《ながもり》連署状、同増田長盛書状、翌二十二日付の徳川家康書状が確認できる（「高山公実録」）。

しかし、おさまらないのは嘉明の方で、八月の南原城攻め、九月の鳴梁《ミョンリャン》の海戦も過ぎた十月になって、何人かの武将から嘉明のもとへ書状が届けられた。そのうち十月二十五日付の蜂須賀家政書状の一節には次のように記されている。

〔史料8〕（「近江水口加藤家文書」）

去夏唐島表番舟討果たさる刻、藤佐（藤堂高虎）一人覚悟を以て御勝手の由、注進申上げられ候哉、定て其分たるべく候、併《しかしながら》御目付衆方へ有様に申上げられ候はば、面々私の申様は入る間敷く候哉、自然爰元において様躰相尋ねらる事候はば、早主馬（早川長政）見及ばれ候間、紛れ無く申さるべく候、我等式も承り伝え通りは物語申すべき事

私的な書状の常で十分に意をくみとれない部分もあるが、先の「唐島」での海戦のことが話題となり、高虎が一人で勝手に秀吉のもとに使者を送って注進したことが非難されているのを読み取ることができる。おそらく嘉明が同様のことを申し送った返事としてこのような書状がもたらされたのであろう。このなかに名前が出てくる、「唐島」合戦時の軍目付早川長政も十月二十六日付で嘉明のもとに書状を寄せ、「今度唐島にて番船の儀、藤佐より私に御註進申し上げらるの由候、其の分にては有るまじくと存じ候」と、同様の趣旨のことを述べ、同じく軍目付の一人竹中隆重も十月二十七日付書状のなかで、「藤佐、太郎左衛門差上せられ、御朱印頂戴申され、使にも御服物下さる旨候、今の時分何も其の勝手に御座候、言語に延べ難く候」と述べている（いずれも「近江水口加藤家文書」）。

このように加藤嘉明やそこに返信を寄せた面々が、藤堂高虎が勝手に使者を送ったことを非難しているのは、文禄二年（一五九三）三月二十三日に船手衆が確認した覚書の第五条に、勝手な注進を非とする規定があったからである（一七七ページ史料5）。嘉明あての諸氏の書状には詳細をつかみ難いところもあるが、嘉明が、蜂須賀家政や軍目付の早川・竹中を介して、高虎との争いについて巻き返しを図っ

ている様子を読み取ることはできよう。

このような両者の対立は、さらに周辺の人々をも巻き込んで深刻の度を増していく。このころ十一月十一日付で、先の蜂須賀家政が、嘉明にあてた書状が残されているが、そこから次のような事情を読み取ることができる（「徳島市立徳島城博物館所蔵文書」）。このころ、目付衆の熊谷直盛や垣見一直の現況報告に不満をもった宇喜多秀家《うきたひでいえ》などの現地武将が連署して秀吉のもとへ注進状を送ろうという試みがなされたことがあった。そのとき、嘉明と親しい家政は嘉明にも声をかけるべきだと述べたが、秀家は「無用」と答えたという。それについて家政は書状のなかで、「今度の御注進は、貴所などへは御隠密のように見え候」と私見を述べている。注進をなぜ嘉明に隠密にしなければならなかったのか推測してみると、声をかけられたメンバーが家政のほかに藤堂高虎・山口玄蕃（正弘）・安国寺恵瓊《あんこくじえけい》・脇坂安治らであったことからして、秀家が藤堂高虎の思惑を慮ったとしか考えられない。嘉明を注進状の連署からはずさなければならないほど高虎と嘉明の対立が深刻化していたということであろう。

釜山から南原へ

話を巨済島の海戦の直後へ戻すと、陸上では秀吉の指示に従って諸軍が北上を始める。日本軍が当面の目標としたのは、全羅道の制圧であった。このときの陣立については諸説あるが、この後の展開から判断すれば、参謀本部編『日本戦史　朝鮮役』が史料を引用して（ただし出典不明）述べるように、右軍が、毛利秀元《ひでもと》を中心とする、加藤清正・黒田長政・鍋島父子・長宗我部元親らの軍勢、左軍が、宇喜多秀家を中心とする、小西行長・宗義智・蜂須賀家政らの軍勢とみるのが穏当であろう(12)。なお、この陣立書では、藤堂・加藤・脇坂・来島・菅の五氏が船手衆と位置付けられ、これに黒田如水《じょすい》および諸家の水軍が若干これに属すとされている。ここでも九鬼嘉隆を除く文禄期以来の船手衆を主体とする水軍編成であったことがわかる。

二手に分かれた軍勢のうち、毛利秀元らの右軍は陸路を北上して全羅道の中心地全州《チョルジュ》を目指し、宇喜多秀家らの左軍は海上を西進したあと、上陸して南原を目指した。途中で左軍に合流した船手衆も南原城の攻撃に加わった。以下、南原城の攻撃について詳しく記している、臼杵《うすき》城主太田飛驒守一吉の家臣大河内秀元の著わした記録「朝鮮記」に拠って船手衆の行動を追ってみることにする（一三七ページ図23参照）。

左軍の諸将は七月二十八日に釜山に近い竹島《チクド》を出発して海路を西に進み、「唐島の迫戸」（巨済島と陸地部にはさまれた狭い見乃梁《キョンネリヤン》）を越え、「アヤン川」という大河を遡って、八月四日に「忠清道ウレン」というところに着いた（忠清道は明らかに全羅道の誤り）。「アヤン川」や「ウレン」の位置がよくわからないが、同じように南原に向かって行軍した薩摩軍の動きについて記した「島津家高麗軍秘録」は、「唐島」を出船して、七月（八月の誤記か）八日に赤国の内の「波頓」というところに着き、そこから川船で「大川」を遡ったと記している。また、同じく薩摩軍の動きを記した「面高連長坊高麗記」は、七月二十八日に「から島の瀬戸」を渡って泗川《サチヨン》や「光陽」（昆陽《ゴンヤン》か）を過ぎて「川東」へ着いたと記している。位置から判断して、「波頓」＝「川東」は現在の河東《ハドン》と考えて差し支えないであろう。とするとそこから遡る「アヤン河」＝「大川」は現在の蟾津江《セムジンガン》とみることができる。おそらく蟾津江を川船で遡って南原の南に位置する「ウレン」＝求礼《クレ》に着いたものと思われる。

ここで上陸して、さらに南原城を目指して北に向かう軍勢と、港に残って軍船を警固する軍勢に分かれた。本来港に残るはずであった船手衆のうち馬を引き連れている者は南原へ同道することになり、脇坂安治・伊東祐兵《すけたか》・村上通総《みちふさ》の三名がそれに応じ、のちに菅達長も加わった（後述の「朝鮮南原城古図」をみると、加藤・藤堂も包囲軍のなかに名前がみられるので、実際には船手衆の五氏は全員南原城の攻撃に加わったものと考えられる）[13]。

「朝鮮南原城古図」（鹿児島県立図書館蔵）は、周囲を堀に囲まれた方形の南原城の構造を描いた絵図で、そこに城を包囲する日本軍の布陣が書き込まれている。それには南面に脇坂安治の軍勢一二〇〇人、藤堂高虎の二八〇〇人、北面に加藤嘉明の二八〇〇人、村上通総の六〇〇人、菅達長の二〇〇人がそれぞれ配置されているのがみえる。八月十二日から十五日にかけての四日間の激戦の末、南原城は落城したが、「朝鮮記」に記された首注文には、船手衆五氏の取った首数が記されている。この首注文は、証拠として切り取った鼻や南原城の絵図とともに日本に送られることになったが、それを託されたのが脇坂・伊東・来島村上の三氏で、彼らはそれを「ウレン」の港にいる奉行のもとへ届けた。

なお、九月十三日付で南原城において功績のあった諸将に一斉に朱印状が発せられたが、船手衆関係では、加藤・藤堂・来島村上の諸氏あてのものが残されている。例えば加藤嘉明あてのものには、「赤国内南原城大明人楯籠るに付きて、去んぬる月十三日に取り巻き、同十五日夜落居せしめ、其方手前首数五十五討ち捕り、即ち鼻到来候、粉骨の至りに候」と記されていて（「近江水口加藤家文書」）、先の「朝鮮記」の記述とほぼ一致する。

図32　鳴梁の景観（手前＝珍島）

鳴梁の海戦

南原城陥落後、左軍・右軍は全州に集結して今後の方針について協議した。その結果、加藤清正や黒田長政らの軍勢は、忠清道へ侵攻後慶尚道に戻ること、残りの宇喜多秀家や島津義弘らの軍勢は、忠清道侵攻後全羅道の経略にあたること、船手衆は全羅道沿岸を制圧することなどが決められた（「中川家文書」）。その取決めに従って船手衆は、全羅道の南岸を海路西へ進んだ。これに対して朝鮮水軍は、一時失脚していた李舜臣が七月二十二日に三道水軍統制使として復活し、反攻の準備を整えていた。なお、李敏雄氏は、日本の船手衆が南原城の陸上戦に加わったことは、李舜臣による朝鮮水軍再建に時間的余裕を与えたと指摘している（前掲「丁酉再乱期における漆川梁海戦の背景と主要経過」）。

そして両軍は、九月十六日鳴梁《ミヨンリヤン》で衝突した。ここは全羅道南岸の半島と珍島《チンド》にはさまれた狭い海峡で、最狭部の距離は約三〇〇〇《メートル》である。海峡のほとりに立ってみると、海水は急潮となって流れ、場所によっては白波をたてているところもある。このようなところでは、地形や潮流などの自然条件を知悉している者が戦いに有利なことはいうまでもない。

戦いの様子を朝鮮、日本双方の史料でみておきたい。李舜臣の「乱中日記」は、日本軍は一三〇隻、朝鮮軍はわずかで、朝鮮の諸将のなかには戦いを避けようとする者もいたが、自分は日本軍のなかに突っ込み、火炮や矢を激しく放ったので戦況は一進一退となったこと、やがて仲間の船が駆けつけてきて力をあわせて日本軍を撃退したこと、戦死した日本武将について安骨浦陣の賊将馬多時《マダシ》であると指摘する者がいたので、その賊将を釣り上げさせ寸斬させたこと、などを記している。

一方、この海戦について記した日本側の記録としては、軍目付としてこの海戦に加わっていた毛利友重（高政）の子孫の家（豊後佐伯藩毛利家）に伝えられた九月十八日付の注進状が重要である。これは、藤堂高虎・脇坂安治・加藤嘉明・菅達長らが連署して、増田長盛・石田三成らの奉行にあてたものである（「毛利高棟文書」）。

そこには、風が吹く時分だったので、大船は川口に残し置いて、「小関船」ばかりで十日に打ち立ち、赤国浦々島々に発向したこと、「たいたんむろ」（不明）の向かいの「水営」という瀬戸口に敵番船・大船が一四艘、そのほか小舟が数百艘船懸りしていたので、十六日に押し懸け、卯の刻より申の刻まで戦ったこと、毛利民部大輔（友重）の舟一艘と藤堂家中の舟一艘が敵舟に付けて「切乗り」、戦いの最中に友重は二ヵ所疵をうけて海中に落下し、藤堂の舟に助けられたこと、申の刻まで戦い、悉く討ち果たそうと考えていたとき、大風が吹きだし、敵番船は「案内者」であったので逃げ退き、六、七里ばかり追いかけたが、日が暮れ、そのうえ地理に不案内だったので、敵番船の小舟数艘を「焼き割る」にとどまったこと、などが記されている。

翻弄される関船

この注進状を読む限りでは、戦いは日本側の優勢のうちに推移したようにみえるが、発給者の一人藤堂高虎の事績をのちにまとめた「藤堂家覚書」には、この戦いが日本軍の苦戦であったことが率直に書かれている。同書の記すところをみてみよう。

すいえん（水営か）という所に番舟の大将分十三艘が停泊していた。そのあたりは、「大川の瀬」より潮の流れが早いところであったが、十三艘の舟は、その中でも比較的潮の流れがゆったりしている所に泊まっていた。それを見付け、是非ともそれらを打ち取ろうと舟手の衆と御相談して、すぐに取り懸かった。大船にてその瀬戸をこぎくだることはできないだろうと考え、いずれも関船を揃えて攻撃に移った。先手の舟共は敵船と遭遇して、手負の者が多く出、そのなかでも来島出雲守殿は討死した。その外舟手の召し連れられ候家老（家来？）の者どもも過半手負したり、討死したりした。

これによると、日本軍は急潮のことを考慮して大船（安宅船か）の代わりに関船をそろえて攻撃を仕掛けたが、先手の船は敵船にあって手負いを多く出し、来島出雲守は討ち死にし、船手衆の家臣も多く討死したり負傷したりしたことがわかる。さらに「藤堂家覚書」は続けて、軍目付の毛利友重も海中に落下して危ういところを助けられたこと、敵番船は操船が巧みで、風の様子をみながら狭い瀬戸を機敏に行動し、日本軍は追撃することもできなかったこと、藤堂高虎も手に二ヵ所負傷したことなどを記している。

これをみると、一三〇艘を集めた日本軍の大部隊が、狭い瀬戸の地の利や風向きなどを巧妙に利用して機敏に行動する李舜臣率いる朝鮮水軍に翻弄される様を想像することができる。そしてこの記事でもう一つ重要な点は、先の注進状には記されていなかったが、船手衆の一人来島の村上通総が戦死したと記されている点である。

戦死した武将

一方、「乱中日記」も、この海戦のなかで戦死した日本武将について以下のように記している。

降倭俊沙者、乃安骨賊陣投降来者也、在於我船上俯視曰、著画文紅錦衣者、乃安骨陣賊将馬多時也、吾使無上金乭孫要鉤釣上船頭、則俊沙踴躍曰、是馬多時云、故即令寸斬、賊気大挫

北島氏の訳注に従えば、俊沙という名の降倭が、海中に落ちた「文様つきの紅錦衣を着ている者」を指して安骨浦陣の賊将馬多時であると言った。そこで李舜臣は、部下に命じて船首にその賊将を釣り上げさせた。そうすると俊沙が「これは馬多時である」と確認したので、ただちに寸斬させた、ということである。

徳富蘇峰や有馬成甫が、この「馬多時」が通総のことではないかとして以来、そのように考える研究者が多い(14)が、果たしてそうだろうか。鳴梁の海戦で戦死した人物としては通総が最もよく知られていたからこのように考えられたのであろうが、この説では、通総がなぜ「馬多時」(朝鮮語での発音はMata-si)とされたのかがよく理解できない。これに対して、「懲毖録」の訳注者朴鐘鳴氏は、「両国壬辰実

記」の「馬多時」についての撰者割注に「菅野又四郎正陰也、伝語ノ誤リニテ又四郎ヲ又次ト伝ヘタル也」と記されているのをあげて、「馬多時」は、この菅野又四郎正陰《まさかげ》のことではないかとしている。「両国壬辰実記」は、寛政八年（一七九六）に対馬藩士山崎尚長が釜山滞在中に撰したもので、凡例によれば、「朝鮮ノ事績ト日本ノ記録セルモノトヲ牽合セ、件々ヲ参考シテ輯録」したという。朝鮮側の事績は主として「懲毖録」に拠っている。「両国壬辰実記」は、その第五巻に「珍島海辺船軍事」という項を立て、鳴梁の海戦の経緯を日朝双方の側から描いている。日本軍に関する部分は菅野又四郎正陰の活動を中心に描き、朝鮮軍に関する部分は李舜臣の活動を中心に描いている。そのうち後者の記述のなかに敵将「馬多時」の名を挙げて前記のような割注を付しているのである。「両国壬辰実記」全体の信憑性は必ずしも高いものではないが、菅野又四郎の部分については何か拠るべき史料をもっていたものと思われる。

その又四郎正陰については、『〈増訂版〉戦国人名事典』が、「（鍋島）直茂公譜考補」を引いて慶長二年九月十六日全羅道碧波亭下で戦死、と記している。「直茂公譜考補」巻九の「黄石山南原城攻」の項は、南原城攻めにおける鍋島直茂・勝茂父子の活躍を描き、それを感賞する九月二十二日付朱印状を載せているが、そのあとに「此時全羅道ノ内珍島ニ於テ日本勢李舜臣ト船軍シテ利ヲ失ヒ菅平右衛門ノ子又四郎正陰討死スト也」という記述がある。この「船軍」が鳴梁の海戦を指していることは明らかであるから、この戦いで菅達長の子又四郎正陰が討死したことがわかる（「両国壬辰実記」の「菅野」は「菅」の誤記であろう）(15)。

そして、菅又四郎正陰の「又四郎」が「馬多時」と表記されたと考えれば（あるいは「両国壬辰実記」

が記すように「又四郎」が「又次」と誤伝され「馬多時」となったとも考えられる）、比較的無理がないのではなかろうか。もしそうであるとすると、安骨浦の日本陣にいた投降者俊沙が「安骨浦の賊将馬多時」と述べたという点についても、先にふれたように文禄二年の暮れに船手衆は秀吉の命によって安骨浦城での在番にあたっていたから（「脇坂記」）、そのころ菅父子が安骨浦にいた可能性は十分にあり、不審はないといえる。

これらの点から判断して、「乱中日記」の記す「馬多時」は、菅達長の子又四郎正陰のことではないかと考えられる。

菅又四郎正陰についてはその後の史料には見当たらないが、通総については、その戦死の報がすぐに秀吉のもとに伝えられたようで、十月十五日付で、一緒に行動していた船手衆の面々と軍目付毛利友重にあてて、「赤国の内水営浦」において敵番船と戦って通総が戦死したことを「不便」に思召さる旨の朱印状が出されている。そして同じ朱印状において子息右衛門一（康親）があとを継いで朝鮮に出陣することを命じている。

同趣旨は、十七日付で増田長盛以下の奉行人連署状でも伝えられ、そこでは、康親の跡目相続を舎弟彦右衛門（義清）以下家中の者に申し付けたことが追記されている（「久留島文書」）。おそらく通総の弟義清が後見的立場になって遺児康親に家督を継承させることになったのであろう。

これらは豊臣政権からの正式な意思表示であるが、それとは別に阿波の蜂須賀家政は加藤嘉明にあてた書状のなかで、彦右衛門に見舞いの使者なりとも送りたいと思うが、「取り乱れ」によってそれが果たせず残念であること、「雲州」（通総）のことを痛ましく思う気持ちはあなたと同じである、などと述べている（「近江水口加藤家文書」）。これまで行動をともにしてきた船手衆や四国衆にとって通総の戦死が大きな痛恨事であったことがわかる。

なお、鳴梁海戦については加藤・脇坂家の記録には記述がないが、両氏とも前記九月十八日付の注進状には名を連ねているから、藤堂・来島以外に、加藤・脇坂・菅の諸氏も加わっていたことは間違いない。

蔚山への出陣

一方、全羅道に侵入した日本軍のうち、毛利秀元・黒田長政らを中心とする右軍は稷山《ジクサン》や京畿道《キョンギド》の竹山《チュクサン》まで進出したのち、南部の沿岸地帯まで退いた。また。宇喜多秀家や島津義弘らを中心とする左軍は、忠清道の扶余《プヨ》あたりまで進出したあと全羅道に軍を展開させたが、その中心はやはり南部の沿岸地帯であった。こうして十月ごろにはそれぞれの分担に従って城塞の普請を始めた（白峰旬「文禄・慶長の役における秀吉の城郭戦略」）。

軍目付の一人竹中隆重《たけなかたかしげ》が十月二十七日付で加藤嘉明にあてた書状には、「南海島御普請仰せ付けられ候間、御苦労共に候」とあるから、このころ加藤嘉明が南海島《ナムヘド》で城普請にあたっていたことがわかる（「近江水口加藤家文書」）。「脇坂記」には、南原城合戦ののち「船手ノ諸将イスレモ南海ニ帰リテ、十一月中旬ヨリ要害ヲ拵ヘケル」とあり、「藤堂家覚書」にも、「まえかとのこもかい（熊川）へ御はいり成され、一ヶ月計御逗留にてあんこうらい（安骨浦）へ御越成され、付城なとことことく遊され」とある。藤堂高虎の場合は、十二月二日付宇喜多秀家・藤堂高虎あて小西行長書状に、普請が終わった順天《スンチョン》城を請け取ったという文言があるところから、熊川城・安骨浦城のほかに順天城の普請にもかかわったことがわかる（「浅野家文書」)。加藤のみならず船手衆の面々が南部海岸部で城普請にあたったものと思われる。

一方、豊臣政権側からは、十月五日付で脇坂・加藤・菅・来島村上の四氏にあてて、仕置きの城が完成すれば帰朝するようにとの指示が出されている(「久留島文書」)[16]。これをみると政権側は、船手衆をいったん帰朝させるつもりだったようであるが、実際にはそれは実現しなかった。それは十二月末になって、明・朝鮮の連合軍が、加藤清正が普請していた蔚山《ウルサン》城への攻撃を始めたという情報が届き、船手衆も救援に駆けつけることになったからである。

救援軍の状況は、籠城に加わっていた浅野幸長《よしなが》の記録に詳しい。それによると、加藤と脇坂は、蜂須賀・生駒・鍋島などの諸氏とともに十二月二十九日に近くの西生浦《ソセンポ》に駆けつけ(「浅野家文書」)、蔚山城救援のための「後巻」の二番手に加わっている(「黒田家文書」)。そのほかの諸氏は合戦には間に合わなかったようで、通総亡きあと来島勢を率いていた村上義清と、菅軍を率いていた、達長の子菅右衛門八が近くの「せいぐハ」(林浪里)というところまでやってきたこと、藤堂高虎が釜山浦までやってきて談合のために引き返したことなどが確認できる。

合戦後の正月十七日付で一斉に発せられた感状は、脇坂・加藤のほか、藤堂・来島・菅にも届いている[17]。なお、それらの感状には、蔚山城その他の諸城の普請を丈夫にしたのち、敵の様子をみて帰朝するようにとの指示が示されている。

蔚山城攻防戦のあと現地では、蔚山・順天・梁山《ヤンサン》の三城を放棄して戦線を縮小することが現地武将の間で協議され、その内容が宇喜多秀家をはじめとする一三名の武将の連名で石田三成など奉行衆に届けられたが(「島津家文書」など)、その戦線縮小案については船手衆の間でも意見が分かれた。藤堂・脇坂・来島・菅は、一三名のなかに名を連ねたが、加藤は加わらなかった。結局この縮小案は秀吉の怒りをかって実現しなかったが、それればかりでなく、この連署の中心人物とみられた蜂須賀家政や黒田長政は所領を没収されかけ、逆に連署を拒否した加藤嘉明は加増などの褒賞をうけた（津野倫明「朝鮮出兵と西国大名」「軍目付垣見一直と長宗我部元親」）。

こののち五月三日付で嘉明あてに発せられた朱印状は、「其の方の事、先年江北柴田合戦の刻、一番鑓を仕り候に付て、御褒美として御知行一廉御加増を成され候、其以後朝鮮において数度番船切り捕り比類なき動《はたら》き手柄の段、勝計すべからず候、殊に今度順天、蔚山両城引き入るべきの由各連判仕り候へ共、加判致さず、神妙の覚悟御感斜めならず候、茲《これ》に依り手前御代官所有り次第、参万七千石御加増として下され候、本知六万二千石、都合拾万石内壱万石無役、玖万石軍役仕るべく候」と、賤ケ岳《しずがだけ》合戦における一番槍の忠勤をたたえ、そのうえに三万七〇〇〇石の加増を約束するという異例のものである（「近江水口加藤家文書」[18]）。このような加藤への評価の高さは、戦線縮小案に対する秀吉の怒りの大きさの反映といえよう。

一方、加藤嘉明の側から連署拒否という行動の背景を考えてみると、前年の十月まで嘉明が巨済島海戦における藤堂高虎の行動の非を鳴らしていたことを考えると、秀吉への忠誠心というよりもむしろ高虎への反感がそのような行動を取らせた要因と言えるのではないだろうか。

新たな在番体制

先の戦線縮小案が秀吉によって拒否されたあと、三月十八日の朱印状によって新たな在番体制が示された（「名古屋市博物館所蔵文書」）。そこでは藤堂・加藤・来島が池田秀雄《ひでかつ》とともに四国衆のうちの伊予衆と位置付けられている（四国衆の他のメンバーは、長宗我部元親・蜂須賀家政・生駒一正）。新たな在番体制を敷くにあたっては、船手衆としての編成よりも地域別編成が優先されたということであろう。四国衆の在番の組み方については、とくに詳細な指示が出されているが、それは以下のような内容であった。

四国衆を四番に分けて、釜山浦の在番にあたる寺沢《てらざわ》志摩守（正成）の加勢をすること、四番とは長宗我部・蜂須賀・生駒・伊予衆の各組であること、この四組の者は「鬮取り」をして鬮にあたった者は残り、他の者は帰朝させること、一番鬮にあたった者は五月から九月まで在番し、残り三組の者はもう一度鬮を引いて、その二番鬮にあたった者が十月から翌年の四月まで在番にあたること、もし伊予衆が一番鬮にあたった場合はさらにこれを藤堂高虎・来島康親の組と池田秀氏・加藤嘉明の組に分け、この二組間で鬮を引いて一組は残り、もう一組は帰朝すること、など。

この在番体制は五月に修正が加えられた。寺沢正成あての五月二十二日付朱印状によると、西生浦の在番にあたっていた毛利壱岐守（吉成）を釜山浦に移し、それにともなって寺沢正成を「丸山」（釜山城の東隣にある釜山子城）に移らせ、三月の指示で寺沢といっしょに釜山城に在番するように指示されていた四国衆は、三月の時点で一番鬮を引いたらしい生駒一正のみそのまま九月まで在番したあと帰朝することとされ、その他の者は「替番」は遣わさないとされている（「鍋島家文書」[19]）。すなわち先の三月の指示では十月からは二番鬮にあたった者が交替することになっていたが、その必要はないということであろう。

これらのことを併せ考えると、三月の時点で一番鬮にあたらなかった四国衆は五月ごろには帰朝し、そのあとはそのまま国元にとどまったと考えられる。「高山公実録」は、高虎が五月に帰朝したと記している。その後高虎は、六月二十二日付で伊予国喜多郡など一万石の加増をうけた（「藤堂文書」）。伊予衆以外の脇坂・菅の動きは判然としないが、脇坂は藤堂と同じ六月二十二日付で三〇〇〇石の加増をうけているので、同じように帰朝していたものと思われる。

戦いの終結と帰国

前記寺沢正成あて五月二十二日の朱印状で秀吉は、「来年大人数遣わされ、働の儀仰せ付けらるべく候」と述べ、慶長四年に再び大軍勢を渡海させるつもりだったようであるが、それは実現しないまま、八月に死去した。秀吉の死後も、残留していた日本軍とこれを攻めようとする明・朝鮮軍の間で戦いが続いた。十月一日には、島津義弘らが籠城する泗川城が攻められ、翌二日には小西行長がとどまる順天《スンチョン》城が攻撃された。このような状況の下で、十月八日には長束正家ら奉行衆が高麗在陣衆にあてて藤堂高虎を派遣する旨を伝え（「高山公実録」）、十月十五日には家康ら五大老の名で、在陣中の黒田長政にあてて「中国人数、并舟手、四国衆、九鬼大隅、脇坂中務少輔、堀内安房守、菅平右衛門尉以下大あたけ、小あたけ数百艘」を早速渡海させると述べている（「黒田家文書」）。これまで実績のある船手衆を中心に大軍を派遣する準備を進めていたことがわかる。

しかし、泗川・順天両城は苦戦の末明・朝鮮軍を撃退したので、救援軍の派遣は実行に移されることはなかった。十一月十二日には五大老の一人前田利家が藤堂高虎に対して、「順天、蔚山」において敵を切り崩したので、渡海は不要であるとの書状を発している（「高山公実録」）。

このあと、十一月十八日には海路帰国しようとする小西行長軍、それを阻止しようとする李舜臣らの朝鮮水軍、そして小西軍の救援に向かった島津義弘軍が露梁《ノリャン》海峡で衝突したが、この海戦を最後に戦闘は終結した。残っていた日本軍は、十一月から十二月にかけて博多へ帰還した。

終章　豊臣船手衆の解体

来島家の関ヶ原

朝鮮水軍と戦うための集団として組織された船手衆は、朝鮮渡海のメンバーが帰朝した時点で実質的に解体したといえる。そして時代は豊臣の世から徳川の世へと大きく動き、彼らと海の世界とのかかわりそのものもしだいに変化していくことになる。そのような時代における豊臣船手衆の行く末をもう少したどっておくことにする。

彼らの運命を大きく変えたのが関ヶ原《せきがはら》合戦であったことは、他の大名や武将と同様であるが、この合戦へのかかわり方は個々の船手衆によって大きく異なった。来島《くるしま》村上・九鬼《くき》・菅の、海賊や海の領主を出自とする諸氏は西軍に属し、加藤・藤堂・脇坂の、秀吉・秀長の直臣を出自とする諸氏は東軍にくみした（正確には、九鬼は親子で分裂し、脇坂は、最初西軍方であったが、途中東軍方に転じた）。

海賊系の船手衆であった来島村上氏は西軍にくみしたが、そのかかわり方はそれほど深いものではなかった。この時期の来島村上氏の動向は、近世初頭の久留島《くるしま》藩に仕えた家臣の一人田坂道閑《たさかどうかん》が寛文三年（一六六三）に著した「田坂道閑覚書」に詳しい（福川一徳「関ヶ原の役と来島氏」、福川一徳・甲斐素純「久留島家文書（六）」）。

それによると、関ヶ原合戦に連動して東軍の加藤嘉明《よしあき》の居城松前《まさき》城を攻めようとして伊予へ押し寄せた毛利軍が慶長五年（一六〇〇）九月十六日に（関ヶ原合戦は十五日）加藤家の留守部隊の奇襲を受けて敗れた際、来島村上氏は毛利軍の撤収に協力したらしい。毛利軍の主力であった能島《のしま》家の村上武吉《たけよし》から風早《かさはや》郡にある来島家の居城（鹿島《かしま》城であろう）まで加勢の催促がしきりにあり、来島家では家臣を遣わして、敗れた毛利軍を船に乗せて広島まで送ったという。その後加藤家から使者がやってきて、毛利方の能島家の者を助けたことは、同姓のよしみとはいいながらこれまでの加藤家と来島家の「隣郷の交わり」を失うもので、「曲無き」やりようである、近々「返報」をすると伝えたが、結局両軍が衝突することはなかった。

これをみると、来島家はそれまで加藤家と「隣郷の交わり」をしていたので、西軍に属していても東軍の加藤家と敵対するという強い意志を持っていたわけではなさそうである。そのころ当主康親《やすちか》は大坂にいて「大坂方にて川口の御番」にあたっていたという。おそらく軍船を率いて淀川河口の警備の任についたのであろう。大坂方というのだから西軍に属したことは間違いなさそうであるが、そのかかわり方は軽微といえる。

このように来島家の本家は西軍方といってもそのかかわり方は極めて消極的なものであったが、一族のなかにはそれとは別行動を取った者がいた。康親の叔父にあたる彦右衛門義清《よしきよ》がそれである。彦右衛門は、戦国末期の来島家を率いた通総《みちふさ》の弟にあたる人物であるが、若い時に来島家を飛び出して黒田長政に仕えて朝鮮に出陣するなどの活動歴があり、このころには再び来島家に戻っていた（拙著『海賊衆来島村上氏とその時代』）。

西軍方として積極的に軍事行動に加わった彦右衛門は、菅右衛門八や能島村上一族の村上景広《かげひろ》らとともに、軍船で大坂から紀伊半島を回って伊勢湾を目指した。途中志摩半島沿岸で九鬼守隆《もりたか》の拠点である越賀《こしか》や安乗《あのり》（いずれも三重県志摩市）を攻撃したあと、鳥羽城に向かった。鳥羽城は、九鬼氏の本拠で、当時子の守隆と敵対して西軍方についた嘉隆《よしたか》が城を奪取していた。彦右衛門は、その鳥羽城で嘉隆と面会し、ともに対岸の知多半島の東軍方の拠点を攻撃したりした（「村上彦右衛門義清働之覚」）。

関ヶ原合戦が東軍方の勝利に終わってみると、このような彦右衛門の行動は来島家にとって大きな重荷となった。皮肉なことに彦右衛門自身はこのあと福島正則《まさのり》に仕えて身の安泰を得たが、康親の率いる来島本家は家の存続を図るために苦難の道を歩まねばならなかった。その過程を福川一徳氏の研究に依拠しながらたどってみると、以下のようなことであった（「来島氏の入部と森藩の成立」）。

康親にとって幸運であったのは、東軍で大きな戦功を上げた福島正則が、妻の伯父であり、養父でもあったことである。康親はひそかに正則に会って今後の対策について「談合」した結果、ひとまずは居城のある伊予の風早《かさはや》へ引き上げ、時期を待つということになった。この間、康親の家臣のほとんどは逃げ去り、屋敷に残ったものはわずかに男女十数名に過ぎなかったという。

事態の打開を図るために康親主従は伏見に出て世間の風説を探る内、近江国佐和山の井伊直政《いいなおまさ》に取り成しを頼むのがよいということになり、大津から船で佐和山に向かったが、直政は一向に取り合ってくれず、結局一行は体よく追い払われてしまった。無為の内にまた数ヵ月が過ぎ、来島家の命運も尽き果てたかと思われたが、伏見の町人源左衛門という人物のつてで徳川家の重臣本多佐渡守（正信《まさのぶ》）と接触することができ、金品を贈るなど懸命の運動をした結果、慶長六年（一六〇一）五月ついに本多家から使者が来て、来島家のことは上聞に達し、豊後国内で一万四〇〇〇石を下されることになったとの口上を伝えた。

同年九月、福島正則の身元引き受けや片桐且元《かたぎりかつもと》の肝いりもあって、豊後国玖珠《くす》郡・日田郡・速見郡で上記の石高が与えられ、玖珠郡森（大分県玖珠町）の地を城地とすることになった。康親は、正室の実父（福島正則の家臣水野久右衛門）の援助を得て各地に離散していた旧臣たちを呼び集め、主従三〇人が森に入部したという。

この玖珠郡森の地は、別府から直線距離で約三〇キロも内陸に入ったところで、瀬戸内海はもとより海そのものからも遠く離れた山間の領地であった。こうしてかつての海賊衆来島村上氏の末裔《まつえい》は完全に海とのつながりを絶たれ、これ以後参勤交代のときなどを除いて海を舞台にして活動することはなくなったのである。

このの5名乗りをも「(来島)村上」から「久留島」へと改めることになるが、これは、この一族なりの瀬戸内からの決別の意思表示なのだろうか。

九鬼氏の分裂

関ヶ原合戦には九鬼氏もかかわったが、九鬼氏の場合、事態はもう少し深刻であった。それは親と子が西軍と東軍に別れて戦うことになったからである。嘉隆が隠居したあと、家督を継いだ守隆は徳川方に属し、家康に従って東国に下ったが、その間に父の嘉隆は石田方に属して鳥羽で兵を挙げた。嘉隆がなぜ石田方に属することになったかということについては、「寛永諸家系図伝」(以下、「寛永伝」と略記する)は、石田三成《みつなり》と謀って紀伊新宮城主堀内氏善《ほりうちうじよし》とともに鳥羽城を奪取したと記すのみであるが、「寛政重修諸家譜」(以下「寛政譜」と略記する)になると、三成からの誘いに対して嘉隆は、すでに致仕していて家臣もいないことだからと固辞したのに対して、三成が再三使いを寄越したのでやむなく三成にくみすることにしたと記す。また後世の「志摩軍記」などには、朝鮮での手柄に対して本来であれば嘉隆にも二、三ヵ国与えられるはずであったのに、田丸城(三重県玉城町)にいた稲葉蔵人(道通)が邪魔をしてそれが実現しなかったことを根に持っていた嘉隆が、稲葉蔵人が家康の供をして東下したのを知って、年来の恨みを晴らそうとして石田方に味方した、と記す。

どれが真実かは計りがたいが、最も成立年代の古い「寛永伝」に従って嘉隆らの行動をたどってみると、家康の命令を受けて志摩へ戻ってきた守隆は、しばしば使いを送って鳥羽城の返還を求めたが、嘉隆・氏善の両名はそれに応じなかった。そこで守隆は、「畔名之古城」（安乗城）に入って嘉隆らと戦った。また嘉隆に味方した氏家内膳正《うじいえないぜんのしょう》（行広）が伊勢の桑名から軍船を差し向けてきたときには安乗近くの国府《こう》（志摩市）付近で戦って多くの首級を取った。

このような記述はほぼ事実を反映しているようで、九月七日付で家康が二通の感状を守隆に発しているのが確認される（「譜牒余録」巻五二）。一通には、「去る廿九の書状、今月七日遠州中泉において披見せしめ候、仍て鳥羽城才覚成らざるにより、志摩国府に足掛かり申し付け、普請致さるの由、尤に候、いよいよ其元手置等肝要に候」と記されていて、合戦が八月二十九日ごろに行われたこと、守隆は本拠の鳥羽城を父嘉隆に奪われたので、安乗近傍の国府に新たな城を普請したことなどがわかる。

もう一通には、「西国船其の表へ廻り候の処、三艘乗り取られ、敵数多討ち捕られ、頸到来、一段感悦の至りに候」と記されていて、守隆が、西国船三艘を乗り取り、敵を数多打ち取ったと報告したことがわかる。ここに記されている西国船というのは、先にも少しふれた、来島村上氏の一族村上彦右衛門義清や毛利氏配下の村上景広・乃美景継《のみかげつぐ》らの軍船であった。彼らは大坂を出船して熊野灘をまわり、伊勢湾に向かっていた。このころ西軍が関ヶ原での合戦に先立って伊勢地方の東軍勢力をたたくという行動を取っており、それに連動したものであろう。村上義清の活動記録によると（「村上彦右衛門義清働之覚」)、当時守隆方の拠点であった志摩の越賀を攻撃し、次に安乗を攻めたことがわかる。

嘉隆は、これら「西国船」と協力して対岸の知多半島に出陣し、常滑《とこなめ》や大野の町を焼き払うなどの戦果をあげたが、関ヶ原での西軍の敗北が明らかになると鳥羽城を脱出して沖合いの答志島《とうしじま》に逃れた。前記「寛永伝」によると、守隆は大坂の家康のもとに出向いて嘉隆の罪を免ぜられんことを乞うたところ、家康からは赦免の許しが出た。守隆はすぐにそのことを嘉隆に伝えようとしたが、嘉隆は答志島で自害したあとだったという。今も答志島には、嘉隆の胴塚と伝えられる五輪塔と、首塚と伝えられる自然石の塚が残されているが、和具の集落のはずれの小さな岬の先端に残された首塚からは海を隔てた西方に鳥羽城を望むことができる。

図33　志摩国答志島に残された九鬼嘉隆の首塚

こののち守隆は、大坂冬の陣、夏の陣においても軍船を率いて参戦し、水軍としての戦功をあげたが、寛永九年(一六三二)に守隆が死去すると、九鬼家の内で家督継承をめぐって内紛が生じた。ことの発端は、守隆のあとを継ぐべき嫡男良隆、二男貞隆がともに病弱で家督の継承がかなわず、晩年の守隆が、すでに出家して僧籍にあった五男久隆に目をかけて、これを還俗させて嫡男良隆の養子としてあとを継がせたことにある。これに、三男隆季を推す家臣たちが反発して幕府に訴えたことによってお家騒動に発展した。結局幕府の裁決によって、寛永十年三月、久隆が摂津国三田《さんだ》へ移されて三万六〇〇〇石、隆季が丹波国綾部《あやべ》へ移されて二万石を給されて決着がついた。いうまでもなく三田、綾部ともに山間の領地で、これによって九鬼家も海とのつながりを失った。

隆季を推す家臣たちが幕府に差し出した訴状には、隆季が当主となれば御公儀《ごこうぎ》船手《ふなて》の役をつつがなく勤めることができると記されていたというから、九鬼家中においては幕府の船手役を勤めることに強い自負を持っていたようであるが、幕府がそれをきっぱり拒否したということは、後述するような幕府直属の船手組織が整いつつあり、もはや豊臣系大名の水軍力に依拠する必要がなくなっていたということであろう。

三田へ移ったのちの九鬼家においては、かつて水軍役を勤めた藩士たちが往時を懐かしみ、湖上に大船を浮かべて夜陰に乗じて船を漕ぎ、鳥羽を懐かしんだという（『鳥羽市史』上巻）。

藤堂家中の菅達長

菅達長《みちなが》も関ヶ原合戦においては、西軍に属した。のちに達長を召し抱えた藤堂家の記録「公室年譜略」（慶長五年の項）は、達長は石田三成の招きに応じたために禄を没収されたと記している。また、「寛政譜」（巻三九二、分部《わけべ》光嘉《みつよし》の項）は、慶長五年に下野小山で石田三成の動きを知った家康が分部光嘉らに本国伊勢へ急ぎ引き返すように命じ、光嘉らは伊勢において、海辺部を支配していた九鬼嘉隆や「菅平右衛門某」と戦ったと記している。

これらによって達長が西軍として行動したことは間違いないが、伊勢の海辺部で分部光嘉らと戦ったのが達長であったかどうかについては若干疑問がある。それは、先にふれた来島村上氏の一族村上彦右衛門の記録に（「村上彦右衛門義清働之覚」）、彦右衛門が伊勢湾に出撃して、九鬼嘉隆らとともに東軍方を攻めたとき、行動をともにした人物に「菅野右衛門八《ママ》」がいるからである。おそらく「寛政譜」の記事は、菅右衛門八（達長の三男、のち権之佐）と達長を混同したのであろう。

関ヶ原の後禄を没収された達長は、藤堂高虎に拾われた。前記「公室年譜略」によると、高虎が朝鮮で加藤嘉明と船いくさの功を争ったとき、達長が高虎に加担した縁で五〇〇〇石で召し抱えたという。その達長が、慶長十九年の大坂冬の陣のおり、高虎と衝突した。その事情を「公室年譜略」は、以下のように記している。大坂城の堀埋めの工事を担当していた高虎が早朝持ち場に出掛けてみると、物頭《ものがしら》（現場責任者）の者が出ていなかったので高虎は怒って物頭らの不精を戒めた。その翌日も高虎が現場に出てみると、達長が遅参してきた。高虎が怒ると、達長はかえって高虎に大声で「悪言」を吐き、あまつさえ高虎に切りかかろうとした。高虎は家臣たちに達長を切腹させるように命じた。家臣たちはなんとか達長を救おうとしたが、高虎の怒りはおさまらず、結局達長は切腹して果てた。「高山公実録」も、諸書を引いてほぼ同様に記している。

達長が高虎と衝突して切腹したのは事実であろうが、なぜ突然高虎に切りかかるような行動に出たのかについては判然としない。なお、達長が大坂城の堀埋めの工事に従事していたことについては、平成十五年（二〇〇三）に大阪府文化財センターが実施した大坂城堀跡の発掘調査の際に「菅平右衛門様」と墨書した木簡が出土したことによっても裏付けられている（大阪府立近つ飛鳥博物館展示）。

達長には何人かの男子がいたが、そのうち三男の右衛門八（権之佐）は、関ヶ原ののち池田輝政に仕え、輝政の孫光仲が鳥取に移ったとき、それに従って鳥取藩の家臣となった。「菅文書」や「因幡志所収菅文書」が鳥取に伝わったのはその故である。

加藤・藤堂・脇坂氏の場合

海賊衆や海の領主に出自する来島村上・九鬼・菅の諸氏が関ヶ原後に運命を大きく変えたのに対して、秀吉・秀長の直臣を出自とする加藤・藤堂・脇坂《わきざか》の諸氏は、東軍に属したこともあって時代の変化に順応していった。関ヶ原での功績の大きかった加藤嘉明と藤堂高虎は、共に合戦後に大幅な加増をうけて二〇万石の大大名となった。嘉明は加増後も中部伊予の松前を居城としていたが、やがて慶長八年に居城を松山に移した。高虎は、加増を受けた時点で南伊予の宇和島《うわじま》から東部伊予の今治《いまばり》へ居城を移した。淡路洲本《すもと》を居城としていた脇坂安治《やすはる》は、少し遅れて慶長十四年に五万三五〇〇石に加増されて伊予大洲《おおず》へ移った。

加藤嘉明の松前から松山への移城は、所領の中心部である松山平野支配の利便性を考えてのことであるといわれるが、それは逆にいえば、海辺部に立地し、朝鮮出兵にかかわる海上活動において利便性を有していた松前城の地位が低下したことを示していよう。嘉明は新たに中世以来の港町三津を整備して松山の外港とし、そこを藩内船手衆の基地としたため海とのかかわりを断たれたわけではないが、かかわり方が弱くなったことは否めないであろう（四〜五ページ図1参照）。

同じようなことは大洲に移った脇坂安治についてもいえよう。大洲は伊予灘から肱川を一五キロほど遡ったところに位置する山間の城下町である。のちに脇坂氏から同城を引き継いだ加藤氏（貞泰）の例から考えて、安治も肱川河口の長浜に何らかの海上活動の拠点を設けていたであろうから、ここでも海とのかかわりが断たれたわけではなかろう。しかしそれは、淡路島東岸にあって大坂湾に面し、海上活動の要地であった洲本と比較できるようなものではない。

藤堂高虎の宇和島から今治への移城は、海とのかかわりという視点からみれば、大きな変化はなかったといえる。宇和島城も今治城もともに海辺部に位置し、海との親近性の強い城だからである。とくに今治城は、曲輪《くるわ》のなかに広大な船入りを取り込むなど、明確に海をにらんだ曲輪配置がなされている。同城は、このころとみに徳川家康からの信頼を強めていた高虎が、芸予諸島をはさんで中国地方の豊臣系大名（福島正則など）の動向を監視する役割を果たす城でもあったと考えられている。

このようにみてくると、加藤・藤堂・脇坂三氏の場合は、海とのかかわりを断たれたわけではないが、そのかかわりの度合いは全体として弱くなったといえよう。このことと、先の海の領主系の諸氏が山間部に追いやられたことを併せ考えるならば、ここにはおのずから徳川政権の豊臣系船手衆に対する姿勢が表れている。徳川政権は豊臣船手衆の遺産を受け継ぐことなく、独自の幕藩制船手衆とでもいうべきものの編成を目指していたといえよう。

幕府の船手頭

全国の金融の中心地日本橋兜町の一角に、かつて海運橋と呼ばれる小さな橋がかかっていた。日本橋川にそそぐ楓川《もみじがわ》の河口近くに架けられた橋で、西隣には第一国立銀行が位置していた。楓川は現在埋め立てられて首都高速道路の橋脚部分などになっているが、橋のあとには、今も明治期の石橋の親柱が保存されている。

図34　兜町の一角に残された海運橋の親柱

その海運橋は、江戸時代には海賊橋と呼ばれていた。江戸期の古絵図などをみても、江戸橋近くの楓川の河口あたりにその名が書き込まれている。その名の由来は、橋の東詰に幕府の船手頭向《むか》井《い》将監《しょうげん》忠勝《ただかつ》の屋敷があったからである。ちなみに、深川を東西に流れる竪川《たてかわ》が隅田川に流れ込む地点の南に、隅田川に沿って御船蔵が設けられており、ここに船手衆の操船する幕府御用船が繋留されていた。

幕藩制水軍成立期の中心人物であった向井忠勝やその一族については、すでに鈴木かほる氏や小川雄氏による優れた研究成果があるので、それらに依りながら徳川初期の水軍の概略をみておきたい（鈴木『史料が語る向井水軍とその周辺』、小川『徳川水軍関係文書』）。

向井氏の本貫地は、伊賀国向庄（三重県亀山市）であったことが、鈴木氏によって明らかにされている（なお、向井氏は初期には「向」と名乗っていたようであるが、ここでは「向井」に統一して表記する）。同地は、伊勢から伊賀を経て南山城に至る交通路の傍らに位置する山間地であるが、向井氏はやがて伊勢湾に進出したものと推測され、そこでの「海賊」としての水軍力が評価されて、戦国期には今川氏に仕えることになる。今川氏の滅亡後は、駿河湾に進出して水軍力の強化に努めていた武田信玄に迎えられた。

武田水軍の主力は、同じく伊勢湾から迎えられた小浜景隆《おばまかげたか》であったが、向井氏も小浜氏に伍して海上活動を展開し、東駿河での徳川氏との戦い、伊豆方面での北条水軍との戦いなどにおいて重要な役割を果たした。天正九年（一五八一）五月に西伊豆の田子浦（西伊豆町）を攻めたときには、北条方から小浜氏などとともに「駿州四海賊」と呼ばれている。天正十年に武田氏が滅亡すると、徳川家康はそれまで敵対していた武田氏の水軍を自軍に取り込んだ。水軍の編成を急いでいた家康の動きは早く、天正十年の内に向井氏・小浜氏・間宮氏などが家康の支配下に入っていることがわかる。

家康側近の本多正信《まさのぶ》が、武田水軍の招致にあたった本多重次《しげつぐ》にあてた書状には「むかい殿（向井政綱）御高名の段、御手柄申すに及ばず候、御心得あるべし、ふかぶかと御喜悦の御意候」（「譜牒余録」）と記されていて、武田水軍として高名であった向井政綱の取り込みに成功したことを家康が「喜悦」している状況が窺われる。

こうして徳川水軍の一翼を担うことになった向井氏は、小牧《こまき》・長久手《ながくて》の戦いでは伊勢湾で、小田原攻めに際しては伊豆西岸で戦功をあげている。北条氏が滅亡して家康の江戸入部が行われると、家康は、江戸湾防備のため、上総富津《ふっつ》（千葉県富津市）、同五井《ごい》（同市原市）と相模三崎（神奈川県三浦市）に水軍基地を置いたが、そのうち三崎には小浜景隆・向井政綱・間宮高則・千賀重親が配されて三崎四人衆と呼ばれた。このうち小浜氏は、景隆の子光隆のとき大坂警固の船手衆として転出し、千賀氏は故国尾張知多郡に帰って尾張徳川家に仕えることになり、最終的には、向井政綱の子忠勝が船手頭となって幕府水軍を率いることになった。

こうして豊臣船手衆とは全く異なる人材と原理によって新たに編成された船手衆による幕藩制水軍体

制ができあがったのである。

注

序章　戦国の水軍

（注）千野原靖方氏の労作『房総里見水軍の研究』や滝川恒昭「房総里見氏と江戸湾の水上交通」などによれば、里見氏配下の海賊のなかには、海民としての存在形態を示す者もいたようであるが、これについては今後の検討課題とし、ここでは、北条・武田水軍に東国水軍を代表させて考察を進めたい。

第一章　船手衆前史

（1）この文書の端裏に東寺が書きつけたメモ（端裏書）には、「村上治部進所出文書」と記されていて、治部進が東寺と弓削島庄の所務請負について交渉する過程で、手元にあった右衛門尉あての文書の写しを東寺に提出したものであることがわかり、そこから両者が近しい関係にあったことが推測される。

（2）この黒印状については、翌天正七年のものとみる意見もある（小川雄「織田政権の海上軍事と九鬼嘉隆」）。

第二章　天下一統と船手衆

（注）加藤嘉明は、房次・茂勝・吉明などと何度か改名していて「嘉明」は最後の名乗りであるが（寺島隆史「加藤嘉明・大友義統発給文書等について」）、本書においては煩いを避けるため、「嘉明」に統一して表記する。

第三章　文禄・慶長の役と船手衆

（1）後世の軍記ではあるが、「清正記」（巻二）（『改定史籍集覧』第一五冊）には、高麗出陣にあたって秀吉が清正と小西行長を召し出し、清正に制札や軍書とともに南無妙法蓮華経の旗を与えたとの記述がみられる。

（2）栗浦《ユルポ》の位置については、別稿（「来島村上氏と文禄・慶長の役」）では巨済島南岸の栗浦湾に比定していたが、文脈から判断して不適切で、玉浦北方に栗浦という小地名があるのでそこに比定すべきだという指摘を北島万次氏からいただいた。北島氏に感謝し、それに従いたい。

(3) 後世の記録類には、九鬼嘉隆建造の日本丸をのちに鬼宿丸に改称したとか、逆に鬼宿丸を日本丸に改称したとかとする記述のあることが、石井謙治氏によって指摘されているが(『図説和船史話』日本丸の項)、「高麗船戦記」の記述をみる限り、鬼宿丸は加藤氏配下の船で、日本丸とは別物のように思える。

(4) 日本丸という呼称をもつ安宅船はいくつかあったようで、これについては石井謙治氏の考証がある(『図説和船史話』)。

(5) この文書について渡辺世祐「朝鮮役と我が造船の発達」は、「筑紫家文書」に収められているとしているが、『青森県史 資料編近世1』などは「妙法院文書」から収録している。また、この文書は、後世人口に膾炙した著名な文書だったようで、「甲子夜話」(巻六五)にも収められている。なお、渡辺氏は、この十月十日令に先立つものとして、「太閤記」に記された、天正十九年正月二十日付の造船に関する七ヵ条の覚をあげているが、これについて三鬼清一郎氏は偽文書としている。三鬼氏の指摘に従いたい(「朝鮮役における水軍編成について」)。

(6) この文書は『南牟婁《みなみむろ》郡誌』(上巻)にも「大西雄狭義彦氏蔵」として掲載されている。三鬼清一郎編『豊臣秀吉文書目録』はこれを「要研究」文書としている。確かに残されているのは写し文書で、写し誤りに起因すると思われる文意不明の箇所がいくつかあるが、内容的にはこの時期の朱印状として不審はない。また伝来についても、大西家がどのようにしてこの文書を伝えたのかは明らかではないが、同氏の居住地新宮町(現和歌山県新宮市)が文書のあて先の一人堀内氏善の拠点であることを考えれば、文書の内容にかかわりのある氏善との関係で写しが同地に伝えられたとみればそれほどの不自然さはない。

(7) この両家あての秀次朱印状は、それぞれ「脇坂記」「九鬼家由来記」に引用され、両書とも秀吉朱印状としているので、そのように記述している研究書もあるが、誤りである。

(8) ここにあげられている船手衆は、九鬼嘉隆以下のいつものメンバーであるが、一つだけ異なるのは、藤堂高虎の名がみえなくて、かわりに「やまとの中納言内　紀伊国衆」があげられていることである。高虎の名がみえない理由はわからないが、かわりに紀伊国衆があげられていることは、先にも述べたように、藤堂高虎が羽柴秀保《ひでやす》の名代として紀伊国衆を率いている実態を示しているものと思われる。

（9）李舜臣の失脚については、本文に記したように元均《ウンギョン》につながる一派との政争に敗れて冤罪を着せられた結果、とするのが通説であるが、村井章介氏は少し異なった見方をしている。小西行長が朝鮮王朝と通じて、行長のライバルで交渉反対派の加藤清正の朝鮮渡海を阻止しようとした事件について検討を加えた村井氏は、李舜臣は政敵に陥れられたというよりも、宣祖王を中心とした清正阻止計画に協力しなかったことを弾劾されて罷免されたとの見通しを示している（「慶長の役開戦前後の加藤清正包囲網」）。また、鄭杜熙氏は、朝鮮王朝内の政争を経て後年「宣祖修正実録」が編纂された段階において、加藤清正問題は日本軍が朝鮮水軍を誘引するための計略で、それを知って出動しなかった李舜臣は正しい判断をした、という方向に叙述が修正されることを指摘している（「李舜臣に関する記憶の歴史とその歴史化」）。

（10）朴鐘鳴訳注『懲毖録《ちょうひろく》』による。なお、この絶影島―加徳島での戦いについては、『懲毖録』が日時を明記していないため、後世の叙述には若干の混乱がみられる。徳富蘇峰『近世日本国民史　豊臣時代己篇　朝鮮役下巻』（一九二二年）は、「征韓偉略」の記事を引いて、漆川梁（巨済島）海戦の直前（すなわち七月十四日か、十五日）のこととし、李敏雄氏もそれに従っている。一方参謀本部編『日本戦史　朝鮮役』（一九二四年）は、論拠は示さないが、七月七日のこととしている。ここでは一次史料である「乱中日記」に従って七月九日（正しくは八日）の出来事と考えておきたい。

（11）「脇坂文書」の八月十日付秀次朱印状に「去る月十日の書状、委細披見を加えられ候、其の国から島浦におゐて敵船数百艘之有る所へ指し向い数刻相戦い」という文言が見える。「唐島浦」という地名から「脇坂記」はこの文書を「唐島」＝巨済島の海戦にかかわるものとみ、秀吉朱印状として該当のところに収載しているが、後述するように巨済島の海戦は七月十六日のことであって、「去る月十日の書状」という文言とは合致しない。一方、「去る月十日の書状」という文言に注目すれば、七月八日の絶影島近海の海戦の戦況報告とみることができる。このようにこの朱印状は理解が難しい史料であるが、脇坂安治が、絶影島と「唐島」を区別しないで報告した、あるいは、政権側が両者を混同した、と考えればこの史料を絶影島の海戦における戦功を賞したものとみることができる。

(12) 日下寛編『豊公遺文』には、「三口より発向の備」と題する文書が収録されている。ただし、すでに津野倫明氏が指摘しているように(「慶長の役における長宗我部元親の動向」)、この文書では『日本戦史 朝鮮役』所引史料と右軍・左軍が逆になっている。また、北島万次氏は、加藤嘉明・長宗我部元親を左軍に分類している(『豊臣秀吉の朝鮮侵略』)。さらに「朝鮮記」は、全軍は「船手ニ働ク軍勢」と「北表ニ働軍勢」「陸中筋ノ軍勢」「陸手南筋」に分かれ、九鬼・脇坂・菅のほか早川・寺沢・長宗我部・池田・小川など多くの諸氏が「船手ニ働ク軍勢」に含まれるとしている。

(13) 来島出雲守通総について、大河内秀元の「朝鮮記」は、「帰島出雲守」という表記をしている。これは、後述の「朝鮮南原城古図」に「来島出雲守」と明記されていることから判断して誤記と思われる。ちなみに北九州に来島《きじま》という一族がいて、豊後出身の大河内秀元にとっては、そちらのほうが慣れた読み方だったのだろう。そのため来島が「きじま」と読まれ、その音通で「帰島」と表記されたものと考えられる。

(14) 徳富蘇峰(『近世日本国民史 豊臣時代己篇 朝鮮役下巻』)・有馬成甫(『朝鮮役水軍史』)。近年では、笠谷和比古・黒田慶一『秀吉の野望と誤算』、北島万次「壬申倭乱と李舜臣の海戦について」など。

(15) 天正十八年小田原城幷韮山城取巻人数書(「毛利家文書」)にも「管野平右衛門尉殿」とみえるから、「菅」が「管野」とか「菅野」と誤記されることはよくあったらしい。

(16) この朱印状には、九月に鳴梁で戦死した「来島出雲守」があて先に含まれているが、豊臣政権が通総の戦死にふれた最初の文書は前記十月十五日付の脇坂ら五氏あての朱印状だから、この時点ではまだ通総戦死の情報をつかんでいなかったものと思われる。

(17) 同じ正月十七日付の小早川秀秋あて朱印状には、毛利輝元・増田長盛・九鬼父子などにも出陣を命じたが、敵が引き退いたのでその必要がなくなったと記されている(「九鬼文書」)。これをみると、九鬼嘉隆は船手衆と別行動をとっていることがわかる。

(18)　この特異な朱印状は、その後嘉明が広く世人に喧伝したのであろうか、多くの人々の関心を集めたようで、後年「太閤記」（巻一四）、「甲子夜話」（巻二〇）、島津家の「征韓録」などにも収録されている。現在は愛媛県歴史文化博物館所蔵。

(19)　この朱印状の年代比定については諸説があるが、三月十八日朱印状との関連で慶長三年とした津野倫明氏の指摘に従う（「朝鮮出兵の在番体制に関する一朱印状写」）。

(20)　この慶長四年の再渡海に備えるために、土佐を中心にして大規模な造船が計画されていたことが津野倫明氏によって明らかにされている（「朝鮮出兵期における造船に関する一試論」）。また、目良裕昭氏は、その「造船地帯」が土佐国東部の安芸郡であったとしている（「豊臣期城下町安芸の形成と朝鮮出兵」）。

(21)　ただ十一月二十五日付で五大老が、博多に滞在している浅野長政・石田三成にあてた連署状には、高虎を派遣した旨が記されているから、高虎は博多までは出陣し、必要があれば渡海する態勢を取っていたものと思われる。

終　章　豊臣船手衆の解体

なし

あとがき

筆者はこれまで、中世の瀬戸内海を主な研究フィールドにし、海賊などそこで活動する人々の姿を明らかにすることに努めてきた。しかし、瀬戸内海は一つの大きな閉鎖海域であるとはいえ、完全に閉ざされているわけではないため、海にかかわる人々の活動も、当然ながら時代の動きに応じて外の世界へ広がっていく。その最大のきっかけは、瀬戸内の海賊衆や海の領主が豊臣政権の船手衆に組み込まれたことにあるといえよう。

船手衆となった人々は、政権の軍役に応じて瀬戸内海から外の世界へ出て行くことになった。島津攻めの際には関門海峡を出て九州近海へ、小田原攻めのときには、駿河湾や相模湾へ、そして最後には文禄・慶長の役の動員によって、玄界灘や対馬海峡をわたり、朝鮮半島南岸域まで進出した。そして、それを追って筆者自身も、研究に慣れた瀬戸内海から見慣れない海域に〝進出〟することになった。瀬戸内の海賊衆と並んで豊臣政権の有力船手衆となった九鬼氏の支配領域である伊勢湾、東国の戦国大名の雄ともいうべき北条氏や武田氏の水軍がしのぎを削った江戸湾や伊豆近海、そして豊臣船手衆の最後の活動場所となった玄界灘や朝鮮半島などである。

そこには当然ながら、瀬戸内海とは異なる海の世界があった。九鬼氏の勢力の背景を探ろうと伊勢・

志摩の現地調査に出かけたときには、高速船で伊勢湾を横断した。たまたま風の強い日であったが、船は小刻みに激しく揺れた。このようなとき瀬戸内海では、若干航路を変更して島陰に入り、波の弱いところを航行するということがよくあるが、伊勢湾ではそのようなことは望むべくもない。筆者は、窓に打ちつける波しぶきにおびえつつ、一時間弱の間座席の前の手すりを握り締めていたので、港につくころには肩の筋肉がすっかり固まってしまっていた。このとき、伊勢湾には島陰がないこと、そこでの航海はおのずから瀬戸内海とは異なることを身をもって痛感した。

朝鮮出兵の際に玄界灘をわたった船手衆の跡を探ろうと壱岐・対馬を旅したときには、名護屋に程近い唐津から壱岐行きのフェリーに乗った。天気もよく、風もなく、快適な船旅が楽しめるものと思っていたが、港を出て、玄界灘の一角である壱岐水道にさしかかると、フェリーは上下に揺れ始めた。瀬戸内海ではあまり経験したことのない揺れで、激しくはないが波に乗るように大きくゆっくりと揺れる。すっかり船酔いをしてしまった筆者は、畳敷きの船室に飛び込み、じっと横になっているしかなかった。下船のときに船員に、「このフェリーはいつもこんなに揺れるのか」と聞いてみたら、船員は、「今日の海は凪いでいるほうですね」と答えてくれた。筆者は、玄界灘の波が瀬戸内海のそれとはかなり違うことを体感した。

韓国の南海岸を旅したときには、異国の海域のあり方が日本のそれとどう違うかを強く意識していたが、逆に瀬戸内海のそれとよく似ているのに驚かされた。慶尚南道統営《トヨン》市の港から、かつて李舜臣《イスンシン》が統制営をおいていた閑山島《ハンサンド》までフェリーで渡ったが、文禄の役のとき戦場となったその海域は島々に囲まれた多島海で、波も穏やかで、フェリーの船形まで瀬戸内海のそれによく似ていた。慶長の役のとき戦場となった鳴梁《ミョンリャン》や漆川梁《チルチョンリャン》も、瀬戸内各地によくみられる海峡や水道に似ていて、異国の海であることを忘れさせるほどであった。

このように船手衆を追ってあちこち船旅を続けた。本書に何か特色があるとすれば、それはこのような船旅によって得られた、多様な海域世界についての知見をできるだけ叙述に生かそうとしたことであろう。ただ、それが文書を読み解くという作業とうまく結びついているかどうかは読者のご判断をまつしかない。

本書には、過去のいくつかの研究成果を取り込んだ。序章の「一　西国の水軍」は、「戦国最強の毛利水軍」（『別冊歴史読本 毛利元就』新人物往来社、一九九六年）を下敷きにした。第一章の「一　来島村上氏と瀬戸内海」は、『海賊衆来島村上氏とその時代』（自家版、二〇一四年）の第一章〜第三章を再構成した。第二章「一　海賊衆への調略」には、前掲書第三章の一部を、第二章「二　九州へ向かう船団」「三　小田原城を囲む」には、「秀吉の統一戦争と船手衆」（『ソーシアル・リサーチ』四〇号、二〇一五年）を、それぞれ取り込んだ。本書に収めるにあたっては、読みやすい叙述に改めるため、あるいは表記上の統一を図るため、いずれも大幅に加筆・修正を施した。

本書の執筆・刊行にあたっては多くの方々のお世話になった。とりわけ、畏友大嶋治氏には、慣れない韓国への調査旅行に同行いただき、何かと励ましをいただいた。また、地方在住で史料収集がままならないなか、いつもながら親切な対応をしていただいた東京大学史料編纂所・国立公文書館など史料所蔵機関の方々にもお礼を申し述べたい。さらに、吉川弘文館の並木隆氏には、本書の構成について種々アドバイスをいただくとともに、出版の準備を整えていただき、本郷書房の重田秀樹氏には、不十分な原稿を整理して一書に仕上げていただいた。本書が曲がりなりにも世に出ることができたのは、これらの方々のご助力によるものであり、深く感謝申し上げる次第である。

二〇一六年三月一四日

山内　譲

文献・史料一覧

引用・参考文献

天野忠幸「織田・羽柴氏の四国進出と三好氏」（四国中世史研究会・戦国史研究会編『四国と戦国社会』岩田書院、二〇一三年）

有馬成甫『朝鮮役水軍史』海と空社、一九四二年

李敏雄（太田秀春訳）「丁酉再乱期における漆川梁海戦の背景と主要経過」（黒田慶一編『韓国の倭城と壬辰倭乱』岩田書院、二〇〇四年）

飯田良一「北伊勢の国人領主―十ヶ所人数、北方一揆を中心として―」（『年報中世史研究』九号、一九八四年）

池内宏『文禄慶長の役　別編第一』東洋文庫、一九三六年

石井謙治『図説和船史話』至誠堂、一九八三年

石野弥栄「河野氏の守護支配と海賊衆」（『愛媛県歴史文化博物館研究紀要』一号、一九九六年）

稲本紀昭「九鬼氏について」（『三重県史研究』創刊号、一九八五年）

〃「伊勢・志摩の交通と交易」（森浩一ほか『海と列島文化8　伊勢と熊野の海』小学館、一九九二年）

井原今朝男「上杉景勝の朝鮮出兵と熊川倭城」（『中世のいくさ・祭り・外国との交わり―農村生活史の断面―』校倉書房、一九九九年）

宇田川武久『日本の海賊』誠文堂新光社、一九八三年

大島建彦「『志摩軍記』二本」（『東洋大学紀要　文学部篇』第二二集、一九六八年）

〃「『志摩軍記』の成立」（『文学論藻』四五号、一九七〇年）

大島建彦「『志摩軍記』の展開」（『文学論藻』四六号、一九七一年）
小川　雄「武田氏の海上軍事」（柴辻俊六編『戦国大名武田氏の役と家臣』岩田書院、二〇一一年）
〃「織田政権の海上軍事と九鬼嘉隆」（『海事史研究』六九号、二〇一二年）
〃「武田氏の駿河領国化と海賊衆」（小川雄ほか『戦国大名武田氏と地域社会』岩田書院、二〇一四年）
〃「戦国期今川氏の海上軍事」（『静岡県地域史研究』四号、二〇一四年）
〃『徳川水軍関係文書』戦国史研究会、二〇一五年
尾下成敏「羽柴秀吉勢の淡路・阿波出兵―信長・秀吉の四国進出過程をめぐって―」（『ヒストリア』二一四号、二〇〇九年）
小和田哲男「秀吉の朝鮮侵略と造船業」（『戦国史研究』九号、一九八五年）
〃「武田水軍と駿河の海賊城」（『小和田哲男著作集第六巻　中世城郭史の研究』清文堂出版、二〇〇二年）
〃「後北条水軍の拠点・豆州長浜城」（『小和田哲男著作集第六巻　中世城郭史の研究』清文堂出版、二〇〇二年）
笠谷和比古・黒田慶一『秀吉の野望と誤算―文禄・慶長の役と関ヶ原合戦―』文英堂、二〇〇〇年
鴨川達夫「武田氏の海賊衆小浜景隆」（萩原三雄・笹本正治編『定本・武田信玄―二一世紀の戦国大名論―』高志書院、二〇〇二年）
川岡　勉「天文期の西瀬戸地域と河野氏権力」（『中世の地域権力と西国社会』清文堂出版、二〇〇六年）
北島万次『豊臣秀吉の朝鮮侵略』吉川弘文館、一九九五年
北島万次訳注『乱中日記―壬辰倭乱の記録―』一～三、平凡社東洋文庫、二〇〇〇～二〇〇一年
北島万次「壬辰倭乱と李舜臣の海戦について―「乱中日記」を中心に―」（『壬申倭乱と秀吉・島津・李舜臣』校倉書房、二〇〇二年）
日下　寛編『豊公遺文』博文館、一九二四年

国守　進「文禄・慶長の役余聞―水夫と漂流と―」(『日本歴史』七八七号、二〇一三年)
黒嶋　敏「『鉄ノ船』の真相―海から見た信長政権―」(金子拓編『『信長記』と信長・秀吉の時代』勉誠出版、二〇一二年)
黒田慶一「韓国の最近の倭城調査について」(黒田慶一編『韓国の倭城と壬辰倭乱』岩田書院、二〇〇四年)
呉座勇一「伊勢北方一揆の構造と機能―国人一揆論再考の糸口として―」(『日本歴史』七一二号、二〇〇七年)
佐伯弘次「室町時代の遣明船警固について」(九州大学国史学研究室編『古代中世史論集』吉川弘文館、一九九〇年)
桜井英治「山賊・海賊と関所の起源」(『日本中世の経済構造』岩波書店、一九九六年)
佐藤和夫「梶原水軍の成立と展開」(『日本中世水軍の研究―梶原氏とその時代―』錦正社、一九九三年)
参謀本部編『日本戦史　朝鮮役』偕行社、一九二四年
柴辻俊六「武田氏の海賊衆」(『戦国大名領の研究―甲斐武田氏領の展開―』名著出版、一九八一年)
白峰　旬「文禄・慶長の役における秀吉の城郭戦略」(『豊臣の城・徳川の城―戦争・政治と城郭―』校倉書房、二〇〇三年)
鈴木かほる『史料が語る向井水軍とその周辺』新潮社図書編集室、二〇一四年
千野原靖方『房総里見水軍の研究』崙書房、一九八一年
滝川恒昭「房総里見氏と江戸湾の水上交通」(『千葉史学』二四号、一九九四年)
田中健夫「菅流水軍の祖菅平右衛門尉道長の生涯とその史料」(『中世対外関係史』東京大学出版会、一九七五年)
〃「豊臣秀吉の水軍と石井与次兵衛」(『中世対外関係史』東京大学出版会、一九七五年)
朝鮮日々記研究会編『朝鮮日々記を読む―真宗僧が見た秀吉の朝鮮侵略―』法蔵館、二〇〇〇年
津野倫明「朝鮮出兵の在番体制に関する一朱印状写―文禄五年説に接して―」(『日本歴史』六八四号、二〇〇五年)
〃「朝鮮出兵と西国大名」(佐藤信・藤田覚編『前近代の日本列島と朝鮮半島』山川出版社、二〇〇七年)
〃「慶長の役における『四国衆』」(地方史研究協議会編『歴史に見る四国―その内と外と―』雄山閣、二〇〇八

年）
津野倫明「朝鮮出兵期における造船に関する一試論」（『戦国史研究』五八号、二〇〇九年）
〃「軍目付垣見一直と長宗我部元親―軍目付研究の作業仮説―」（高知大学人文学部人間文化学科編『人文科学研究』一六号、二〇一〇年）
〃「慶長の役における長宗我部元親の動向」（『長宗我部氏の研究』吉川弘文館、二〇一二年）
〃「巨済島海戦に関する一注進状」（高知大学人文学部人間文化学科編『人文科学研究』一九号、二〇一三年）
〃『長宗我部元親と四国』吉川弘文館、二〇一四年
鄭杜熙「李舜臣に関する記憶の歴史とその歴史化―四百年続いた李舜臣言説の系譜学―」（鄭杜熙・李璟珣編著、金文子監訳、小幡倫裕訳『壬辰戦争―16世紀日・朝・中の国際戦争―』明石書店、二〇〇八年）
寺島隆史「加藤嘉明・大友義統発給文書等について―上田藩士河合家伝来加藤文書を中心に―」（『信濃』六六巻八号、二〇一四年）
徳富蘇峰『近世日本国民史　豊臣時代丁篇　朝鮮役上巻』民友社、一九二一年
〃『近世日本国民史　豊臣時代己篇　朝鮮役下巻』民友社、一九二二年
鳥羽市史編纂室編『鳥羽市史』上巻、一九九一年
中野等「第一次朝鮮侵略戦争における豊臣政権の輸送・補給政策」（『豊臣政権の対外侵略と太閤検地』校倉書房、一九九六年）
〃「いわゆる『海賊停止令』の意義について」（九州大学21世紀COEプログラム〈人文科学〉「東アジアと日本：交流と変容」・九州国立博物館設立準備室共編・刊『東アジア海域における交流の諸相―海賊・漂流・密貿易―』二〇〇五年）
〃『秀吉の軍令と大陸侵攻』吉川弘文館、二〇〇六年
〃『文禄・慶長の役』吉川弘文館、二〇〇八年

永原慶二「伊勢・紀伊の海賊商人と戦国大名」（『戦国期の政治経済構造』岩波書店、一九九七年）
西尾和美「河野通直の時代と芸州との一体化」（川岡勉・西尾和美『伊予河野氏と中世瀬戸内世界―戦国時代の西国守護―』愛媛新聞社、二〇〇四年）
〃「厳島合戦前夜における芸予の婚姻と小早川隆景」（『戦国期の権力と婚姻』清文堂出版、二〇〇五年）
〃「戦国末期における芸予関係の展開と婚姻」（『戦国期の権力と婚姻』清文堂出版、二〇〇五年）
則竹雄一「戦国期江戸湾の海賊と半手支配」（悪党研究会編『悪党の中世』岩田書院、一九九八年）
浜名敏夫「北条水軍山本氏について―里見水軍との海戦をめぐって―」（千葉歴史学会編『中世東国の地域権力と社会』岩田書院、一九九六年）
福川一徳「関ヶ原の役と来島氏」（『伊予史談』二六二号、一九八六年）
〃「来島氏の入部と森藩の成立」（『玖珠町史（上）』二〇〇一年）
福川一徳・甲斐素純「久留島家文書（三）」（『玖珠郡史談』二一号、一九八八年）
〃「久留島家文書（六）」（『玖珠郡史談』二四号、一九九〇年）
藤田達生『江戸時代の設計者―異能の武将・藤堂高虎―』講談社、二〇〇六年
〃「藩成立期の先覚者像―松山藩足立重信を中心に―」（『伊予史談』三七〇号、二〇一三年）
藤本正行『信長の戦国軍事学―戦術家・織田信長の実像―』JICC出版局、一九九三年
真鍋淳哉「海から見た戦国時代―北条水軍梶原氏の動向―」（網野善彦ほか編『列島の文化史』一一号、日本エディタースクール出版部、一九九八年）
三重県南牟婁教育会編『南牟婁郡誌（上巻）』一九二五年、名著出版覆刻、一九七一年
三鬼清一郎「朝鮮役における水軍編成について」（『名古屋大学文学部二十周年記念論集』名古屋大学文学部、一九六九年）
三鬼清一郎編『豊臣秀吉文書目録』名古屋大学文学部国史学研究室、一九八九年

三鬼清一郎編『豊臣秀吉文書目録補遺1』名古屋大学文学部日本史研究室、一九九六年
宮尾克彦「得居通幸の死没事情について」(史錬会発表レジュメ、二〇一〇年)
村井章介「『倭城』をめぐる交流と葛藤—朝鮮史料から見る—」(『日本中世の異文化接触』東京大学出版会、二〇一三年)
〃「慶長の役開戦前後の加藤清正包囲網」(『日本中世の異文化接触』東京大学出版会、二〇一三年)
目良裕明「豊臣期城下町安芸の形成と朝鮮出兵」(『海南史学』五三号、二〇一五年)
盛本昌弘「北条氏海賊の動向」(佐藤博信編『中世房総と東国社会』岩田書院、二〇一二年)
山内譲「海賊衆得居通幸の死」(『四国中世史研究』四号、一九九七年)
〃『海賊と海城—瀬戸内の戦国史—』平凡社、一九九七年
〃「海賊衆と厳島合戦」(『中世瀬戸内海地域史の研究』法政大学出版局、一九九八年)
〃「海賊衆と水運」(『中世瀬戸内海地域史の研究』法政大学出版局、一九九八年)
〃『中世瀬戸内海の旅人たち』吉川弘文館、二〇〇四年
〃「来島村上氏と文禄・慶長の役」(『松山大学論集』二四巻四—二号、二〇一二年)
〃『海賊衆来島村上氏とその時代』自家版、二〇一四年
〃『瀬戸内の海賊—村上武吉の戦い—〈増補改訂版〉』新潮社、二〇一五年
山崎敏昭「加徳城と安骨浦城の縄張り」(『倭城の研究』二号、一九九八年)
渡辺世祐「朝鮮役と我が造船の発達」(『史学雑誌』四六編五号、一九三五年)
綿貫友子「『湊船帳』をめぐって—中世関東における隔地間取引の一側面—」(『中世東国の太平洋海運』東京大学出版会、一九九八年)

引用史料の典拠

「秋田藩採集文書」（東京大学史料編纂所謄写本）
「浅野家文書」（『大日本古文書　浅野家文書』東京大学出版会）
「足利将軍御内書幷奉書留」（東京大学史料編纂所影写本）
「新井氏所蔵文書」（杉山博・下山治久編『戦国遺文　後北条氏編』第五巻、東京堂出版、一九九三年）
「イエズス会日本年報」（村上直次郎訳・柳谷武夫編輯『イエズス会日本年報』下、雄松堂出版、一九六九年）
「家忠日記」（『増補続史料大成』一九、臨川書店、一九七九年）
「厳島野坂文書」（『広島県史　古代中世資料編Ⅱ』一九七六年）
「今井宗久書札留」（『兵庫県史史料編　中世九・古代補遺』一九九七年）
「因幡志所収萱文書」（『兵庫県史史料編　中世九・古代補遺』一九九七年）
「因島村上文書」（『愛媛県史資料編　古代中世』一九八三年）
「宇和旧記」（『予陽叢書　宇和旧記』愛媛県青年処女協会、一九二八年）
「越前史料所収山本文書」（『静岡県史資料編8　中世4』一九九六年）
「近江水口加藤家文書」（東京大学史料編纂所影写本、『兵庫県史史料編　中世九・古代補遺』一九九七年）
「大川文書」（『神奈川県史史料編3　古代・中世（3下）』一九七九年）
「大阪城天守閣所蔵文書」（佐賀県立名護屋城博物館編・刊『図録　秀吉と文禄・慶長の役』二〇〇七年）
「太田家古文書」（『三重県史資料編　中世1（下）』一九九九年）
「大西家文書」（『藤堂高虎関係資料集補遺』三重県編・刊、二〇一一年）
「大湊古文書」（『三重県史資料編　中世2』二〇〇五年）
「大湊由緒書」（東京大学史料編纂所謄写本）
「小関文書」（杉山博・下山治久編『戦国遺文　後北条氏編』第五巻、東京堂出版、一九九三年）

「荻野由之氏所蔵文書」（『兵庫県史史料編　中世九・古代補遺』一九九七年）
「小田原衆所領役帳」（佐脇栄智校注『小田原衆所領役帳（戦国遺文後北条氏編別冊）』東京堂出版、一九九八年）
「お湯殿の上の日記」（『続群書類従　補遺三』続群書類従完成会、一九六六年）
「可睡斎文書」（『三重県史資料編　近世1』一九九三年）
「甲子夜話」（中村幸彦・中野三敏校訂『甲子夜話2』平凡社東洋文庫、一九七七年）
「勝部兵右衛門聞書」（鹿児島県維新史料編纂所編『鹿児島県史料　旧記雑録後編2』一九八二年）
「加藤嘉明公譜」（愛媛県立図書館所蔵写本）
「加藤文書〈尊経閣文庫所蔵〉」（『兵庫県史史料編　中世九・古代補遺』一九九七年）
「加藤文書〈大阪城天守閣所蔵〉」（『兵庫県史史料編　中世九・古代補遺』一九九七年）
「金井文書」（『兵庫県史史料編　中世九・古代補遺』一九九七年）
「金沢工業大学図書館所蔵文書」（東京大学史料編纂所写真帳）
「加能越古文叢」（東京大学史料編纂所謄写本）
「瓦屋寺文書」（東京大学史料編纂所影写本）
「寛永諸家系図伝」（日光東照宮社務所編・刊『日光叢書　寛永諸家系図伝』第五巻、一九九一年）
「管窺武鑑」（国立公文書館内閣文庫写本）
「寛政重修諸家譜」（『新訂寛政重修諸家譜』続群書類従完成会、一九六五年）
「菅文書」（『兵庫県史史料編　中世九・古代補遺』一九九七年）
「紀伊続風土記」附録（『神奈川県史史料編3　古代・中世（3下）』一九七九年）
「紀州根来由緒書」（『大日本史料』第一一編之六）
「北畠正統系図」（『宮窪町誌』一九九四年）
「旧記雑録後編」（鹿児島県維新史料編纂所編『鹿児島県史料　旧記雑録後編2』一九八二年）

「九鬼文書」（東京大学史料編纂所影写本、『図録　熊野九鬼水軍展』熊野本宮大社、一九九三年、中村孝也『新訂徳川家康文書の研究』上巻、日本学術振興会、一九八〇年）
「九鬼文書〈神戸大学架蔵〉」（村井良介「新出の『九鬼家文書』の紹介」『神戸大学大学院人文学研究科　地域連携センター年報　LINK』6、二〇一四年）
「九鬼家由来記」（国立公文書館内閣文庫写本）
「久留島藩士先祖書」（福川一徳・竹野孝一郎校訂『九州史料落穂集第八冊　久留島藩士先祖書』文献出版、一九九二年）
「来島通総一代記」（『玖珠郡史談』二六号、一九九一年）
「久留島文書」（『今治郷土史　資料編　古代中世』一九八九年）
「黒田家文書」（福岡市博物館編『黒田家文書』第一巻、一九九九年）
「高山公実録」（東京大学史料編纂所写本、上野市古文献刊行会編『高山公実録』上巻、清文堂出版、一九九八年）
「公室年譜略」（上野市古文献刊行会編『公室年譜略―藤堂藩初期史料―』清文堂出版、二〇〇二年）
「香宗我部家伝証文」（東京大学史料編纂所影写本）
「高野山上蔵院文書」（『愛媛県史資料編　古代・中世』一九八三年）
「高麗船戦記」（国立公文書館内閣文庫写本）
「護国寺文書」（東京大学史料編纂所影写本）
「古証文」（『愛媛県史資料編　古代・中世』一九八三年）
「小早川家文書」（『大日本古文書　小早川家文書』東京大学出版会）
「古文書纂」（東京大学史料編纂所影写本）
「古文書大即売フェアー出品略目所収文書」（『愛媛県史資料編　古代・中世』一九八三年）
「古文書類纂」（東京大学史料編纂所影写本）
「御用船加子日記」（東京大学史料編纂所謄写本）

「坂井正秋氏所蔵文書」（名古屋市博物館編『豊臣秀吉文書集』一、吉川弘文館、二〇一五年）
「榊原家所蔵文書」（東京大学史料編纂所謄写本）
「佐藤信行氏所蔵文書」（『三重県史資料編　近世1』一九九三年）
「真田家文書」（利根川淳子「古文書鑑について」『松代』一六号、二〇〇二年）
「思文閣古書資料目録所収文書」（『思文閣古書資料目録』二三三号、二〇一三年）
「志摩軍記」（国立公文書館内閣文庫写本）
「島津家文書」（『大日本古文書　島津家文書』東京大学出版会）
「島津家高麗軍秘録」（『続群書類従』巻五九一）
「島文書」（『愛媛県史資料編　古代・中世』一九八三年）
「常光寺年代記」（『大日本史料』第一一編之七）
「白井文書〈成簣堂文庫〉」（『愛媛県史資料編　古代・中世』一九八三年）
「士林証文」（『静岡県史史料編8　中世4』一九九六年）
「賜蘆文庫文書」（『三重県史資料編　近世1』一九九三年）
「塩飽島諸事覚」（『香川叢書』第二、香川県、一九四三年）
「塩飽人名共有文書」（『香川県史8　古代・中世史料』一九八六年）
神宮文庫「御塩殿文書」（『三重県史資料編　中世1（下）』一九九九年）
神宮文庫「内宮引付」（『三重県史資料編　中世1（上）』一九九七年）
「壬辰状草」（朝鮮史編修会編『朝鮮史料叢刊第六　乱中日記草・壬辰状草』朝鮮総督府、一九三五年、一九七八年第一書房復刻）
「洲河文書」（「対馬古文書」のうち）（東京大学史料編纂所写真帳）
「隅田文書」（東京大学史料編纂所影写本）

「寸金雑録」（『大日本史料』第一一編之六）
「征韓録」（『戦国史料叢書6　島津史料集』人物往来社、一九六六年）
「成簣堂文庫所蔵片桐文書」（東京大学史料編纂所レクチグラフ）
「成簣堂文庫所蔵文書」（『三重県史資料編　近世1』一九九三年）
「清家文書」（『愛媛県史資料編　近世上』一九八四年）
「西征日記」（『続々群書類従』史伝部三）
「清和源氏向系図」（鈴木かほる「戦国期武田水軍向井氏について―新出『清和源氏向系図』の紹介―」〈『神奈川地域史研究』一六号、一九九八年〉）
「勢州軍記」（『続群書類従』巻五九八）
「清正記」（『改定史籍集覧』第一五冊、近藤活版所、一九〇二年、一九八四年臨川書店復刻）
「宣祖実録」（『朝鮮王朝実録』国史編纂委員会、一九八〇年）
「太閤記」（『改定史籍集覧』第六冊、近藤活版所、一九〇〇年、一九八三年臨川書店復刻）
「醍醐寺文書」（『大日本古文書　醍醐寺文書』東京大学出版会）
「醍醐寺文書」（『四日市市史第七巻　史料編古代・中世』一九九一年）
「高木文書」（東京大学史料編纂所影写本）
「高橋健二氏所蔵文書」（杉山博・下山治久編『戦国遺文　後北条氏編』第五巻、東京堂出版、一九九三年）
「立花文書」（『兵庫県史史料編　中世九・古代補遺』一九九七年、『立花文書　全』伯爵立花寛治刊、一九一四年）
「多聞院日記」（『増補続史料大成　多聞院日記』臨川書店、一九七八年）
「知新集」（土居聡朋・村井祐樹・山内治朋編『戦国遺文―瀬戸内水軍編―』東京堂出版、二〇一二年）
「朝鮮記」（『続群書類従』巻五九〇）
「朝鮮渡海之記」（国立公文書館内閣文庫写本）

「朝鮮日々記」（北島万次『朝鮮日々記・高麗日記―秀吉の朝鮮侵略とその歴史的告発―』そしえて、一九八二年）
「懲毖録」（朴鐘鳴訳注『懲毖録』平凡社東洋文庫、一九七九年）
「築山本河野家譜所収文書」（景浦勉編『河野家譜築山本』伊予史料集成刊行会、一九七五年）
「土居文書」（『愛媛県史資料編　近世上』一九八四年）
「等持院文書」（東京大学史料編纂所影写本）
「東寺百合文書」（『愛媛県史資料編　古代・中世』一九八三年）
「藤堂文書」（『三重県史資料編　近世1』一九九三年）
「藤堂家覚書」（『改定史籍集覧』第一五冊、近藤活版所、一九〇二年、一九八四年臨川書店復刻）
「徳島市立徳島城博物館所蔵文書」（徳島市立徳島城博物館編・刊『図録「唐入り」の時代―秀吉の大陸侵攻と大名たち―』二〇一二年）
「土佐山内家宝物資料館所蔵文書」（東京大学史料編纂所写真帳）
「内藤文書」（土居聡朋・村井祐樹・山内治朋編『戦国遺文―瀬戸内水軍編―』東京堂出版、二〇一二年）
「中川家文書」（神戸大学文学部日本史研究室編『中川家文書』臨川書店、一九八七年）
「鍋島家文書」（佐賀県史編纂委員会編『鍋島家文書』佐賀県立図書館、一九五八年）
「（鍋島）直茂公譜考補」（『佐賀県近世史料』第一編第一巻、佐賀県立図書館、一九九三年）
「南行雑録」（『三重県史資料編　近世1』一九九三年）
「南部文書」（『大日本史料』第七編之六）
「布田正之氏所蔵文書」（東京大学史料編纂所影写本）
「乃美文書」（『新熊本市史史料編　第二巻　古代・中世』一九九三年）
「萩野由之氏所蔵文書」（『兵庫県史史料編　中世九・古代補遺』一九九七年）
「萩藩譜録」（山口県文書館架蔵）

「萩藩閥閲録」(山口県文書館編『萩藩閥閲録』第一～四巻、一九六九～一九七一年)
「萩原員崇氏所蔵文書」(『兵庫県史史料編　中世九・古代補遺』一九九七年)
「彦根藩諸士書上」(土居聡朋・村井祐樹・山内治朋編『戦国遺文―瀬戸内水軍編―』東京堂出版、二〇一二年)
「一柳文書〈伊予小松〉」(東京大学史料編纂所影写本)
「日向記」(鹿児島県維新史料編纂所編『鹿児島県史料　旧記雑録後編2』一九八二年)
「広田文書」(『兵庫県史史料編　中世九・古代補遺』一九九七年)
「福島文書」(福尾猛一郎・藤本篤『福島正則』中央公論社、一九九九年)
「福島文書」(東京大学史料編纂所影写本)
「福屋家文書」(広瀬町教育委員会編『出雲尼子史料集』二〇〇三年)
「武家万代記」(片山清校注「武家万代記」〈『すみのえ』二二七～二三四号、一九九八～一九九九年〉)
「房顕覚書」(『広島県史　古代中世資料編Ⅲ』一九七八年)
「二神文書」(『愛媛県史資料編　古代・中世』一九八三年)
「フロイス日本史」(松田毅一・川崎桃太訳『フロイス日本史　豊臣秀吉編Ⅱ』第三部五〇章、中公文庫、二〇〇〇年)
「譜牒余録」(『内閣文庫影印叢刊　譜牒余録』上・中・下、国立公文書館内閣文庫、一九七三～一九七五年)
「北条五代記」(『改定史籍集覧』第五冊、近藤活版所、一九〇〇年、一九八三年臨川書店復刻)
「前田家所蔵文書　(古蹟文徴第八)」(東京大学史料編纂所影写本)
「松坂雑集」(『三重県史資料編　近世1』一九九三年)
「真鍋真入斎書付」(『大日本史料』第一一編之六)
「三重県総合博物館所蔵文書」(同館提供写真)
「満済准后日記」(『続群書類従　補遺一』続群書類従完成会、一九二八年)
「万福寺文書」(『三重県史資料編　近世1』一九九三年)

「三好長秀誅伐感状案」(『大日本史料』第九編之一)
「村上彦右衛門義清働之覚」(国立公文書館内閣文庫写本)
「毛利家文書」(『大日本古文書　毛利家文書』東京大学出版会)
「毛利高棟文書」(大分県教育委員会編『大分県史料26　第四部諸家文書補遺二』大分県中世文書研究会、一九七四年)
「元親記」(『続群書類従』巻六四六)
「森氏古伝記」(東京大学史料編纂所謄写本)
「屋代島村上文書」(『愛媛県史資料編　古代・中世』一九八三年)
「山野井文書」(『愛媛県史資料編　古代・中世』一九八三年)
「山本正之助氏所蔵文書」(東京大学史料編纂所影写本)
「米山文書」(『三重県史資料編　近世1』一九九三年)
「予陽河野家譜」(景浦勉校訂『予陽河野家譜』歴史図書社、一九八〇年)
「予陽河野盛衰記」(伊予史談会文庫写本)
「乱中日記」(北島万次訳注『乱中日記―壬辰倭乱の記録―』一～三、平凡社東洋文庫、二〇〇〇～二〇〇一年)
「和歌山藩藩中古文書」(愛媛県教育委員会文化財保護課編『しまなみ水軍浪漫のみち文化財調査報告書―古文書編―』二〇〇二年)
「脇坂記」(『続群書類従』巻五九三)
「脇坂文書」(村井祐樹編『脇坂家文書集成』たつの市立龍野歴史文化資料館、二〇一六年)
「早稲田大学荻野研究室収集文書」(早稲田大学図書館編『早稲田大学所蔵荻野研究室収集文書』上・下、吉川弘文館、一九七八～一九八〇年)

索　　引

＊朝鮮の地名・人名については，日本式の読み方で配列した．

あ　行

か　行

さ　行

た　行

な　行

は　行

ま　行

や　行

ら　行

わ　行

著者略歴

一九四八年　愛媛県に生まれる
一九七二年　京都大学文学部卒業
現在　松山大学法学部教授

〔主要著書〕

『海賊と海城―瀬戸内の戦国史―』（平凡社、一九九七年）
『中世瀬戸内海地域史の研究』（法政大学出版局、一九九八年）
『中世瀬戸内海の旅人たち』（吉川弘文館、二〇〇四年）
『瀬戸内の海賊―村上武吉の戦い―〈増補改訂版〉』（新潮社、二〇一五年）

豊臣水軍興亡史

二〇一六年（平成二十八）七月十日　第一刷発行

著者　山《やま》内《うち》譲《ゆずる》
発行者　吉川道郎
発行所　株式会社 吉川弘文館
郵便番号一一三―〇〇三三
東京都文京区本郷七丁目二番八号
電話〇三―三八一三―九一五一〈代表〉
振替口座〇〇一〇〇―五―二四四番
http://www.yoshikawa-k.co.jp/
印刷＝株式会社 三秀舎
製本＝株式会社 ブックアート
装幀＝伊藤滋章

ISBN978-4-642-08296-9

山内　譲著

中世　瀬戸内海の旅人たち

（歴史文化ライブラリー）　一七〇〇円　四六判・二〇六頁

瀬戸内海―そこは古代より人とモノが行き交う物流の大動脈であった。高倉院や足利義満の厳島参詣、キリスト教宣教師の布教、戦国武将の上洛や伊勢参りの旅で、人々は何を見、どんな体験をしたのか。旅の記録と現地調査から、航海ルート、寄航した港の様子、海難や海賊の出没スポットと遭遇時の対処法まで、知られざる中世瀬戸内海の世界を旅する。

（表示価格は税別）　吉川弘文館